以科学名世
——东南大学科研史料选编

（1952—2023）

主编 刘云虹

编写 徐 源 纪晓群

东南大学出版社
SOUTHEAST UNIVERSITY PRESS
·南京·

图书在版编目(CIP)数据

以科学名世：东南大学科研史料选编：1952—2023 / 刘云虹主编. —南京：东南大学出版社，2023.12
 ISBN 978-7-5766-1041-3

Ⅰ.①以… Ⅱ.①刘… Ⅲ.①高等学校—科学研究工作—南京—1952—2023 Ⅳ.①G644

中国国家版本馆CIP数据核字(2023)第254918号

以科学名世：东南大学科研史料选编(1952—2023)
Yi Kexue Mingshi：Dongnan Daxue Keyan Shiliao Xuanbian(1952—2023)

| 主　　编：刘云虹
| 出版发行：东南大学出版社
| 社　　址：南京四牌楼2号　邮编：210096　电话：025-83793330
| 出 版 人：白云飞
| 网　　址：http://www.seupress.com
| 电子邮件：press@seupress.com
| 经　　销：全国各地新华书店
| 印　　刷：江苏凤凰数码印务有限公司
| 开　　本：787mm×1092mm　1/16
| 印　　张：12.5
| 字　　数：320千字
| 版　　次：2023年12月第1版
| 印　　次：2023年12月第1次印刷
| 书　　号：ISBN 978-7-5766-1041-3
| 定　　价：58.00元

本社图书若有印装质量问题，请直接与营销部联系。电话(传真)：025-83791830。

责任编辑：刘庆楚　责任校对：子雪莲　封面设计：王玥　责任印制：周荣虎

尤肖虎院士团队

宽带移动通信容量逼近传输技术及产业化应用(2011年度国家技术发明奖一等奖)

 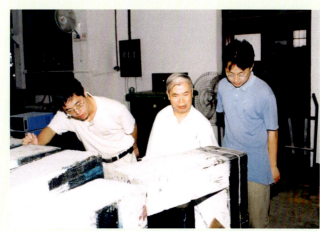

吕志涛院士（中）在实验室工作

现代预应力混凝土结构关键技术创新与应用(2014年度国家科学技术进步奖一等奖)

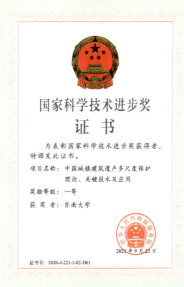 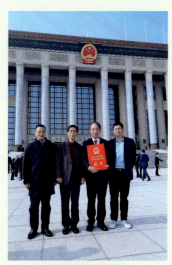

王建国院士团队

中国城镇建筑遗产多尺度保护理论、关键技术及应用(2020年度国家科学技术进步奖一等奖)

1. 玻壳结构氩离子激光器(国家发明奖四等奖,1981年)
2. 铝硅合金无公害1号变质剂(国家发明奖四等奖,1981年)
3. 钢筋混凝土和预应力混凝土受弯构件刚度和裂缝的计算及试验研究(国家自然科学奖四等奖,1982年)
4. 水上一体化水厂(国家发明奖二等奖,1984年)
5. 具有隔离台心结构的高频振动校准台(国家发明奖三等奖,1984年)

1	2
3	4
	5

1. 冲天炉熔炼过程自动监测和优化技术(国家科学技术进步奖三等奖,1985年)
2. 毫米波体效应二极管及振荡器系列(国家科学技术进步奖一等奖,1985年)
3. 异种中大型计算机远程 OSI 网络(国家科学技术进步奖三等奖,1995年)
4. 北京第一机床厂 CIMS 工程(国家科技进步奖二等奖,1996年)
5. 基于 EDI 的单证交换系统(国家科技进步奖三等奖,1996年)

中国教育和科研计算机网 CERNET 示范工程
(国家科技进步奖二等奖,1997 年)

钢和铸铁件无熔盐覆盖剂热浸镀铝新技术
(国家技术发明奖四等奖,1998 年)

提高徐州电厂国产 200MW 汽轮发电机组运行稳定性、
可靠性综合研究(国家科技进步奖三等奖,1998 年)

NTY-300 型超声手术装置
(国家科技进步奖三等奖,1998 年)

秦山 300MW 核电机组全仿真机
(国家科技进步奖二等奖,1998 年)

沪宁高速公路江苏段工程技术和建设管理
(国家科技进步奖一等奖,1999 年)

1	2
3	4

1. 道路交通系统规划的成套技术及仿真设备开发(国家科学技术进步奖二等奖,此项目为2003年度获奖项目,证书时间为2004年)
2. 公路通行能力研究的装备与技术(国家科学技术进步奖二等奖,此项目为2002年度获奖,证书时间为2003年)
3. 中国第三代移动通信系统研究开发项目(国家科学技术进步奖二等奖,此项目为2003年度获奖,证书时间为2004年)
4. 大跨径钢箱梁斜拉桥关键技术研究(国家科学技术进步奖二等奖,2005年)

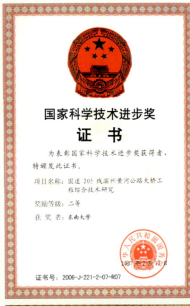

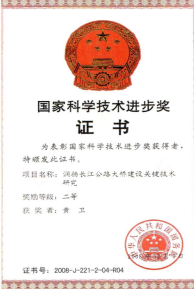
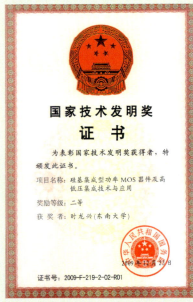

1	2
3	4
5	

1. 国道205线滨州黄河公路大桥工程综合技术研究(国家科学技术进步奖二等奖,此项目为2006年度获奖项目,证书时间为2007年)
2. 城市交通系统管理控制的关键技术、设备开发及工程应用(国家科学技术进步奖二等奖,2007年)
3. 中国下一代互联网示范工程CNGI示范网络核心网CNGI-CERNET2/6IX(国家科学技术进步奖二等奖,2007年)
4. 润扬长江公路大桥建设关键技术研究(国家科学技术进步奖二等奖,2008年)
5. 硅基集成型功率MOS器件及高低压集成技术与应用(国家技术发明奖二等奖,2009年)

1	2
3	4
5	

1. 基于神经网络逆的软测量与控制技术及其应用(国家技术发明奖二等奖,2009 年)
2. 公路在用桥梁检测评定与维修加固成套技术(国家科学技术进步奖二等奖,2009 年)
3. 稠密多相流动与化学反应耦合体系的节能减排关键技术及应用(国家科学技术进步奖二等奖,2010 年)
4. 大跨空间钢结构预应力施工技术研究与应用(国家科学技术进步奖二等奖,2010 年)
5. 网络教育关键技术及示范工程(国家科学技术进步奖二等奖,2010 年)

1	2
3	4
5	

1. 大跨径桥梁钢桥面铺装成套关键技术及工程应用(国家科学技术进步奖二等奖,2011年)
2. 新型消化道支架的研发与应用(国家科学技术进步奖二等奖,2011年)
3. 钉形双向搅拌桩和排水粉喷桩复合地基新技术与应用(国家技术发明奖二等奖,2012年)
4. 地面公交高效能组织与控制关键技术及工程应用(国家科学技术进步奖二等奖,2012年)
5. 纤维增强复合材料的高性能化及结构性能提升关键技术与应用(国家科学技术进步奖二等奖,2012年)

1	2
3	4
5	

1. 夏热冬冷地区建筑冷热湿一体化高效处理技术与装备(国家技术发明奖二等奖,2013年)
2. 混凝土裂缝分龄期防治新材料和新技术及其应用(国家科学技术进步奖二等奖,2013年)
3. 长大跨桥梁结构状态评估关键技术与应用(国家科学技术进步奖二等奖,2013年)
4. 高稳定高耗散减振材料制备关键技术与装置开发及工程应用(国家技术发明奖二等奖,2014年)
5. 超高性能混凝土抗爆材料成套制备技术、结构设计及其应用(国家科学技术进步奖二等奖,2014年)

1	2
3	4
5	

1. 服务三农的安全可信金融电子交易关键技术和应用(国家科学技术进步奖二等奖,2014年)
2. 新型人工电磁媒质对电磁波的调控研究(国家自然科学奖二等奖,2014年)
3. 强容错宽调速永磁无刷电机关键技术及应用(国家技术发明奖二等奖,2016年)
4. 基于磁共振成像的多模态分子影像与功能影像的研究与应用(国家科学技术进步奖二等奖,2016年)
5. 微波毫米波新型基片集成类导波结构及器件(国家自然科学奖二等奖,2016年)

1	2
3	4
5	

1. 土木工程结构区域分布光纤传感与健康监测关键技术(国家技术发明奖二等奖,2017年)
2. 人机交互遥操作机器人的力觉感知与反馈技术(国家技术发明奖二等奖,2017年)
3. 肺癌精准放射治疗关键技术研究与临床应用(国家科学技术进步奖二等奖,2017年)
4. 工业智能超声检测理论与应用关键技术(国家科学技术进步奖二等奖,2017年)
5. 新型分子基铁电体的基础研究(国家自然科学奖二等奖,2017年)

1	2
3	4
5	

1. 土地调查监测空地一体化技术开发与装备研制(国家科学技术进步奖二等奖,2018年)
2. 城市多模式公交网络协同设计与智能服务关键技术及应用(国家科学技术进步奖二等奖,2018年)
3. 摩擦界面的声子传递理论与能量耗散模型(国家自然科学奖二等奖,2018年)
4. 新型微波超材料对空间波和表面等离激元波的自由调控或实时调控(国家自然科学奖二等奖,2018年)
5. 深基础自平衡法承载力测试成套技术开发及应用(国家技术发明奖二等奖,2019年)

1	2
3	4

1. 高性能 MEMS 器件设计与制造关键技术及应用(国家科学技术进步奖二等奖,2019 年)
2. 混凝土结构非接触式检测评估与高效加固修复关键技术(国家科学技术进步奖二等奖,2019 年)
3. 现代混凝土开裂风险评估与收缩裂缝控制关键技术(国家科学技术进步奖二等奖,2019 年)
4. 高压智能功率驱动芯片设计及制备的关键技术与应用(国家技术发明奖二等奖,此项目为 2020 年度获奖项目,证书时间为 2021 年)

《实质刑法观》(第六届高等学校科学研究优秀成果奖一等奖,2013年)

《行政裁量基准研究》(第八届高等学校科学研究优秀成果奖一等奖,2020年)

《伦理道德的精神哲学形态》(第八届高等学校科学研究优秀成果奖一等奖,2020年)

前　言

作为中国最早建立的具有现代意义的高等学府之一，一百二十多年来，东南大学以科学名世，一代代东大人在科学研究领域励精图治，砥砺前行，取得了大量高水平科研成果。这些科研成果凝聚着东大人的艰辛与智慧，彰显着东大人孜孜以求的科学精神和拳拳报国之心，是镌刻在中国科学发展史上的璀璨明珠，为中国科学进步与经济社会发展做出了重大贡献。

为客观、真实地记录东大科学研究的历史和成就，校史研究室编写了《以科学名世——东南大学科研史料选编(1952—2023)》一书，简要梳理建校以来学校自然科学、人文社会科学研究的发展历程，详细列举1952年至2023年学校获得省、部级以上奖项的科研成果，以及各时期主要科研基地、国家自然科学基金和国家社会科学基金获资助项目数、国家重点研发计划项目数等数据，旨在呈现学校坚守创办世界一流大学之初心，践行"止于至善"精神，为实现高水平科技自立自强和中华民族伟大复兴做出的努力与重要贡献。

编者

2023 年 11 月

目 录

第一章 建校以来科研发展概要 1
  第一节 1902年至1952年院系调整前 1
  第二节 南京工学院时期 4
  第三节 东南大学时期 9

第二章 科研成果获奖项目 13
  第一节 自然科学获奖 13
    一、1978年全国科学大会奖 13
    二、1978年江苏省科学大会奖 14
    三、国家科学技术奖 15
    四、省部级科学技术奖 25
    五、南京铁道医学院获省部级及以上科技成果奖项 127
    六、南京交通高等专科学校获省部级及以上科技成果奖项 135
    七、南京地质学校获省部级及以上科技成果奖项 136
  第二节 人文社会科学获奖 137
    一、高等学校科学研究优秀成果奖（人文社会科学） 137
    二、江苏省哲学社会科学优秀成果奖 139
    三、江苏省高校哲学社会科学研究优秀成果奖 153

第三章 主要科研基地 158
  第一节 南京工学院时期 158
  第二节 东南大学时期 159

附 表 170

参考资料 172

后 记 177

第一章 建校以来科研发展概要

科学研究是指运用科学方法，从事有目的、有计划、有系统地认识客观世界、探索客观真理的活动过程。中国近代意义上的"科学"一词源自英文"science"，最早由日本传入中国，其含义从广义上而言是指具有近代科学特性的各门学科，狭义则指自然科学。1914年，留美学生任鸿隽等人创办了影响深远的杂志《科学》，"科学"成为"science"的定译。1915年开启的新文化运动将"科学"作为口号和旗帜之一，深刻变革了当时国人与社会的思想观念，"科学"一词广泛流传开来。百余年来，人们对"科学"的认知在不断的发展与变化中，对科学的价值属性与工具属性也在不断的争论中，但不变的是，中国的知识分子一直在努力探索符合中国当时需求的科学研究和科学传播方法，致力于科学研究与科学教育，为民族独立与发展贡献力量。作为近代知识分子聚集地的大学则成为传播新知和科学救国的中心。作为中国近代最早设立的高等学府之一，从三江肇始到东大再兴，一百二十多年来，东南大学以科学名世，一代代东大人在科学研究领域砥砺前行，探求科学的真谛，践行科学报国的初心，为中国科学发展和科技自立自强、中国经济社会发展和进步做出了重要贡献。

第一节 1902年至1952年院系调整前

1902年，为求强思变、兴学育才，三江师范学堂正式创建，1905年更名为两江师范学堂。学堂监督（校长）李瑞清主张融会贯通中西之学，提倡学习科学、国学与艺术，以造就"中国之笛卡尔、培根"。学堂聘请日本教习，新设数学、物理、化学、地理、农学等现代科学课程；重视劳动教育与生产教育，将原有的博物科改称为农博科，学生必须兼习农科；重视实践教学，创办了中国高等教育史上第一个图画手工科，设置画室及工场，设立实验室，购置供学生实验用的仪器设备。学堂开办近十年，教学成绩卓著，学生考试成绩为江南各高等学校之冠，为中国近代教育和科技事业培养了大量人才。

1915年南京高等师范学校成立，南高师倡导民族、民主、科学的南高精神。在学科设置上,兼设文理,并不断扩大科学教育,1920年,又创办了国内第一个新型地学系。南高师注重科学教育,将"科学常识"列为教育科学生的必修课,强调理论联系实际,重视实践教育,建造了供学生金工实习的工艺实习场,是国内最早的工程实践教育基地之一。南高师重视科学交流与合作,派遣教师出国进修,聘请著名学者来校授课,如:美国芝加哥大学教授陆志韦讲授心理学,美国韦斯特大学神经学研究员秉志讲授生物学、生理学等。南高师培养了一大批科学人才,其中有6位院士:物理学家吴有训、农学家冯泽芳、动物学家伍献文、历史学家向达、小麦育种家及中国现代小麦科学主要奠基人金善宝、化学家恽子强。1918年,中国科学社将社址设在南高师校园内(原名"科学社",是由中国留美学生创建的最早的民间学术团体,迁回国内后更名为"中国科学社"),其主要创始人任鸿隽、胡明复、胡刚复、熊庆来、秉志、杨杏佛、竺可桢、周仁等均是受聘于南高师和东南大学的教授,因而,南高师被称为"中国科学社"的大本营、中国科学发展的重要基地。

　　1921年,在南高师的基础上,国立东南大学成立。校长郭秉文认为:"不发扬民族精神,无以救亡图存;非振兴科学,不足以立国兴国。"他强调通才与专才的平衡、人文与科学的平衡、师资与设备的平衡、国内与国际的平衡的办学方针。在这样的办学方针指导下,东大的学科发展建设与科学研究蓬勃开展,成绩斐然。1921年,东大成立了国内第一个生物系、第一个算学系。1922年茅以升就任工科主任后,实行土木、电机、机械三系并设,工科获得迅速发展。东大在海内外广延名师,引进一流学者担任教授和学科负责人,引领学校的科学研究走在了国内前列,如气象地理学家竺可桢,讲授地学通论、气象学,还兼授世界地理和世界气候等课程,发表了40余篇论文,他所著的《南京之气候》一文,是我国最早的地方性气候志;数学家熊庆来创办了东大算学系,最早把近代数学引进中国,著有《高等算学分析》《平面三角》《球面三角》等;动物学家秉志创办了东大生物系,并建立了中国第一个生物学研究机构——中国科学社生物研究所。文学家梅光迪、吴宓和历史学家柳诒徵等教授于1922年创办了《学衡》,在思想文化界形成了一个文学复古、反对新文化运动的流派——学衡派,学衡派主张"论究学术,阐求真理,昌明国粹,融化新知",反对全盘西化论,认为"吾国文化,有可与日月争光之价值"。学衡派成为中国传统文化的守护者,也是后世新儒学的学术滥觞。东大的科学研究活动和成果迭出,农科参照欧美农科大学的情况,实行教育、研究、推广三结合的方针,在培育优良棉种、麦种、稻种等方面获得出色成果,并迅速将优良品种在全国各地进行推广;教育科贯彻教育学科学化的原则,十分重视研究工作,教育科教师共发表学术论文约400余篇(含译作),每学期举办学术报告会数十次。在科学精神的引领和科学教育的熏陶下,东大英才辈出,培养了一大批在科学领域取得杰出成就的人才,其中有10余位院士:物理学家严济慈、物理化学家柳大纲、核物理学家赵忠尧、物理学家施汝为、动物学家王家楫、化学家王葆仁、物理化学家吴学周、昆虫学家杨惟义、语言学家吕叔湘、植物学家张肇骞等。故时称"东大以科学名世",是中国科学发展的基地和人文科学研究的基地。

1928年,学校定名"国立中央大学",进入了稳定和快速发展时期。校长罗家伦认为:中大应承担起建立"民族有机体文化"的历史使命,科学研究至关重要,"没有研究工作的大学,在教学上不但不能进步,而且一定会后退"。为此,学校加大了对科研的投入,推动科学研究工作的开展。1935年,地理系胡焕庸教授发表《中国人口之分布》一文,编制了中国第一张等值线人口密度图,以瑷珲—腾冲线分全国为东南和西北两半壁,被称为"胡焕庸线",对中国经济布局、民政建设、交通发展都具有很高的参考价值。1938年,学校成立了科学研究和学术研究的专门机构——国立中央大学研究院,推动科学研究工作的开展。全面抗战爆发后,在战时人力、物力、财力都十分困难的情况下,中大师生以战时所需和社会服务为出发点,坚持教学与科研,出版教材、专著,发行学术刊物,进行科学考察和发明创造活动,指导社会生产实践。李学清教授赴陕南考察矿产资源;李昶旦、郝景盛、任美谔教授等赴西北开展地理气候考察;梁希教授赴川西大渡河流域采集木材松脂;张可治教授开展公路考察;1941年,张钰哲教授等赴甘肃临洮观察日全食,获得天文史上极为宝贵的资料,名扬国际天文界。1944年4月,在国防科学技术策进会悬奖的10种研究专题中,中央大学就有三项获奖:物理系王恒守、陈廷蕤的直接镀镍于钢铁的方法;化学系方振声的汽油精;梁守渠的耐酒精涂料。中大出版了大量的教材和论著,获得学术界的一致好评。如:金善宝的《中国小麦区域》、邹钟琳的《普通昆虫学》、朱炳海的《普通气象学》、黄厦千的《航空气象学》、艾伟的《高等统计学》、肖孝嵘的《教育心理学》、罗清生的《家畜传染病学》、潘菽的《普通心理学》、孙鼐的《岩石学》、缪凤林的《中国通史要略》、孙本文的《中国社会问题》、常任侠的《汉唐之间西域乐舞百戏东渐史》、罗根泽的《周秦两汉文学批评史》等等。中央大学重视科学教育,开展学术交流,举办各种学术报告会、座谈会等活动:潘菽、梁希、金善宝、干铎等教授组织"自然科学座谈会",提倡既要学科学又要学哲学;农学院建立了"农艺学会"和"农业经济学会",创办了《农衡》月刊,农学院所设农场,皆分实习、标本及研究三区,研究区供学生研制毕业论文和供教师作科学研究;医学院建立"医学研究会",开展多种学术交流会和研讨会。中大学生也积极参与科学研究实践活动,土木系1945年毕业班同学一起编译土木工程丛书,完成了材料力学、工程力学、测量学、初等结构、高等结构、木结构设计、钢桥设计、钢筋混凝土建筑物设计、铁道建筑等10余种书目。中大的科学研究在战时社会生产、边疆开发建设中发挥了作用,为中国科学进步和社会经济文化发展做出了重要贡献。

新中国成立后,国家建设百废待兴,中国教育除旧布新,学校历史也翻开了新的一页。学校师生积极响应党和政府的号召,投入到水利、测量、血防、夏征、救灾等一系列建设活动中。当时,国内尚未建立发电设备的制造工业,南京下关发电厂及东北、南方的一些发电厂的汽轮机叶片断裂无法补充,严重影响电力供应,工农业生产和人民生活均受到影响。范从振、钱钟韩教授得悉后,尽心指导机械工厂的技术人员,在短短几个月内就试制成功了数千片各种曲面的叶片,不仅满足了下关发电厂的急需,全国各地电厂的困难都得到了解决。

第二节 南京工学院时期

(一) 1952—1965 年

1952年全国高校院系调整后,南京工学院成立。1953年,国家制定了第一个五年计划,社会主义工业化建设全面展开。科学研究对于国家工业化建设和国民经济发展的重要性也日益凸显。1954年10月,院务扩大会议通过了《关于开展科学研究工作的决议》,指出:进行教学工作和科学研究工作都是高等学校的基本任务。鼓励教师钻研科学,提高业务水平和教学质量。结合当时的实际情况,钱钟韩副院长要求教师开展科研时需要注意"从小到大,从低级到高级,循序前进",并对基础课教研组、专业教研组以及不同水平的教师分别提出了不同的要求,各系和教研组都制订了科研工作的计划,科研工作逐步开展。1955年,全校共35个教研组147名教师进行科研活动,科研项目达113个。同年下半年,中共中央提出了"向科学进军"的号召,学校积极响应,加快了科研工作的步伐,做出了具体部署。

1956年10月26日至30日,南京工学院召开了第一次科学讨论会,讨论会规模宏大,盛况空前,来宾共1 400余人,包括全国各地的科研机构、厂矿院校等。大会共收到科学论文201篇,其中20篇为工厂企业、科研部门及兄弟院校所提供,181篇系本校教师提供,论文内容丰富,不少论文有较高的学术价值和实用价值。例如,建筑系刘敦桢教授所作的《苏州园林》学术报告得到了专家学者的高度评价(后修改成专著,获国家特等奖,多次再版,并被翻译成几国文字向海外发行,国外专家称赞该著作是"研究中国古典园林的经典著作")。机械系舒光冀教授所作的《钢铸件冒口尺寸的计算》报告,获铸造工程界的好评。动力系闵华教授作的《电力系统不对称运动》专题报告,解决了电厂多年未解决的问题。食品工业系王昶教授的《豆油高温水化》、沈学源教授的《目前碾米工业存在的几个问题》、黄本立教授的《从碾米厂的废物(下脚)中用物理方法分开杂质的初步试验》等,对工厂改进生产都起到了直接的作用。化工系教师提交的8篇论文也受到了同行的赞许。此外,如刘光华、苏华钦、戴居正、成竟志等教授的研究报告也受到了与会者的较高评价。这次科学讨论会是一个良好的开端,在推动学校的科学研究、密切学校与工厂企业及科研单位的合作、为国民经济建设服务等方面,都起到了积极的作用。此后,各系和教研组也积极举办多层次的学术报告会,增强了学校的学术气氛。

1957年,学校根据全国电子学、动力、机械、土木、建筑、建筑材料及食品工业等专业的十二年科学规划,以及厂矿、企业、科研机关提出亟须解决的科技问题拟订了科研计划。南工教师结合实际,开展科学研究。如动力系范从振教授等合作进行的"联箱式锅炉水循环问题"的研究和王守泰教授等合作进行的"半露天发电厂"的研究,都是结合国内条件,配合电力工业部基建任务;无线电系陈章教授带领两位青年助教研究的"半导体参量的量测"课题,是无线电新技术之一;离子管教研组闵詠川教授组织制定了长期性科研课题"气体放电";土木系刘树勋教授进行竹材利用的研究,并确定以竹结构(并合竹合柱、竹管梁等)及竹环接合、竹材防腐等项为题材;土木系吴肇之教授与金宝桢教授等合作进行"结构振动理论"的研究,并进行抗震结构资料汇编。为了解决当时国家生产铜材不足的困难,机械系舒光冀教授等与南京汽车制造厂合作进行"球墨铸铁曲轴的试制"的研究。化工系时钧、王国宾教授和张有衡副教授带领青年助教数人,结合水泥科学研究院和土壤研究所的需要,分别进行"水热合成理论"和"铝酸盐膨胀水泥膨胀机理"的研究;无线电系陆钟祚教授带领四位青年教师配合某国营厂及教学需要,分别选了"反射连调管的试制"和"脉冲发生器"等四个题目来开展科研;食品工业系沈学源教授根据国家科学规划,指导青年助教和研究生制定"食米中除杂的进一步研究"和"蒸谷米及留胚米大规模的生产技术"等设计方案。①

1957年后,科研活动受到整风运动、"反右"斗争等政治运动的干扰,"大跃进"期间,科学研究工作表面上轰轰烈烈,但真正落地的为数不多。

1960年,刘雪初院长到任后十分重视科学研究工作和学科建设,他认为:高校拥有高水平的科技队伍,它作为科学研究的一个方面军,完全有义务也有可能为科学技术进步作出贡献,这不仅是国家建设的需要,同时也是自身建设、提高教学质量的需要。他多次向干部、教师阐明科学研究的重要性,并在同年5月作了题为《高等工科学校要成为技术革命的学校》的报告,报告指出:高等学校应该成为技术革命的基地,大力开展科学研究工作,为国家科学技术的现代化,为整个国民经济转到新的技术基础上、转到现代化大生产的技术基础上,积极地做出贡献。1963年,刘雪初院长又在教研组主任工作会议上强调要开展科学研究,他提出"不搞好学校的教学工作,就很难开展科学研究工作;不进行适当的科研工作,也很难不断提高教学质量"。为了有计划地开展科学研究和学科建设,学校制定了《1962年到1967年工作纲要(草案)》《1963—1972年科学研究事业发展规划(草案)》。

这一时期的科学研究和学科建设工作着重抓了以下几方面:

---

① 徐革风:《我院科学研究蓬勃开展》,载《人民南工》1957年4月19日,第141期。

1. 建立科研队伍和研究机构

至 1963 年底,学校形成了 54 名专职研究人员的队伍,另外还有 25 名同志主要从事科研;1964 年 9 月,又陆续抽调 51 名教师安排到科研项目中去;至"文革"前夕,南工科研队伍中专职教师已达到 100 多人。在此基础上,学校建立了专门的研究机构,分别是以杨廷宝、钱钟韩、陆钟祚等为学术带头人的建筑学、热工自动化、电真空器件等几个研究室。

2. 抓重点专业、学科和重点科研课题

限于人力、物力的限制,考虑到原有基础,学校确定了重点办好建筑学、电厂热能装置、无线电技术、电真空器件、水声设备等 5 个专业学科,这些学科在科研方面取得了显著成绩。1960 年,自动控制系查礼冠教授带领师生成功研制出我国第一台机器人,达到了当时的国际水平。1961—1965 年全院获得较重大成果的项目有 91 项,包括行波管、电厂运行自动化、无汽鼓锅炉、热风冲天炉、磨削表面质量、机器人等一批科研课题。另外,微波调频雷达、水声综合测量仪、钢筋混凝土结构等课题也取得了可喜的进展。1963—1966 年登记在国家《科学技术研究成果汇报》上的项目为 39 项,其中陆钟祚教授领导的电真空器件研究室研制的我国第一个行波管,解决了国内微波技术方面的一个关键性问题,打破了外国对我国的封锁禁运,受到有关方面的高度重视,拨专款建设研究实验楼,为进一步研究创造了条件,也为以后的科研打下了基础。

3. 注重科研工作的方向和方法,开展学术活动,活跃学术氛围

为使科研进一步面向教学和生产实际,学校要求在科学研究工作中要抓好六个方面的工作,即抓生产的对象、第一手资料、理论研究、实验工作、成果鉴定、科研队伍,使科研工作既避免脱离实际的研究方法,又不是搞突击华而不实,而是有理论有实际,稳步推进,按照其本身的规律正常地运行起来。

(二) 1966—1977 年

"文革"期间,学校的科研受到极大的破坏,但是,南工的教师们在艰难的条件下坚持科研生产,并取得了科研成果。

1972 年,学校开始招生和恢复教学、科研工作后,教师们抓住有利时机,开始从事科研、生产任务,编写教材、讲义,编写、出版科研著作。建筑系教师编写了 20 余本讲义,并去设计单位合作承担了一些重大的工程设计项目,如北京航空港、南京长江大桥(中国自主建设的第一座双层式铁路公路桥)桥头堡等,均获得各方好评。土木、建筑两系参加设计的五台山体育馆荣获全国优秀设计银质奖。刘敦桢教授上世纪 50 年代的科研精品"苏州古典园林"是对中国历代造园史的总结,刘教授在"文革"中遭受迫害后病逝,他的学生潘谷西、郭湖生、刘叙杰等重新修改整理完成《苏州古典园林》一书,1978 年出版,并

于同年荣获全国科学大会奖,1982年又获全国优秀科技图书奖,后被译成英、日文出版,畅销海内外。同时,杨廷宝教授主编出版了专著《综合医院建筑设计》。

1972年,无线电系为了适应国家仪器制造工业复苏后的需要,开设了电子仪器及测量技术专业,在国内首先创办了微波技术专业,并陆续开展了一些科研项目,如地面活动目标侦察雷达、步话机及定向接收机、彩色电视攻关、10米卫星通信地面站、模拟声源等。此后,又承担了水声综合测量仪、北京地铁自动化行车控制二期工程中的双工无线电台及电子计算机对火电厂机组进行监控的汉字、字符及曲线显示设备、频率合成器等任务。部分教师去工厂和研究所,参加了E3251-E3255自动微波频率置换装置、毫米波体效应振荡器、晶体管收音机等研究及制造工作。在这期间,微波与天线实验室创建了微波集成工艺线,为微波、毫米波方面的研究工作奠定了工艺基础。无线电系又组织教师编写以晶体管为主的技术基础课程的教材。这些卓有成效的工作及成果,都为"文革"后批准建立该系国家重点学科及国家重点实验室打下了良好的基础。

从1969年底开始,动力系承担了"磁流体发电"的研究任务。1969—1973年,南工磁流体发电项目中完成的工作有:初步建成了磁流体发电模拟试验机组;用富氧空气和1 300摄氏度高温预热空气进行了数十次综合的发电性能试验;进行了燃烧技术、高温材料、高温测量、添加剂的注入与回收以及逆变换流装置等方面的研究。1972年,自动控制系计算机专业先后完成数控绘图切割机和电子航迹仪的研制工作,为造船工业和海军建设作出了贡献。

上世纪70年代初,我国电子事业的发展急需一种微波放大器——波长10厘米的储频行波管,这种军用器件属国外禁运物资。原四机部29所希望学校研制这种产品。电子工程系的教师们与电子管厂工人一道,在缺少技术资料及设备的情况下,日夜加班,攻克难题,花一年多时间研制成功。1974年,首批投产20只,之后几年产量逐年上升。该产品的研制成功,打破了国外的禁运和封锁,填补了国内电子对抗专用器件的空白,为空军部队装备吊舱式干扰机提供了关键的心脏器件。在试制过程中,还有20多名学生结合研制和生产进行了毕业设计,部分研究成果被编入《微波电子管》教材中,同时,还有6篇科研论文先后发表。

"文革"期间,全校共完成600多项科研任务,其中280多项是技术改造性质的应用性课题,350多项为科研、试制、设计和技术革新项目。在所有项目中,有40多项达到国内先进水平,16项为国家填补了空白,如电航Ⅰ型罗径、钢筋混凝土受弯构件变形裂缝计算方法、地铁双工电台、数控切割机等。

(三) 1978—1988年

改革开放以后,国家迎来了"科学的春天",学校科研工作以前所未有的好势头蓬勃开展起来。为迎接全国科学大会的召开,学校开展组织科研立项、评选先进集体和个人、总结经验等工作。1978年,在全国科学大会、江苏省科学大会上,学校有49个科研项目获奖。

1978年3月学校制订了《南京工学院1978—1985年发展纲要》,明确要把南工建设成"两个中心"(学校既是办教育的中心,又是办科研的中心),对科学研究也提出了明确的指导思想和要求:全面规划,突出重点,基础科学与技术科学结合,以技术科学为主,基础科学密切配合;在技术科学中理论与应用并举,运用现代科学理论猛攻技术尖端,解决生产建设和国防建设中的重大关键问题。在土木建筑、机械工程、电工学、电子学、计算机、自动化6个学科方面确定了研究内容和主攻方向,全院以计算机、空间电子学和自动化科学为重点,带动和促进其他学科的发展。

在科研人员的努力下,学校科研工作进展迅速。至1980年,土建学科在建筑历史、建筑设计、建筑结构方面成果显著并具有自己的特色。建筑物理、建筑材料等学科研究方向也相互靠拢,开始形成一个研究体系。无线电电子学科在信道机、微波集成电路、毫米波振荡器、微波电子器件、真空技术等方面的成果有的已接近国际上70年代的水平,该学科还进一步组织力量在行波管、网络理论、电磁场理论、信息处理、计算机辅助设计等方面开展工作。自动化学科在电厂自动化、自动控制理论、计算机在控制系统中的应用、单机自动化和自动化生产方面做了大量工作的基础上,进一步开展优化设计、系统工程自适应等方面的研究工作。机械动力专业也作出了不少有价值的成果,磁流体发电这门探索性的新学科的研究工作自1969年始,经过从无到有、锲而不舍的努力,也在实践中培养了一批骨干力量,研究成果在国内达领先水平。上述几个主要学科,均有学术带头人、骨干研究人员和专职研究队伍。至1980年,院属科研机构计有三所、一室、两中心,即建筑研究所、无线电电子学研究所、自动控制研究所、磁流体发电研究室、计算机中心和制版中心,还有一些系属研究室,学校科研初步形成规模。

1982年,教育部在北京举办"部属高等院校科技成果展览会",南京工学院将分米波卫星电视接收设备BJ-Ⅱ型振动校准台、玻壳氩离子激光器、超宽频带行波管放大器、PCP-131-Ⅰ型过程控制用户程序包、《苏州古典园林》等17项成果送展。

1978—1985年期间,学校共获重要科技成果228项,其中有118项被列入"国家科技成果公报"。在我国《专利法》实施的第一天,学校就向中国专利局申报了70项专利,共批准公布10项,在国家教委直属高校中名列第二。几年中,全校共出版了科学专著20部、教材200多种,发表论文逾千篇。科技新人不断成长,重点学科逐步形成,科研为生产服务,创造了显著的社会经济效益,应该说科研工作取得了很大成绩。

1985年11月,学校召开了科技工作会议,韦钰校长在改革实践中提出了"以科研为先导,以任务带学科,以联合求发展"的战略发展思路,改革科技管理体制;组建十大科研基地,实行跨学科联合,瞄准科技前沿,争取社会资源,开展联合攻关。在这一方针指导下,学校的科研工作生机勃勃地开展起来,并取得了许多突破性进展。学校科研经费在1987年突破千万元,1986—1988年三年间,学校共承担科研项目(包括基础研究课题、应用研究课题、实验发展课题)2 057项。以科研为先导,以任务带学科,以联合求发展,积极开展社会服务,一环扣一环,相辅相成,相得益彰,共同推进了学校的教育科学事业的发展。在这一形势下,学校的科研组织和队伍也得到了充实和发展。1984年,学校整顿和新建了4个跨系、跨学科的研究所,成立了42个研究室,有专职科研人员400余人。至1988年,发展至10个研究所,62个研究室,11个研究、开发中心或研究院,专职科研编制人员达476人,形成了一支知识结构较为合理、能打大仗硬仗的科研梯队。学校初步实现了建成教育、科研两个中心的目标。

1978—1988年,南京工学院共获国家级奖项37项(全国科学大会奖29项、国家科学技术奖8项),省、部级奖项250项。

第三节　东南大学时期

(一) 1988—2005年

上世纪80年代,国际新一轮科技革命方兴未艾,世界科技突飞猛进。1988年,针对世界科技发展形势和我国科技发展任务,邓小平提出了"科学技术是第一生产力"的重要论断,中国科技事业快速发展起来。同年6月,学校复更名为东南大学,开启了新的历史篇章。作为一所工科为主要特色的综合性、研究型大学,科学研究在学校工作中的重要性更加凸显。1989年,学校成立了科研和重点学科规划建设委员会,由李嗣范教授任主任委员,负责组织制订规划,加强措施,推进科研工作、重点学科和重点实验室的建设。

1990年4月,在全校科研工作会议上,顾冠群副校长提出以"3255"为主体,带动学科发展。所谓"3255",即三项攻坚任务:燃煤增压流化床燃烧燃气/蒸气联合循环发电,国产20万千瓦汽轮发电机组稳定可靠运行,新型显像管、显示器研究;二项新技术:末端制导技术和水下测验技术;五项高新技术开发应用:微电子技术、复合材料、节能灯制造设备及系统、交通运输工程及其计算机辅助技术、自动化仪表传感器及系统;五个科学实验室和基地:移动通信国家重点实验室、毫米波技术国家重点实验室、建筑CAD重点实验室、分子电子学重点实验室和CIMS网络/数据库技术开放实验室。要求跨系所、多学科组织起来联合攻关。

90年代以后,学校科研工作坚持以应用研究为主,并更加重视和加强基础研究、应用基础研究,积极促进科研与工程实际相结合,发挥全校学科优势,集中力量攻克重大技术课题。

为提高科研工作在市场经济条件下的适应能力和竞争能力,更好地服务经济建设和社会发展,学校不断推进科技体制改革,对全校科研力量进行战略重组。在组建土木建筑、信息通信、能源动力、交通运输等学科群的基础上,按照学科发展和国民经济建设的需要,打破系、所建制,组建了以国家重点实验室、国家工程(技术)研究中心和教育部重点实验室为核心的十大科研基地,同时为加强学科的横向联合,组建了9个跨学科的研究中心。这些举措,突出了工作重点,优化了科技队伍,增强了科研实力,有力促进了全校各学科的交叉渗透,开拓了新兴学科领域。

1995年,全校鉴定成果50项左右,获国家科技进步奖3项,国家教委科技进步奖18项,江苏省及其他部级科技进步奖21项。特别是东大与北京第一机床厂合作的"北京第一机床厂CIMS应用工程(第一期)"项目,先后荣获国家"863计划"自动化领域CIMS专家组颁发的"突出贡献奖"、国家科技进步奖二等奖和美国制造工程师学会(SME)颁发的1995年度"工业领先奖"(中国第一次获该类奖项),表明学校在该领域研究进入了国际先进行列。经过"八五""九五""十五"和"211工程""985工程"的建设,学校获得了一批具有较高知名度和显示度的标志性成果,科研工作取得显著成绩。

(二) 2006—2015年

从2006年起,在国家"自主创新,重点跨越,支撑发展,引领未来"方针的指导下,学校全力贯彻"十一五"科技发展战略,创造性地发挥科技综合实力和优势,有重点地配置科技资源,同时确定了"开拓创新、争先进位"的发展方略,对标国内外一流大学,扬长补短、创新发展、跨越发展。发挥科技综合实力和优势,有重点地配置科技资源,在信息科学、土木建筑、生命科学、能源环保、先进制造、交通运输、材料科学等重点领域多层面展开有组织的科研工作,力争项目、人才、基地建设的明显跨越和成果应用的重大突破。经过努力,"十一五"期间,学校作为牵头单位承担国家"973计划"项目实现了零的突破,五年内共牵头承担"973计划"项目8项;国家自然科学基金项目和重大基础研究计划项目的立项也取得优异成绩,全校共获得国家自然科学基金项目768项,同比增长138%;获资助25 337.6万元,同比增长194%。[①]

这一时期涌现了一批在基础研究方面取得突出成绩的研究团队和年轻学者,如尤肖虎教授团队对于未来移动通信基础理论与技术的研究,完成学校信息领域第一个国家自然科学基金重大项目,且产生了重大的影响。2007年,基础医学院赵春杰教授作为首席

---

① 沈炯:《抓住机遇 奋发作为 不断开创东南大学"十二五"科技工作新局面》,载《东南大学报》2011年4月29日,第1151期。

科学家主持国家重点基础研究发展计划("973计划")项目"抑郁症和精神分裂症的基因与环境相互作用机理研究",该项目是我国精神疾病领域的第一个"973计划"项目。崔铁军教授团队在基于超材料实现微波段三维隐身和电磁黑洞两个方面取得的系列研究成果,在国际学术界产生广泛影响,并入选"2010年度中国科学十大进展"。2009年,学校科技工作克服了国际金融危机的不利影响,抓住机遇,锐意进取,在科技创新、成果转化和产学研合作等方面佳绩迭出、亮点频现,历史纪录不断被刷新,自然科学基金项目数和杰出青年基金项目数均达到历史最高,国家级、部省级奖项喜获"大丰收",江苏省重大成果转化基金项目数全省第一,到账科研经费亦创历史新高。

2011—2012年,学校科技工作继续取得快速发展,两年科研到账经费25.8亿元。作为第一完成单位的6项科研成果分别获得国家技术发明奖和科技进步奖,其中信息科学与工程学院尤肖虎教授等人完成的"宽带移动通信容量逼近传输技术及产业化应用"获得国家技术发明奖一等奖,这是学校科技工作的一个历史性突破,也是江苏省第一次荣获此奖项。2011年,中大医院张志珺教授获中华医学科技奖一等奖,也实现了学校该奖项零的突破。同年,由东大研制的我国第一台自主研发的"南极天文科考支撑平台"安装在南极冰盖之巅冰穹A,遥远的昆仑站第一次通过卫星通信系统"送回"科学数据,结束了中国使用国外平台而受制于人的局面。这一时期,学校科技工作呈现出人才辈出、特色鲜明、快速发展的良好态势,并已形成了基础研究、应用开发与成果转化相互支撑、共同发展的良性循环新局面。

2014年,吕志涛院士团队牵头完成的"现代预应力混凝土结构关键技术创新与应用"喜获国家科技进步一等奖,是继2011年我校牵头获得1项国家技术发明一等奖后的又一项重要突破。同年,学校在社会科学研究领域也取得优异成绩,获教育部人文社科基金立项16项,立项数位列全省第一;获江苏省社科基金立项资助16项,其中重点项目6项,重点项目数名列全省第一,取得历史最好成绩。

2006—2015年,学校共获国家科学技术奖38项,省部级奖项250项。

(三) 2016—2023年

2016年起,学校启动并全力实施"原创能力突破计划",进一步加强科研制度建设和科研组织,大力推进重大科研项目、基础交叉科研平台、创新团队的布局和产学研合作等工作。

十四次党代会以来,面对世界科技发展的新态势与日益错综复杂的国际环境,学校主动作为,相继启动布局面向2035年和"卡脖子"的十大科学技术问题,其中包括数字"克隆"人、6G移动通信先期研究、信息超材料、高端芯片的超高能效设计等世界科技前沿和国家战略急需领域的"高精尖"问题,对其投入不低于5 000万元的启动培育基金并给予相应的评价政策倾斜,聚焦支持团队取得一批原创性的重大科研突破,积极培育前沿、新兴和交叉科研方向以及国家级大项目。①

学校科研团队在毫米波新型基片、电磁超材料、分子铁电材料、分子影像、量子信息等多个研究领域实现了重大突破;在宽带移动通信技术、微波毫米波技术、现代预应力混凝土结构关键技术、大跨径桥梁钢桥面铺装成套关键技术、高性能纤维增强复合材料、工程结构健康监测、人机交互遥操作机器人、工业智能超声监测、新型消化道支架等方面取得重大成果;在一批国家重大战略领域和工程中,如国家载人航天工程、第5(6)代移动通信技术、港珠澳大桥、AMS空间科学实验、500米口径球面射电望远镜、南极科考、北京副中心、高铁技术等,作出了重要贡献。2020年,由建筑学院王建国院士领衔的项目"中国城镇建筑遗产多尺度保护理论、关键技术及应用"荣获国家科技进步奖一等奖,这是我国建筑学领域首次获此殊荣。②

近年来,学校以"中流击水三千里"的气魄全力实施原创能力提升计划,始终坚持科技创新"四个面向",以"精准谋划、体系布局;资源优化、部门联动;人才汇聚、交叉融合"为科研工作思路,坚持创新驱动发展战略,瞄准国际学术前沿和国家重大需求,大力推进重大科研项目、基础交叉科研平台,培育大团队、大项目,取得大成果,打造国家战略科技力量的"东大方阵"和具有东大特色的科技创新体系。以高水平的科技创新服务国家及区域经济社会高质量发展,在努力实现高水平科技自立自强的新征程上贡献了东大力量。③

---

① 唐瑭:《中流击水破新浪——东南大学第十四次党代会以来科技工作巡礼》,载《东南大学报》,2022年5月10日,第1476期。
② 科研院:《科学名百廿 原创著新篇》,载《东南大学报》,2022年6月16日,第1479期。
③ 唐瑭:《中流击水破新浪——东南大学第十四次党代会以来科技工作巡礼》,载《东南大学报》,2022年5月10日,第1476期。

第二章 科研成果获奖项目

第一节 自然科学获奖

一、1978 年全国科学大会奖

为制定科学技术的发展规划,表彰知识界的先进单位和先进人物,奖励优秀研究成果,充分调动广大知识分子的积极性、创造性,实现党在新时期的总任务,1978 年 3 月 18 日至 31 日在北京,中共中央召开了全国科学大会。开幕会上,中共中央副主席、国务院副总理邓小平发表重要讲话,邓小平指出四个现代化的关键是科学技术的现代化,并着重阐述了科学技术是生产力这个马克思主义观点。此次大会是中国科技发展史上一次具有里程碑意义的盛会,标志着中国科技工作迎来了"科学的春天"。

1978 年全国科学大会奖

授奖时间	成果名称	完成单位	授奖部门
1978	综合医院建筑设计	建筑工程系	国家科委
1978	苏州古典林园	建筑工程系	国家科委
1978	倒置、大排距、双层送风冲天炉	机械工程系	国家科委
1978	笛簧管红外线自动烧结机	机械工程系	国家科委
1978	球墨铸铁的研究与应用	机械工程系	国家科委
1978	1G(3AX-24)生产线	机械工程系	国家科委
1978	表面形状和位置公差	机械工程系	国家科委
1978	论汽泡、液滴和固体圆球在粘性流体中的运动	动力工程系	国家科委
1978	10 米卫星通讯地面用 7.5 cm 致冷参量放大器	动力工程系	国家科委

1978年全国科学大会奖　　　　　　　　　　　　　　　　（续表）

授奖时间	成果名称	完成单位	授奖部门
1978	10米卫星通讯地面用7.5 cm氦制冷机	动力工程系	国家科委
1978	电子计算机对火电厂进行监控	动力工程系	国家科委
1978	模拟声源	无线电工程系	国家科委
1978	地面活动目标侦察雷达	无线电工程系	国家科委
1978	地面自动化行车控制二期工程——双工无线电台	无线电工程系	国家科委
1978	水声自由扬声压标准装置及标准水听器电子测量专用设备的研制	无线电工程系	国家科委
1978	11千兆微波接力机	无线电工程系	国家科委
1978	E3251-E3255自动微波频率置换装置系列	无线电工程系	国家科委
1978	钢筋混凝土结构件设计方法	土木工程系	国家科委
1978	钢筋混凝土及预应力混凝土构件及裂缝计算方法	土木工程系	国家科委
1978	火电厂装配式钢筋混凝土厂房结构	土木工程系	国家科委
1978	大跨网架屋盖结构的计算方法	土木工程系	国家科委
1978	装配式钢筋混凝土节点	土木工程系	国家科委
1978	文字信号发生管（单象管）	电子工程系	国家科委
1978	LX-4彩色录象管	电子工程系	国家科委
1978	SZN-1型四极质谱计	电子工程系	国家科委
1978	953-1机载回答式干扰机	电子工程系	国家科委
1978	DH-1型电罗径	自动控制系	国家科委
1978	电子航迹仪	自动控制系	国家科委
1978	数控绘图仪	自动控制系	国家科委

二、1978年江苏省科学大会奖

在"科学技术是生产力"的指导思想下，1978年，江苏召开了全省科学大会，通过贯彻全国科学大会精神，部署新时期全省科技工作，重新确立了科学技术在江苏国民经济中的地位，提高了广大干部群众对科学技术工作重要性的认识，初步形成了尊重科学、尊重人才的良好社会风气。

1978 年江苏省科学大会奖

授奖时间	成果名称	完成单位	授奖部门
1978	绿化对减低城市噪声的作用	建筑工程系	江苏省革委会科委
1978	ZDP-2型测振—动平衡仪	机械工程系	江苏省革委会科委
1978	持续微量注射器	机械工程系	江苏省革委会科委
1978	小化肥厂热能综合利用	动力工程系	江苏省革委会科委
1978	磁流体发电试验研究	动力工程系	江苏省革委会科委
1978	7011步读机及定向接收机	无线电工程系	江苏省革委会科委
1978	分米波电视发射和接收机	无线电工程系	江苏省革委会科委
1978	微波线路分析仪	无线电工程系	江苏省革委会科委
1978	测试上下变频器	无线电工程系	江苏省革委会科委
1978	1-12.4GC微槽—微带线定向耦合器	无线电工程系	江苏省革委会科委
1978	水声综合测量仪	无线电工程系	江苏省革委会科委
1978	混凝土大型屋面板蒸养立窑	土木工程系	江苏省革委会科委
1978	水泥混凝土路面试验研究	土木工程系	江苏省革委会科委
1978	钢筋混凝土井管代替钢铁管打深井	土木工程系	江苏省革委会科委
1978	电子束管的电子计算机辅助设计	电子工程系	江苏省革委会科委
1978	氩离子激光器	电子工程系	江苏省革委会科委
1978	高速中规模CMOS集成电路	电子工程系	江苏省革委会科委
1978	显像管玻壳的应力测试和强度研究	基础科学系	江苏省革委会科委
1978	自动调节偏磁幅值的磁栅测长仪	自动控制系	江苏省革委会科委
1978	DSX-2型数控多功能线切割机	自动控制系	江苏省革委会科委

三、国家科学技术奖

国家科学技术奖励是国务院为了奖励在科学技术进步活动中作出突出贡献的公民、组织,调动科学技术工作者的积极性和创造性,加速科学技术事业的发展,提高综合国力而设立的一系列奖项。国家科学技术奖包括:(一)国家最高科学技术奖;(二)国家自然科学奖;(三)国家技术发明奖;(四)国家科学技术进步奖;(五)中华人民共和国国际科学技术合作奖。

国家自然科学奖,授予在基础研究和应用基础研究中,阐明自然现象、特征和规律、做出重大科学发现的公民。1956年1月,国家提出了"向科学进军"的口号,同年第一次颁发国家自然科学一等奖,1982年,第二次颁发国家自然科学一等奖。

国家技术发明奖,授予运用科学技术知识做出产品、工艺、材料及其系统等重大技术发明的中国公民。1979年,第一次颁发国家技术发明奖。

国家科学技术进步奖主要授予在技术研究、技术开发、技术创新、推广应用先进科学技术成果、促进高新技术产业化,以及完成重大科学技术工程、计划等过程中作出创造性贡献的中国公民和组织。1984年,正式启动评选。

1987年,国家决定设立三大国家级奖励,即国家自然科学奖、国家技术发明奖和国家科学技术进步奖,每两年颁发一次。1999年4月28日国务院第16次常务会议通过《国家科学技术奖励条例》,正式设立五个奖项。

东南大学获得国家科学技术奖情况,详见下表(注:"主要完成人"后面如有括号标明数字的,数字为排名顺序,全书同)。

国家科学技术奖

获奖年度	项目名称	主要完成人	获奖等级	院系
1981	铝硅合金无公害1号变质剂	周国桢	国家发明奖四等奖	机械工程系
	玻壳结构氩离子激光器	凌一鸣	国家发明奖四等奖	电子工程系
1982	钢筋混凝土及予应力混凝土受弯构件钢度和裂缝开展的试验研究	丁大钧　庞同和	自然科学奖四等奖	土木工程系
1984	水上一体化水厂	栾学翔　董德根	国家发明奖二等奖	土木工程系
	具有隔离台心结构的高频振动校准台	汪凤泉	国家发明奖三等奖	数学力学系
1985	毫米波体效应二极管及振荡器系列	孙忠良　李嗣范　沈楚玉	国家科技进步奖一等奖(合作)	无线电工程系
	冲天炉熔炼过程自动检测和优化技术	王明平　丁郑泰　陈凤彩　陈　方　祝光荣	国家科技进步奖三等奖(合作)	机械工程系
1988	DH-Ⅲ电磁控制陀螺罗经	童钧芳等	国家科技进步奖二等奖	自动控制系
1990	轻积灰高传热鳍片省煤器	撒应禄	国家技术发明奖四等奖	动力工程系
1991	毫米波无源电路的分析与应用	未查到相关信息	国家自然科学奖四等奖	无线电工程系
	系统建模方法及自适应控制系统设计的研究	冯纯伯	国家自然科学奖四等奖	自动化研究所

国家科学技术奖　　　　　　　　　　　　（续表）

获奖年度	项目名称	主要完成人	获奖等级	院系
1992	大城市综合交通体系规划模式研究	徐吉谦	国家科技进步奖二等奖（合作）	交通运输工程系
	钢纤维混凝土路面性能设计与施工技术	孙　伟　陈荣生　黄　熙 高建明　金志强　符冠华	国家技术发明奖三等奖	材料科学与工程系 交通运输系
	H/SQC-552型侦察声呐	陆佶人　朱滋浩	国家科技进步奖三等奖	无线电工程系
	微机数据采集和处理专用装置的研制	林中达	国家科技进步奖三等奖（合作）	动力工程系
	一种流化表面干燥制粉装置	范　铭　李大骥　葛士福 刘同增	国家技术发明奖四等奖	动力工程系 热能工程研究所
	节能复合铝铁锅	孔宪中　陈邦仪等	国家技术发明奖四等奖	材料科学与工程系
1993	IT-1智能电视跟踪系统	夏良正	国家科技进步奖二等奖（合作）	自动控制系
1995	多层工业厂房预应力结构体系及相应性能研究	陈惠玲　杨宗放　吕志涛 张忠利　姚伟忠	国家科技进步奖三等奖（合作）	土木工程系
	异种中大型计算机远程OSI网络	顾冠群　龚　俭　严秉樟 吴国新　李　俊	国家科技进步奖三等奖	计算机科学与工程系
1996	北京第一机床厂CIMS工程	杨楚保　吴锡英　杨景宣 周伯鑫　李　林　杨振声 焦小澄　刘宇凌　王　茜 魏而巍　梁建忠　达庆利 文启林　盛昭瀚　梁木养 孙志挥　陈　别　丁　伟等	国家科技进步奖二等奖（合作）	机械工程系 自动控制系 计算机科学与工程系 经济管理学院
	基于EDI的单证交换系统	顾冠群　李　俊　吴国新 方宁生　李　维	国家科技进步奖三等奖	计算机科学与工程系
	新型空间结构的强度、稳定性和动力性能的研究	董石麟　沈祖炎　严　慧 钱若军　赵惠麟	国家科技进步奖三等奖（合作）	土木工程系
	供电系统谐波综合治理	戴先中（4）	国家科技进步奖三等奖（合作）	自动控制系

国家科学技术奖 (续表)

获奖年度	项目名称	主要完成人	获奖等级	院系
1997	中国教育和科研计算机网 CERNET 示范工程	吴建平 张凌 雷维礼 李星 龚俭 张德运 汪为农 石冰心 马严	国家科技进步奖二等奖(合作)	计算机科学与工程系
	高科技知识丛书	顾冠群 周强泰 李大骥 董逸生	国家科技进步奖三等奖	计算机科学与工程系 动力工程系
1998	秦山 300MW 核电机组全范围仿真机	葛斌(5) 冷杉(11)	国家科技进步奖二等奖(合作)	动力工程系
	广东华宝空调器厂 CIMS 应用工程	陈少民 刘文煌 颜永年 夏安邦 董逸生 杜建军 顾冠群 严隽薇 郑荆陵	国家科技进步奖二等奖(合作)	电气工程系 计算机科学与工程系
	预应力混凝土结构设计基本问题的研究	陶学康 吕志涛 卫纪德 王正霖 余志武 孟少平 白生翔 赵国藩 侯建国	国家科技进步奖二等奖(合作)	土木工程学院
	提高徐州电厂国产 200MW 汽轮发电机组运行稳定性、可靠性综合研究	高覃 周福和 傅行军 杨建明 黄根泉	国家科技进步奖三等奖	动力工程系
	PVDF-压电薄膜水听器(换能器)系列	袁易全 时炳文 邵耀梅 王克里 商国华	国家技术发明奖四等奖	无线电工程系
	钢和铸铁件无熔盐覆盖剂热浸镀铝新技术	吴元康 郭军 梅建平	国家技术发明奖四等奖	材料科学与工程系
1999	沪宁高速公路江苏段工程技术和建设管理	徐华强 蔡家范 许道化 柯弘生 徐泽中 邓学钧 陈小桐	国家科技进步奖一等奖(合作)	交通学院
	WFBZ-01 型微机发电机变压器组保护装置	陆于平 吴济安 史世文 李莉 周振安	国家科技进步奖三等奖	电气工程系
	专用集成电路系统设计及工程技术产业化实施	孙大有 宋岳明 时龙兴 胡晨 孟绍锋	国家科技进步奖三等奖	电子工程系
2002	自旋输运和巨磁电阻理论	邢定钰 盛利 顾若愚 刘楣 董锦明	国家自然科学奖二等奖(合作)	物理系
	公路通行能力研究的装备与技术	周荣贵 王炜 刘小明 安旗林 邢惠臣 赵同安 李强 方靖 周刚 邓卫	国家科学技术进步奖二等奖(合作)	交通学院

国家科学技术奖 （续表）

获奖年度	项目名称	主要完成人	获奖等级	院系
2003	道路交通系统规划的成套技术及仿真设备开发	王 炜　徐吉谦　邓 卫 杨 钧　陈学武　陆 健 陈 峻　李旭宏　李文权	国家科学技术进步奖二等奖	交通学院
2003	中国第三代移动通信系统研究开发项目	尤肖虎　曹淑敏　王 京 卫 国　胡捍英　张 平 杨峰义　李 军　王志勤 赵春明	国家科学技术进步奖二等奖	无线电工程系
2004	光电功能配位化合物及其组装	游效曾　熊仁根　左景林 张 勇　余 智	国家科学技术进步奖二等奖（合作）	化学化工学院
2005	OUR-QGD 型立体定向伽玛射线全身治疗系统（全身伽玛刀）	段正澄　罗立民　夏廷毅 惠小兵　朱国力　吕凤华 黄 禹　李小平　苏以翔 孙逸华	国家科学技术进步奖二等奖（合作）	计算机科学与工程系
2005	大跨径钢箱梁斜拉桥关键技术研究	陈明宪　戴永宁　黄 卫 曾宪武　陈 新　刘晓东 崔 冰　娄学全　史永吉 强士中	国家科学技术进步奖二等奖（合作）	交通学院
2006	国道205线滨州黄河公路大桥工程综合技术研究	杨永顺　李 惠　张西斌 高雪池　黄晓明　孙献国 叶见曙　安长军　石名磊 王化冰	国家科学技术进步奖二等奖（合作）	交通学院
2006	现代化体育场施工技术的研究	肖绪文　杨中源　陈桥生 戈祥林　李维滨　赵 俭 陆德宝　郝晨钧　马荣全 程建军	国家科学技术进步奖二等奖（合作）	土木工程学院
2007	生态型高与超高性能结构混凝土材料的研究与应用	孙 伟　缪昌文　翟建平 余红发　刘加平　张云升 周伟玲　陈惠苏　慕 儒	国家科学技术进步奖二等奖	材料科学与工程学院
2007	中国下一代互联网示范工程CNGI示范网络核心网CNGI-CERNET2/6IX	吴建平　李 星　张 凌 汪为农　龚 俭　马 严 李芝棠　张 蓓　汪文勇 李 卫	国家科学技术进步奖二等奖（合作）	计算机科学与工程学院
2007	城市交通系统管理控制的关键技术、设备开发及工程应用	王 炜(1)　陆 建(6) 蔡先华(8)　任 刚(9)	国家科学技术进步二等奖（合作）	交通学院
2008	润扬长江公路大桥建设关键技术研究	吉 林　孙 钧　钟建驰 黄 卫　冯兆祥　林 鸣 孙 伟　吴胜东　周志芳 缪昌文　李爱群	国家科学技术进步奖二等奖（合作）	交通学院 材料科学与工程学院

国家科学技术奖 (续表)

获奖年度	项目名称	主要完成人	获奖等级	院系
2008	建筑结构减振防灾关键技术与应用	贾洪 李爱群 闫维明 周锡元 纪金豹 程文瀼 徐茂义 李振宝 张志强 姜大力	国家科学技术进步奖二等奖（合作）	土木工程学院
2008	静脉系统梗阻-高压性疾病（VOH）综合性介入治疗的应用研究	徐克 滕皋军 祖茂衡 张曦彤 徐浩 苏洪英 肖亮 李红 钟红珊 卢勤	国家科学技术进步奖二等奖（合作）	中大医院
2009	硅基集成型功率MOS器件及高低压集成技术与应用	时龙兴 孙伟锋 陆生礼 苏巍 易扬波 宋慧滨	国家技术发明奖二等奖	电子科学与工程学院
2009	基于神经网络逆的软测量与控制技术及其应用	戴先中 孙玉坤 刘国海 马旭东 张凯峰 朱湘临	国家技术发明奖二等奖	自动化学院
2009	公路在用桥梁检测评定与维修加固成套技术	张劲泉 李万恒 周建庭 徐岳 任红伟 何玉珊 叶见曙 张建仁 周志祥 宿健	国家科学技术进步奖二等奖（合作）	交通学院
2010	千米级斜拉桥结构体系、设计及施工控制关键技术	张喜刚 游庆仲 张鸿 陈艾荣 袁洪 吴寿昌 欧阳效勇 丁峰 刘先鹏 裴岷山 罗承斌 任回兴 李乔 龚维明 刘玉擎	国家科学技术进步奖一等奖（合作）	土木工程学院
2010	网络教育关键技术及示范工程	顾冠群 罗军舟 曹玖新 郑庆华 史元春 虞维平 吉逸 刘彭芝 于斌 王杉	国家科学技术进步奖二等奖	计算机科学与工程学院
2010	大跨空间钢结构预应力施工技术研究与应用	郭正兴 肖绪文 罗斌 吴聚龙 张琨 王玉岭 王存贵 李景芳 张成林 王宏	国家科学技术进步奖二等奖	土木工程学院
2010	稠密多相流动与化学反应耦合体系的节能减排关键技术及应用	肖睿 钟文琪 孙克勤 金保昇 卫达 廖东海 孟令杰 陆勇 束长好 章名耀	国家科学技术进步奖二等奖	能源与环境学院
2010	高品质中高碳特殊钢棒线材连续生产技术与工艺开发	张文基 蒋建清 李国忠 阮小江 许晓红 耿克 涂益友 傅金明 张剑锋 李英	国家科学技术进步奖二等奖（合作）	材料科学与工程学院

国家科学技术奖

(续表)

获奖年度	项目名称	主要完成人	获奖等级	院系
2011	宽带移动通信容量逼近传输技术及产业化应用	尤肖虎 高西奇 赵春明 潘志文 孙立新 罗毅	国家技术发明奖一等奖	信息科学与工程学院
2011	大跨径桥梁钢桥面铺装成套关键技术及工程应用	黄卫 陈志明 钱振东 胡汉舟 黄融 程刚 王建伟 朱建设 罗桑 过震文 王晓 吴秉军 邵利 应军 闵召辉	国家科学技术进步奖二等奖	交通学院 化学化工学院
2011	新型消化道支架的研发与应用	滕皋军 郭金和 郭圣荣 茅爱武 冷德嵘 王忠敏 刘春俊 朱光宇 刘诗义 何仕诚	国家科学技术进步奖二等奖	中大医院
2012	纤维增强复合材料的高性能化及结构性能提升关键技术与应用	吴智深 吴刚 崔毅 吴宇飞 赵启林 潘金龙 万水 曹双寅 梁坚凝 杨才千	国家科学技术进步奖二等奖	土木工程学院
2012	钉形双向搅拌桩和排水粉喷桩复合地基技术与应用	刘松玉 朱志铎 杜广印 章定文 储海岩 杜延军	国家技术发明奖二等奖	交通学院
2012	地面公交高效能组织与控制关键技术及工程应用	王炜(1) 陆建(3) 陈学武(5) 陈淑燕(7)	国家科技进步二等奖	交通学院
2012	纳米材料若干新功能的发现及应用	阎锡蕴 梁伟 汪尔康 顾宁 杨东玲	国家自然科学奖二等奖(合作)	生物科学与医学工程学院
2013	三索面三主桁公铁两用斜拉桥建造技术	黄卫(4)	国家科技进步奖一等奖(合作)	交通学院
2013	多源干扰系统的建模、分析与控制理论研究	郭雷 孙长银 吴淮宁 李涛	国家自然科学奖二等奖	自动化学院
2013	夏热冬冷地区建筑冷热湿一体化高效处理技术与装备	张小松 殷勇高 梁彩华 李舒宏 徐国英 庄嵘	国家技术发明奖二等奖	能源与环境学院
2013	混凝土裂缝分龄期防治新材料和新技术及其应用	钱春香 钱觉时 蒋亚清 孙伟 麻秀星 王瑞兴 高桂波 郭景强 叶德平 李敏	国家科学技术进步奖二等奖	材料科学与工程学院
2013	长大跨桥梁结构状态评估关键技术与应用	李爱群 郭彤 张宇峰 李兆霞 王春生 王浩 何旭辉 江祥林 梁新政 王莹	国家科技进步奖二等奖	土木工程学院

国家科学技术奖 (续表)

获奖年度	项目名称	主要完成人	获奖等级	院系
2013	土木工程用高性能纤维复合材料制备及应用关键技术	张继文(2)　吕志涛(5)	国家科技进步奖二等奖(合作)	土木工程学院
2014	现代预应力混凝土结构关键技术创新与应用	吕志涛　薛伟辰　蒋立红　张喜刚　冯大斌　孟少平　朱万旭　程建军　苏如春　贺志启　潘钻峰　王景全　刘钊　郭正兴　冯健	国家科学技术进步奖一等奖	土木工程学院
2014	新型人工电磁媒质对电磁波的调控研究	崔铁军　马慧锋　蒋卫祥　程强	国家自然科学奖二等奖	信息科学与工程学院
2014	高稳定高耗散减振材料制备关键技术与装置开发及工程应用	徐赵东　龚兴龙　韩玉林　费树岷　杨建刚　王鲁钧	国家技术发明奖二等奖	土木工程学院
2014	超高性能混凝土抗爆材料成套制备技术、结构设计及其应用	孙伟　方秦　刘加平　张云升　刘建忠　戎志丹　吴昊　周华新　秦鸿根　陈惠苏	国家科技进步奖二等奖	材料科学与工程学院
2014	服务三农的安全可信金融电子交易关键技术和应用	时龙兴　杨军　李杰　王超　卜爱国　曹鹏　胡晨　田有东　单伟伟　刘新宁　杨宗平　邹勇　毛建国　周念东　路厚国	国家科技进步奖二等奖	电子工程学院
2014	高水压浅覆土复杂地形地质超大直径长江盾构隧道成套工程技术	钱春香(7)	国家科技进步奖二等奖(合作)	材料科学与工程学院
2015	高能效动态可重构计算及其系统芯片关键技术	魏少军　刘雷波　毛志刚　时龙兴　尹首一　邓玉良	国家技术发明奖二等奖(合作)	电子工程学院
2015	不确定性系统的辨识与控制	张纪峰　刘允刚　赵延龙　刘淑君　马翠芹	国家自然科学奖二等奖(合作)	数学系
2016	基于磁共振成像的多模态分子影像与功能影像的研究与应用	滕皋军　居胜红　王毅翔　顾宁　焦蕴　刘刚　张洪英　张宇　柳东芳	国家科技进步奖二等奖	中大医院
2016	强容错宽调速永磁无刷电机关键技术及应用	程明　朱孝勇　花为　全力　鲍文光　曹瑞武	国家技术发明奖二等奖	电气工程学院
2016	微波毫米波新型基片集成类导波结构及器件	洪伟　郝张成　许锋　罗国清　陈继新	国家自然科学奖二等奖	信息科学与工程学院

国家科学技术奖 (续表)

获奖年度	项目名称	主要完成人	获奖等级	院系
2016	复杂动态网络的同步、控制与识别理论与方法	吕金虎 虞文武 陈关荣 陆君安 周进	国家自然奖二等奖（合作）	数学系
	慢性肾脏病进展的机制和临床防治	侯凡凡 蓝辉耀 刘必成 易凡 廖禹林 陈志良 宾建平 程永现 周丽丽 白晓春	国家科技进步奖二等奖（合作）	中大医院
	第四代移动通信系统(TD-LTE)关键技术与应用	曹淑敏 王晓云 徐学兵 陈山枝 张平 赵先明 黄宇红 王志勤 杨骅 魏丽红 边燕南 王映民 邓爱林 向际鹰 吴迪 沈嘉 杨光 刘光毅 汪恒江 魏贵明 邢宏涛 蒋远 徐菲 孙晓南 万蕾 徐慧俊 刘迪军 高全中 张万春 聂宇田 蔡亚莉 段晓东 李文宇 魏然 李星 孙韶辉 白欣 柏燕民 张玉胜 肖善鹏 周世东 果敢 王东明 王可 江立红 张诗壮 李斌 蔡月民 熊兵 邱刚	国家科技进步奖特等奖（合作）	信息科学与工程学院
2017	新型分子基铁电体的基础研究	熊仁根 叶琼 付大伟 张闻	国家自然科学奖二等奖	化学化工学院
	土木工程结构区域分布光纤传感与健康监测关键技术	吴智深 张建 孙安 李素贞 张宇峰 张浩	国家技术发明奖二等奖	土木工程学院
	人机交互遥操作机器人的力觉感知与反馈技术	宋爱国 宋光明 李会军 崔建伟 胡成威 徐宝国	国家技术发明奖二等奖	仪器科学与工程学院
	工业智能超声检测理论与应用关键技术	丁辉 束国刚 李明 李晓红 张俊 陈怀东 吕天明 马官兵 赵兴群 马庆增	国家科技进步奖二等奖	材料科学与工程学院
	肺癌精准放射治疗关键技术研究与临床应用	李宝生 于金明 舒华忠 傅小龙 卢冰 黄伟 尹勇 袁双虎 朱健 邢力刚	国家科技进步奖二等奖（合作）	计算机科学与工程学院

国家科学技术奖 (续表)

获奖年度	项目名称	主要完成人	获奖等级	院系
2018	新型微波超材料对空间波和表面等离激元波的自由调控或实时调控	崔铁军 沈晓鹏 蒋卫祥 程强 马慧锋	国家自然科学奖二等奖	信息科学与工程学院
	摩擦界面的声子传递理论与能量耗散模型	陈云飞 杨决宽 倪中华 毕可东 魏志勇	国家自然科学奖二等奖	机械工程学院
	城市多模式公交网络协同设计与智能服务关键技术及应用	王炜 刘攀 孙正良 汪林 王昊 杨敏 胡晓健 殷广涛 刘冬梅 徐棱	国家科技进步奖二等奖	交通学院
	土地调查监测空地一体化技术开发与装备研制	王庆 李钢 张小国 顾和和 孙杰 胡明星 尹鹏程 王云帆 谭靖 马超	国家科技进步奖二等奖	仪器科学与工程学院
	心理生理信息感知关键技术及应用	胡斌 徐向民 郑文明 栗觅 马义德 赵庆林	国家技术发明奖二等奖（合作）	生物科学与医学工程学院
	严寒季冻区高速铁路毫米级变形标准下路基平稳性控制技术及应用	赵国堂 叶阳升 蔡德钩 蒋金洋 刘伟平 张西泽 杨西锋 杨国涛 闫宏业 冷景岩	国家科技进步奖二等奖（合作）	材料科学与工程学院
2019	深基础自平衡法承载力测试成套技术开发及应用	龚维明 戴国亮 易教良 施峰 薛国亚 高文生	国家技术发明奖二等奖	土木工程学院
	高性能MEMS器件设计与制造关键技术及应用	黄庆安 周再发 聂萌 徐波 夏长奉 黄见秋 李伟华 唐洁影 朱真 王磊	国家科技进步奖二等奖	电子科学与工程学院
	现代混凝土开裂风险评估与收缩裂缝控制关键技术	刘加平 田倩 王育江 李磊 姚婷 李华 张守治 王文彬 王瑞 高南箫	国家科技进步奖二等奖	材料科学与工程学院
	混凝土结构非接触式检测评估与高效加固修复关键技术	吴刚 何小元 魏洋 蒋剑彪 窦勇芝 刘钊 王春林 谢正元 李金涛 田永丁	国家科技进步奖二等奖	土木工程学院
	高速铁路高性能混凝土成套技术与工程应用	何华武 谢永江 谢友均 王玲 李化建 王召祜 陈惠苏 龙广成 仲新华	国家科技进步奖二等奖（合作）	材料科学与工程学院

国家科学技术奖 (续表)

获奖年度	项目名称	主要完成人	获奖等级	院系
2019	河谷场地地震动输入方法及工程抗震关键技术	高玉峰 王景全 吴勇信 韩强 肖杨 曾永平 张宁 张飞 胡遵福 刘夫江	国家科技进步奖二等奖(合作)	土木工程学院
2019	强风作用下高速铁路桥上行车安全保障关键技术及应用	何旭辉 韩艳 邹云峰 郭文华 王浩 苏伟 李龙安 敬海泉 文望青 郭向荣	国家科技进步奖二等奖(合作)	土木工程学院
2020	中国城镇建筑遗产多尺度保护理论、关键技术及应用	王建国 崔愷 赵中枢 朱光亚 陈薇 淳庆 周乾 傅大放 陈富龙 丁志强 董卫 穆保岗 张云升 张晖 李新建	国家科技进步奖一等奖	建筑学院
2020	高压智能功率驱动芯片设计及制备的关键技术与应用	孙伟锋 刘斯扬 祝靖 苏巍 易扬波 朱袁正	国家技术发明奖二等奖	电子科学与工程学院
2020	面向多义性对象的新型机器学习理论与方法	周志华 耿新 高尉 张道强 王魏	国家自然科学奖二等奖(合作)	计算机科学与工程学院
2020	预应力结构服役效能提升关键技术与应用	曾滨 许庆 尚仁杰 周臻 潘钻峰 荣华	国家技术发明奖二等奖(合作)	土木工程学院
2020	青藏高海拔多年冻土高速公路建养关键技术及工程应用	汪双杰 赖远明 陈建兵 张娟 纳启财 吴明先 郭宏新 王声乐 陈团结 张锋	国家科技进步奖二等奖(合作)	交通学院
2020	高性能隔震建筑系列关键技术与工程应用	李爱群 郭彤 苗启松 曾德民 薛彦涛 解琳琳 陆飞 卫海 张志强 陈曦	国家科技进步奖二等奖(合作)	土木工程学院

四、省部级科学技术奖

省部级奖励包括：各省、自治区、直辖市党委或人民政府直接授予的奖励，教育部、文化部、公安部、国家国防科技工业局等国家部委和中国人民解放军直接授予的奖励。

注：下表中因1992年前获奖项目大多无法查实"主要完成人"，故1992年前二等奖及以下的表格中没有显示"主要完成人"信息；且因获奖时间、授奖时间、颁奖大会召开时间存在时间差，故1992年前的获奖项目"时间"以获奖时间或授奖时间为准，1992年后的获奖项目"时间"基本以获奖时间为准。

一等奖

省部级科学技术奖(一等奖)

时间	成果名称	获奖名称	等级	主要完成人	院系
1979	测量流量用节流装置标准结构	国家一机部科技成果奖	一(合作)	龚家彪	动力工程系
	6毫米、4毫米体效应振荡器	国家四机部科技成果奖	一	孙忠良	无线电工程系
	12寸显像管联合设计	国家四机部科技成果奖	一	未查到相关信息	电子学研究所
1983	圆筒煤仓设计技术	煤炭工业部科技成果奖	一	未查到相关信息	土木工程系
1984	八毫米介质集成天线	电子工业部科技成果奖	一	黎宗文	无线电工程系
	显象管失效分析研究	电子工业部科技成果奖	一	吴冲若 诸玉华 陈章其 贺晋	电子工程系
	达林顿互补逻辑集成电路	电子工业部科技成果奖	一	茅盘松 詹娟 姚建楠 蔡世俊	电子学研究所
1985	显象管失效分析研究	国家教委科技进步奖	一	吴冲若等	电子工程系
1986	大跨度部分预应力混凝土多层框架	纺织工业部科技成果奖	一	未查到相关信息	土木工程系
	系统建模方法及自适应控制系统设计的研究	国家教委科技进步奖	一	未查到相关信息	自动化研究所
1987	高级数据链路控制规程通信控制器及程控交换机记帐通信系统	电子工业部科技成果奖	一	未查到相关信息	计算机科学与工程系
1988	20Mev医用电子直线加速器	国家教委科技进步奖	一	陈善年 宗祥康	动力工程系
1990	经济发达地区村镇建设综合开发研究——无锡县杨市镇的规划理论与实践	国家教委科技进步奖	一	齐康 段进	建筑研究所
1991	空间网络结构的稳定性、极限承载力和其合理形体的研究	国家教委科技进步奖	一(合作)	赵惠麟 肖炽等	土木工程系
	高等级公路路线综合优化与计算机辅助设计系统	交通部科技进步奖	一	未查到相关信息	交通运输工程系

省部级科学技术奖(一等奖) (续表)

时间	成果名称	获奖名称	等级	主要完成人	院系
1991	200 MW 机组微机数据采集和处理专用装置的研制	能源部科技进步奖	一(合作)	林中达(4)	动力工程系
1992	IT-1 智能电视跟踪系统	机电部科技进步奖	一(合作)	夏良正　洪振华	自动控制系
1993	电磁场边值问题泛函解法的研究	国家教委科技进步奖	一	章文勋　洪伟　薄亚明　祝雷　陈小安	无线电工程系
1993	多孔介质热湿迁移特性和自然对流换热的研究	国家教委科技进步奖	一(合作)	虞维平	动力工程系
1993	我国水泥混凝土路面发展对策及修筑技术研究	交通部科技进步奖	一	陈荣生	交通运输工程系
1994	四川 330MW 火电机组全仿真机	四川省科技进步奖	一(合作)	葛斌	动力工程系
1995	直线法原理及其应用研究	国家教委科技进步奖	一	洪伟　陈忆元　蒋晓红　徐金平　朱晓维　何立权　李嗣范	无线电工程系
1995	东南大学逸夫科技馆	国家教委优秀设计奖	一	沈国尧　周宁　杨德安	建筑设计研究院
1995	北京第一机床厂 CIMS 工程研究课题和突破口项目	江苏省科技进步奖	一	吴锡英　周伯鑫　焦小澄　盛昭瀚　孙志挥　顾冠群　何建敏　丁伟　王茜　易红　仲伟俊　周俊　吴广谋　冯建华　龚俭　胡晚霞　周晶　诸锡祺　张国庆　吴福元	机械工程系　自动控制系　自动化研究所　经济管理学院　计算机科学与工程系
1996	北京第一机床厂 CIMS 工程	机械工业部科技进步奖	特等(合作)	杨楚保　吴锡英　杨景宣　周伯鑫　李林　杨振声　焦小澄　刘宇凌　王茜　魏而巍　梁建忠　达庆利　文启林　盛昭瀚　梁木养　孙志挥　陈别　丁伟	机械工程系　自动控制系　计算机科学与工程系　经济管理学院
1996	WFBZ-01 型微机发电机变压器组保护装置	国家教委科技进步奖	一	陆于平　吴济安　史世文　李莉　周振安　陶月明	电气工程系
1996	机械结构振动、噪声控制技术研究	国家教委科技进步奖	一	孙庆鸿　张启军　姚慧珠　张建润　孙蓓蓓　程序　吴国梁　崔黎　杨莉　温任林　王志新	机械工程系

省部级科学技术奖(一等奖) (续表)

时间	成果名称	获奖名称	等级	主要完成人	院系
1996	中国教育和科研计算机网 CERNET 示范工程	国家教委科技进步奖	一(合作)	吴建平 张凌 雷维礼 李星 龚俭 张德运 汪为农 石冰心 马严 赵宏 张兴华 王岩 有悦 杨家海 朱爽 梁尤能 袁成琛 何立权	计算机科学与工程系
1996	专用集成电路系统设计及其工程技术研究	江苏省科技进步奖	一	孙大有 李素珍 时龙兴 孟绍锋 胡晨 陆生礼 孟江生 邓松亮 桑爱兵 茆邦琴	电子工程系
1996	秦山 300 MW 核电机组全范围仿真机	广东省科技进步奖	特等(合作)	葛斌(5) 冷杉(11)	动力工程系
1997	预应力混凝土结构设计基本问题的研究	建设部科技进步奖	一(合作)	陶学康 吕志涛 卫纪德 王正霖 余志武 孟少平 白生翔 赵国藩 侯建国	土木工程学院
1997	提高国产 200 MW 汽轮发电机组运行稳定性、可靠性的综合研究	江苏省科技进步奖	一	高曁 周福和 傅行军 杨建明 黄根泉 方秋华 杨建刚 臧朝平 陆颂元	动力工程系
1997	半导体热电子输运的非平衡统计理论	江苏省科技进步奖	一(合作)	邢定钰 刘楣	物理系
1998	神经网络理论及其智能信息处理应用基础	国家教委科技进步奖	一	何振亚 李衍达 迟惠生 何永保 母国光 陈天平 张延忻 杨绿溪 戚飞虎 胡光锐 张立明 阎平凡 陈国良 余英林 靳蕃 何明一 孙雅明 陈珂 顾凡及 罗发龙 王太君 邹采荣 高西奇 姚苏苏 吴承武	无线电工程系
1998	计算机网络协议形式技术及其应用研究	国家教委科技进步奖	一	顾冠群 罗军舟 吴介一 吴国新 汪芸 丁伟 沈苏彬 费翔 沈俊	计算机科学与工程系
1998	钢纤维混凝土结构设计与施工堆积(CECS 38:92)	国家教委科技进步奖	一(合作)	赵国藩 黄承逵 樊承谋 赵景海 素文纲 王璋水 孙伟 张春漪 徐蕴贤 彭少民 金芷生 卢良浩	材料科学与工程系
1998	沪宁高速公路江苏段工程技术和建设管理	江苏省科技进步奖	特等(合作)	徐华强 蔡家范 许道化 柯弘生 徐泽中 邓学钧 陈小桐 吴赟平 华斌 谢家全 张全庚 易敏 邱增煌 游庆仲 刘伟	交通学院

省部级科学技术奖(一等奖) (续表)

时间	成果名称	获奖名称	等级	主要完成人	院系
1998	高强混凝土结构变形及设计方法的研究	江苏省科技进步奖	一	蒋永生 梁书亭 陈德文 秦鸿根 吕清芳 李进 卢建峰 姜宁辉 庞同和	土木工程学院
1999	FMS-500柔性制造系统	航空工业总公司科技进步奖	一（合作）	李奇	自动控制系
1999	高层建筑预应力厚板转换层的研究与应用	江苏省科技进步奖	一（合作）	吕志涛 汪凯 舒赣平 盛小微 郭正兴 韩春源 苍重光 龚心沪 杨尚伟	土木工程学院
1999	调频广播副载波信息服务系统	江苏省科技进步奖	一	孙大有 时龙兴 宋岳明 胡晨 孟绍锋 陆生礼 夏勇 徐建宇 吴建辉	电子工程系
2000	计算机信息网络及其应用关键技术研究	中国高校科学技术奖（科技进步奖）	一（合作）	吴建平 李星 张凌 雷维礼 龚俭 张德运 张兴华 赵宏 汪为农 马严 石冰心 徐明伟 曹争 董守斌 杨家海 张俐 毛玉明 李卫 郝瑞兵 朱爽 吴剑章 张平 段海新 李信满 李家滨 宁国宁 胡道元 丁伟 杨宁 郑卫斌 毕军 段景山 张勇 邹玲 尹霞	计算机科学与工程系
2000	物理学（上、中、下）第四版	中国高校科学技术奖（科技进步奖）	一	马文蔚 解希顺 谈漱梅 柯景凤 陈小平 张思挚 胡凯飞	物理系
2000	盲信号处理理论与应用	江苏省科技进步奖	一	何振亚 杨绿溪 刘琚 汪军	无线电工程系
2000	桩承载力自平衡测试方法的研究	江苏省科技进步奖	一	龚维明 郭正兴 蒋永生 刁爱国 李金根 薛国亚 梁书亭 毛龙泉 高乔明	土木工程学院
2000	公路交叉口通行能力分析方法研究	江苏省科技进步奖	一	王炜 邓卫 高海龙 李文权 项乔君 徐吉谦 常华 陆健 陈学武	交通学院
2001	南京长江第二大桥钢桥面环氧沥青混凝土铺装技术应用	中国高校科学技术奖（科技进步奖）	一	黄卫 戴永宁 李淞泉 杨军 程刚 娄学全 王晓斌 王建伟 钱振东 孙斌	交通学院

省部级科学技术奖(一等奖) (续表)

时间	成果名称	获奖名称	等级	主要完成人	院系
2001	自旋输运和巨磁电阻理论	中国高校科学技术奖（自然科学奖）	一（合作）	邢定钰 盛利 刘楣 董锦明 汪子丹 顾惹愚 郑之明 吕品 蒋杰 齐雨农	物理系
2001	应急管理技术、方法及其应用	中国高校科学技术奖（科技进步奖）	一（合作）	盛昭瀚 何建敏 赵林度 周晶 王长君 陆卫东 邹小龙 刘春林 赵卫东 于跃海 李录书 翟晓敏 花长春 李春雨 谈晓洁	经济管理学院
2001	大型汽轮发电机组异常振动诊断及治理技术	江苏省科技进步奖	一	傅行军 杨建刚 朱晓东 沈德明 高麟 田新启 石江陵 刘振祥 方秋华	动力工程系
2001	江阴长江公路大桥建设关键技术研究	江苏省科技进步奖	一（合作）	周世忠 项海帆 吴胜东 钟建驰 游庆仲 吉林 范立础 冯兆祥 王敬民	交通学院
2002	半导体场致电子发射研究	教育部提名国家科学技术奖（自然科学奖）	一	黄庆安 秦明 张会珍 章彬 陈军宁	电子工程系
2002	土木工程结构的振动控制理论	教育部提名国家科学技术奖（自然科学奖）	一（合作）	瞿伟廉 李爱群 徐幼麟 李桂青 程文瀼	土木工程学院
2002	混沌神经信息处理的几个重要问题研究	江苏省科技进步奖	一	何振亚 裴文江 张毅锋 蔚承建 杨绿溪	无线电工程系
2003	现代城市设计理论及其方法	教育部提名国家科学技术奖（自然科学奖）	一	齐康 王建国 韩冬青 董卫 阳建强 郑炘	建筑学院
2003	江苏金融网络综合业务处理系统	江苏省科技进步奖	一	罗军舟 王银烈 陆培祥 潘晓东 游庆富 顾龙宝 沈秋祥 麻德琼 赵春明 赵达根	计算机科学与工程系
2003	1860MPa级PC钢绞线用小方坯连铸连轧盘条的产业化研究	江苏省科技进步奖	一（合作）	蒋建清 倪根来 朱希圣 方峰 陈少慧 王启炯 江静华 胡显军 徐向东	材料科学与工程系
2004	高等级路面设计理论与方法研究	教育部提名国家科学技术奖（自然科学奖）	一	黄卫 钱振东 程刚 郭宏定 王小林	交通学院
2004	基于多径能量窗的CDMA移动通信接收技术	江苏省科技进步奖	一	尤肖虎 赵春明 蒋良成 程时昕 王玲 缪开济 傅学群 刘郁蓉 陈明	无线电工程系

省部级科学技术奖(一等奖) （续表）

时间	成果名称	获奖名称	等级	主要完成人	院系
2004	低功率无线接入系列设备的研制及产业化	江苏省科技进步奖	一	沈连丰 宋铁成 叶芝慧 夏玮玮 施 荣 张宏泽 刘 彤 蔡洪涛 徐平平	无线电工程系
	土木工程结构减振防灾新技术研究与应用	江苏省科技进步奖	一	李爱群 瞿伟廉 程文瀼 徐赵东 张志强 陈忠范 蔡丹绎 叶正强 黄 镇	土木工程学院
	32位嵌入式微处理器芯片	江苏省科技进步奖	一	时龙兴 陆生礼 胡 晨 凌 明 刘 昊 杨 军 宋慧滨 王学香 罗 岚	电子工程系
	高孔隙率泡沫铝合金的制备及应用研究	江苏省科技进步奖	一	何德坪 蒋家桥 郑明军 戴 戈 陈裕泽 尚金堂 杨东辉 吴 越 邹 毅	材料科学与工程系
	高耐久混凝土评价与失效机理及寿命预测	江苏省科技进步奖	一（合作）	刘加平 孙 伟 缪昌文 慕 儒 刘建忠 邓 敏 周伟玲 孙 树 何锦华	材料科学与工程系
2005	智能运输系统理论与关键技术研究	教育部提名国家科学技术奖（自然科学奖）	一	黄 卫 陆振波 路小波 王 庆 陈里得 秦福生 刘 斌 河铁军 高朝辉 万德钧	交通学院
	基于WPAN的短距离无线接入关键技术研究及应用	教育部提名国家科学技术奖（科技进步奖）	一	沈连丰 叶芝慧 宋铁成 夏玮玮 胡 静 张锡昌 张宏泽 黄忠虎 徐平平 朱晓荣 刘 彤	无线电工程系
	新型住宅结构体系的研究与应用	江苏省科技进步奖	一	吕志涛 冯 健 汪 凯 俞伟根 刘伟庆 汪 杰 荀和生 周 建 张 晋 王滋军	土木工程学院
	复杂选矿工艺流程的优化控制与综合自动化	江苏省科技进步奖	一	陈夕松 杨念亮 李 奇 王志生 薛来文 倪 健 王露露 费树岷 杨 龙 龚明生	自动控制系
	软件质量保证支撑系统SQAS	湖北省科技进步奖	一	徐宝文	计算机科学与工程系
	国道205先滨州黄河公路大桥工程综合技术研究	山东省科技进步奖	一（合作）	黄晓明(5) 叶见曙(7) 石名磊(9)	交通学院

省部级科学技术奖(一等奖) (续表)

时间	成果名称	获奖名称	等级	主要完成人	院系
2006	土地变更调查现代技术集成应用示范	国土资源部科技进步奖	一(合作)	王慧青 裴凌 关增社	仪器科学与工程学院
	多晶硅电热微执行器模型、制备与表征	高等学校科学技术奖(科学技术)自然科学奖	一	黄庆安 李家硕 李伟华 许高斌 戎华 聂萌 黎仁刚	电子科学与工程学院
	复杂过程变量的神经网络逆软测量与控制技术	高等学校科学技术奖(科学技术)技术发明奖	一	戴先中 孙玉坤 马旭东 刘国海	自动化学院
	高功率扁平放电管氦氖激光器及其应用	高等学校科学技术奖(科学技术)技术发明奖	一	凌一鸣	电子科学与工程学院
	中国教育科研网格(合作)	高等学校科学技术奖(科学技术)科技进步奖	一(合作)	罗军舟(7)	计算机科学与工程学院
	中国下一代互联网示范工程CNGI示范网络核心网CNGI-CERNET2/6IX	高等学校科学技术奖(科学技术)科技进步奖	一(合作)	吴建平 李星 张凌 汪为农 龚俭 马严 李芝棠 张蓓 汪文勇 李卫 王兴伟 李崇荣 杨家海 崔勇 尹霞 杨寿保 李英壮 葛连升 王宗敏 鲁东明 王康 商少平 黄烟波 闫华 张德生 林强 李廉 鹿凯宁 王德民 董永苹	计算机科学与工程学院
	复杂动态系统及非线性系统的分析与鲁棒控制	江苏省科技进步奖	一	冯纯伯 郭雷 费树岷 张侃健 孙长银 宋士吉 吴凌尧	自动化学院
	新型荫罩式等离子体显示器	江苏省科技进步奖	一	王保平 张雄 李青 汤勇明 屠彦 郑姚生 张浩康 夏军 吴忠	电子科学与工程学院
	高性能水泥基建筑材料的性能及失效机理研究	江苏省科技进步奖	一	孙伟 缪昌文 翟建平 余红发 刘加平 张云升 周伟玲 陈惠苏 慕儒	材料科学与工程学院
2007	非高斯随机系统的抗干扰控制与估计	高等学校科学技术奖(科学技术)自然科学奖	一	郭雷 孙长银 林崇 陈兵 吴淮宁	自动化学院

省部级科学技术奖(一等奖) (续表)

时间	成果名称	获奖名称	等级	主要完成人	院系
2007	软件分析测试与算法优化的模型、方法与技术	江苏省科技进步奖	一	徐宝文 周毓明 聂长海 许蕾 陈崚 陈汉武 陈林 陈振强 周晓宇	计算机科学与工程学院
2007	大粒径沥青混合料柔性基层在老路补墙中的应用研究	山东省科技进步奖	一(合作)	黄晓明(2) 赵永利(5)	交通学院
2008	先进环氧沥青复合材料及其绿色制备与应用成套技术	高等学校科学研究优秀成果奖(科学技术)技术发明奖	一	黄卫 陈志明 闵召辉 朱建设 应军 邵利	交通学院
2008	宽带移动通信射频、天线与分集技术	江苏省科技进步奖	一	洪伟 周健义 王海明 蒯振起 赵嘉宁 杨广琦 张念祖 余晨 张慧	信息科学与工程学院
2008	功率 MOS 集成电路设计及制备工艺关键技术及应用	江苏省科技进步奖	一	孙伟锋 时龙兴 苏巍 陆生礼 易扬波 李海松 徐申 房世林 夏晓娟 邓小社	电子科学与工程学院
2008	微纳医疗器械的设计理论与制造	江苏省科技进步奖	一	易红 陈云飞 倪中华 杨决宽 仇晓黎 王玉娟 幸研 顾兴中 毕可东	机械工程学院
2009	严重精神疾病发病机制和药物治疗研究	高等学校科学研究优秀成果奖(科学技术)自然科学奖	一	张志珺 李凌江 张向荣 袁勇贵 马宁 王从杰 宇辉 杨建立 张晓斌 王少华	中大医院
2009	宽带多载波普适MIMO传输与迭代接收技术	高等学校科学研究优秀成果奖(科学技术)技术发明奖	一	尤肖虎 高西奇 赵春明 潘志文 王闻今 江彬	信息科学与工程学院
2009	网络教育关键技术及示范工程	高等学校科学研究优秀成果奖(科学技术)科技进步奖	一	顾冠群 罗军舟 曹玖新 郑庆华 史元春 虞维平 吉逸 刘彭芝 于斌 王杉 张震 李福兴 李伟 刘波 杨明	计算机科学与工程学院
2009	土地调查与执法设备研制及系统应用	高等学校科学研究优秀成果奖(科学技术)科技进步奖	一	王庆 潘树国 王慧青 吴向阳 李传君 谢俊奇 何军 于先文 徐玉明 黄克珂 文宁 马泽忠	仪器科学与工程学院
2009	稠密多相流及与热化学反应耦合的大型工业装置优化技术	江苏省科学技术进步奖	一	肖睿 钟文琪 金保昇 俞德龙 廖东海 章名耀 秦建明 韩守知 张林	能源与环境学院

省部级科学技术奖(一等奖) (续表)

时间	成果名称	获奖名称	等级	主要完成人	院系
2009	智能化路面施工机械的开发及应用	江苏省科学技术进步奖	一(合作)	叶桦(4)	自动化学院
	水泥混凝土路面碎石化综合技术研究	山东省科技进步奖	一(合作)	黄晓明(2) 李昶(4)	交通学院
2010	基于微纳结构材料的生物医学检测方法研究	高等学校科学研究优秀成果奖(科学技术)自然科学奖	一	顾忠泽 赵祥伟 康学军	生物科学与医学工程学院
	软土地基新型成套加固技术开发研究与工程应用	高等学校科学研究优秀成果奖(科学技术)科技进步奖	一	刘松玉 朱志铎 章定文 洪振舜 杜广印 邓永锋 童立元 刘志彬 蔡国军 经纬 邵俐 朱宜生 席培胜 吴燕开 易耀林 陈蕾 储海岩	交通学院
	乳腺癌的规范化综合诊治基础及临床应用研究	江苏省科学技术奖	一(合作)	张晓(2) 唐洋(13)	公共卫生学院
	复杂网络的动态分析与控制	江苏省科学技术奖	一	曹进德 卢剑权 虞文武 孙永辉 杨永清	数学系
2011	微波段超材料对电磁波的调控研究	高等学校科学研究优秀成果奖(科学技术)自然科学奖	一	崔铁军 蒋卫祥 程强 马慧锋	信息科学与工程学院
	微小结构的分形构建及其传热传质机理研究	高等学校科学研究优秀成果奖(科学技术)自然科学奖	一	陈永平 施明恒 张程宾	能源与环境学院
	磁共振分子影像和功能影像研究和应用	高等学校科学研究优秀成果奖(科学技术)科技进步奖	一	滕皋军 居胜红 王毅翔 顾宁 李聪 张宇 焦蕴 姚玉宇 柳东芳 邓钢 陈峰 梁湛辉	中大医院
	纤维增强复合材料(FRP)的高性能化及增强结构关键技术与应用	高等学校科学研究优秀成果奖(科学技术)科技进步奖	一	吴智深 吴刚 吕志涛 崔毅 曹双寅 朱虹 杨才千 潘金龙 梁坚凝 蒋剑彪 丁汉山 张继文 陈忠范 王昕 张敏	土木工程学院
	小型核化探测遥操作机器人	高等学校科学研究优秀成果奖(科学技术)技术发明奖	一	宋爱国 韩益利 唐鸿儒 崔建伟 郭晏 包加桐	仪器科学与工程学院

省部级科学技术奖（一等奖） （续表）

时间	成果名称	获奖名称	等级	主要完成人	院系
2011	弧焊机器人装备关键技术研发与应用	江苏省科学技术进步奖	一	戴先中 钱鲁泓 杨文玉 孟正大 叶桦 马旭东 朱伟 邹家生 陈强 杜望 甘亚辉	自动化学院
2011	服务三农的安全可靠电子交易关键技术研究和应用	江苏省科学技术进步奖	一	杨军 时龙兴 杨建荣 李杰 王超 胡晨 卜爱国 曹鹏 单伟伟 田有东 毛建国	电子科学与工程学院
2011	精神疾病认知障碍的发生机制与临床研究	中华医学科技奖	一	张志珺 袁勇贵(4) 柏峰(5) 滕皋军(6) 闫福岭(7) 任庆国(10) 王少华(11) 张正生(15)	中大医院
2012	夏热冬冷地区新型高效建筑冷热能供应技术与装备	高等学校科学研究优秀成果奖(科学技术)技术发明奖	一	张小松 李舒宏 梁彩华 殷勇高 曹毅然 肖洪海	能源与环境学院
2012	遗产类建筑综合性能提升关键技术研究及应用	高等学校科学研究优秀成果奖(科学技术)科技进步奖	一	王建国 朱光亚 董卫 陈薇 张宏 傅秀章 淳庆 彭昌海 胡石 李建新 陈宇 蒋楠 是霏	建筑学院
2012	混凝土裂缝分龄期防治新技术与应用	高等学校科学研究优秀成果奖(科学技术)科技进步奖	一	钱春香 钱觉时 蒋亚清 麻秀星 王端兴 高桂波 郭景强 叶德平 李敏 贾兴文 曲军 方云辉 王勇威 巴明芳 陈德鹏 庄园 何智海 杨建明 赵洪凯 朱瑾	材料科学与工程学院
2012	核医学靶向新技术在医药领域的创新应用	高等学校科学研究优秀成果奖(科学技术)科技进步奖	一	黄培林 刘璐 杨敏 罗世能 王自正 王峰 陈道帧 俞杨 潘栋辉 宋进华 吴清华 姜新宇 孙晋	医学院
2012	超高性能混凝土抗爆材料与结构的理论及应用	江苏省科技进步奖	一	孙伟 方秦 刘加平 张云升 刘建忠 戎志丹 龚自明 缪昌文 秦鸿根 吴昊 陈惠苏	材料科学与工程学院
2012	面向关键任务的高可信软件分析与测试技术	江苏省科技进步奖	一(合作)	徐宝文 陈振宇 赵建军 夏学知 应时 陈林 周毓明 钱巨 许蕾 丁晖 卢红敏	计算机科学与工程学院

省部级科学技术奖（一等奖） （续表）

时间	成果名称	获奖名称	等级	主要完成人	院系
2012	长大跨桥梁结构状态评估关键技术与应用	江苏省科学技术奖	一	郭彤 王浩 张宇峰 王莹 李爱群 欧庆保 李兆霞 朱文白 梁新政 余波 李建慧	土木工程学院
	阿尔茨海默病及相关认知障碍的发病机制和诊治的基础与临床	上海市科学技术奖	一（合作）	张志珺（4）	中大医院
2013	焦炉煤气CH_4和气化煤气CO_2重整制合成气关键装备及技术	高等学校科学研究优秀成果奖（科学技术）技术发明奖	一（合作）	张永发 肖睿 董跃 谢克昌 王俊生 张国杰	能源与环境学院
	硅基功率集成的可靠性关键技术与应用	高等学校科学研究优秀成果奖（科学技术）技术发明奖	一	孙伟峰 时龙兴 钱钦松 刘斯扬 苏巍 易扬波	电子科学与工程学院
	慢性肾脏病进展关键机制及其诊断标志物研究	高等学校科学研究优秀成果奖（科学技术）自然科学奖	一	刘必成 张爱华 张春 汤日宁 马坤岭 吕林莉 张建东 郑敏	中大医院
	定子励磁型无刷电机及控制系统基础理论与关键技术研究	高等学校科学研究优秀成果奖（科学技术）自然科学奖	一	程明 邹国棠 花为 张建忠 樊英 朱孝勇 赵文祥 贾红云 曹瑞武	电气工程学院
	预应力混凝土结构的创新与工程应用	高等学校科学研究优秀成果奖（科学技术）科技进步奖	一	薛伟辰 吕志涛 冯大斌 孟少平 刘钊 张德锋 王景全 潘钻峰 吴京 孟履祥 秦卫红 贺志启 胡翔 钟麟强 谭园	土木工程学院
	PLC型1×8/16/32光功分器系列	江苏省科技进步奖	一	孙小菡 柏宁丰 蒋卫锋 刘旭 于兵 胥爱民 朱重北 赖龙斌	电子科学与工程学院
	关键零部件激光非传统制造控性控形技术与装备	江苏省科技进步奖	一	张永康 鲁金忠 邹世坤 姜银方 罗开玉 薛伟 倪中华 顾永玉 崔承云 杨兴华 戴峰泽	机械工程学院
	特殊地基土的力学特性与高速公路控制变形成套技术	江苏省科技进步奖	一	缪林昌 李国维 石名磊 王非 赵𠐇 冯兆祥 林飞 杨涛 陈功 张义贵 马在宏	交通学院

省部级科学技术奖(一等奖) (续表)

时间	成果名称	获奖名称	等级	主要完成人	院系
2013	土木结构隔减振若干新装置研究及应用	江苏省科技进步奖	一	徐赵东 尹学军 韩玉林 费树岷 杨建刚 王鲁钧 郭迎庆 王建立 张香成 万春风	土木工程学院
	太湖湖泛成因及防控关键技术与工程示范	江苏省科技进步奖	一(合作)	陆桂华 翁震平 尹洪斌 吕锡武 胡明明 倪其军 张建华 逄勇 马倩	能源与环境学院
	高水压强渗透浅覆土超大直径水下盾构隧道工程涉及关键技术	北京市科技进步奖	一(合作)	钱春香(7)	材料科学与工程学院
	生物芯片制备新技术及应用	湖南省科技进步奖	一	何农跃(1) 王志飞(3) 李智洋(4)	生物科学与医学工程学院
2014	严酷环境下硫酸盐—氯盐在混凝土中跨尺度传输理论及交互作用机制	高等学校科学研究优秀成果奖(科学技术)自然科学奖	一	孙伟 陈建康 蒋金洋 金祖权 左晓宝 孙国文 刘琳 杨鼎宜 刘志勇 于诚	材料科学与工程学院
	公路沥青路面高效再生利用关键技术与装备	高等学校科学研究优秀成果奖(科学技术)技术发明奖	一	黄晓明 赵永利 曹荣吉 马涛 吴骏 叶勤	交通学院
	老年性痴呆早期预警诊断与干预研究	江苏省科学技术奖	一	张志珺 陈晓春 汪凯 袁勇贵 柏峰 潘晓东 谢春明 朱春燕 王少华 闫福岭 任庆国	中大医院
	分布式组网与协作传输理论及应用	江苏省科学技术奖	一	尤肖虎 高西奇 金石 王东明 陈明 许威 江彬 李潇 潘志文 赵春明 赵新胜	信息科学与工程学院
	人机交互力反馈遥操作机器人关键技术及应用	江苏省科学技术奖	一	宋爱国 宋光明 李会军 唐鸿儒 崔建伟 赵国普 徐宝国 吴涓 李建清 卢伟 包加桐	仪器科学与工程学院
	高性能长寿命光纤传感技术及其结构健康监测理论和系统创新	江苏省科学技术奖	一	吴智深 杨才千 张宇峰 孙安 李素贞 张建 张浩 杨书仁 夏叶飞 朱晓文 万春风	土木工程学院
2015	新型分子基铁电体的基础研究	高等学校科学研究优秀成果奖(科学技术)自然科学奖	一	熊仁根 叶琼 付大伟 张闻	化学化工学院

省部级科学技术奖(一等奖)　　　　　　　　　　　　　　　(续表)

时间	成果名称	获奖名称	等级	主要完成人	院系
2015	能量在多层膜界面的输运与耗散机理	高等学校科学研究优秀成果奖(科学技术)自然科学奖	一	陈云飞　杨决宽　毕可东　倪中华　魏志勇	机械工程学院
2015	纳米材料毒理学评价及环境医学应用的基础研究	高等学校科学研究优秀成果奖(科学技术)自然科学奖	一	浦跃朴　刘松琴　王大勇　唐萌　尹立红　梁戈玉　武秋立　卫伟　刘冉　张小强　张婷　张娟　薛玉英　李晓波	公共卫生学院
2015	既有建筑结构性能提升关键技术与工程应用	高等学校科学研究优秀成果奖(科学技术)科技进步奖	一	郭彤　李爱群　张志强　韩达光　吴二军　敬登虎　卫龙武　黄镇　穆保岗　潘志宏　曹忠民　缪志伟　卫海　张富有　陈鑫	土木工程学院
2015	600 MW 超临界循环流化床锅炉关键技术研究与应用	高等学校科学研究优秀成果奖(科学技术)科技进步奖	一(合作)	吕俊复　杨海瑞　李政　唐勇　杨冬　张海　李影平　周棋　孙献斌　那永洁　周勇　王冬平　王维　陈汉平　卢啸风　张建胜　王玉召　郝卫东　王大军　高明明　骆仲泱　吴玉新　刘青　陈晓平　张楠	能源与环境学院
2015	复杂环境下桥梁安全性能监控与预警关键技术及其集成示范	江苏省科学技术奖	一	丁幼亮　李爱群　王浩　孙震　周广东　王晓晶　沈刚　缪长青　刘华　王高新　陶天友	土木工程学院
2015	工业智能超声检测理论与应用关键技术	江苏省科学技术奖	一	丁辉　朱成虎　张俊　吕天明　李晓红　李夕强　马官兵　肖学柱　张萍　汪涛　马君鹏	仪器科学与工程学院
2015	大型发电机组故障检测与诊断技术研发及应用	江苏省科学技术奖	一	邓艾东　傅行军　杨建刚　刘振祥　周正平　卢伟国　郭瑞　田新启　蒋银忠　黄石红　苪秋华	能源与环境学院
2015	高精度多功能岩土工程原位测试技术研发与工程应用体系	江苏省科学技术奖	一	刘松玉　蔡国军　童立元　秦文虎　邹海峰　刘志彬　杜广印　方磊　陈偲　孙立博　林军	交通学院
2015	慢性肾脏病进展的机制及临床防治研究	中华医学科技奖	一(合作)	侯凡凡　蓝辉耀　刘必成　易凡　程永现　宾建平　郝传明　徐希平　梁敏　陈平雁　周丽丽　周秋根　曹维　聂静　徐欣	中大医院

省部级科学技术奖(一等奖) （续表）

时间	成果名称	获奖名称	等级	主要完成人	院系
2016	认知障碍发生机制和早期预警与干预研究	高等学校科学研究优秀成果奖（科学技术）自然科学奖	一	张志珺 徐 林 陈晓春 柏 峰 谢春明 潘晓东 袁勇贵 闫福岭 毛榕榕	中大医院
	力触觉临场感机器人关键技术	高等学校科学研究优秀成果奖（科学技术）技术发明奖	一	宋爱国 李会军 宋光明 崔建伟 李建清 徐宝国 卢 伟	仪器科学与工程学院
	一体成型多尺度高精度空芯线圈电流测量新技术及应用	高等学校科学研究优秀成果奖（科学技术）技术发明奖	一（合作）	李红斌 王忠东 陈 庆 杨世海 陈 刚 周 赣	电气工程学院
	路面状况检测器设计理论关键技术及其应用	江苏省科学技术奖	一	黄庆安 韩 磊 王立峰 殷刚毅 李 斌 蔡 蕾 张宇星 胡大君 曲来世 王国新	电子科学与工程学院
	卫星与无线通信融合系统研发及产业化	江苏省科学技术奖	一	宋铁成 胡 静 盛 伟 孙 俊 夏玮玮 沈连丰 鲍 煦 王巧樑 夏 景 周 媛	信息科学与工程学院
	农林废弃物资源能源化多联产工程化关键技术	江苏省科学技术奖	一（合作）	蒋剑春 周永红 肖国民 聂小安 徐俊明 翟立安 陈 洁 胡立红 王 奎 许 彬 陈水根	化学化工学院
	肠道病毒71型疫苗临床应用关键技术	江苏省科学技术奖	一（合作）	朱凤才 胡月梅 李靖欣 孟繁岳 张雪峰 陶 红 梁 祁 刘 沛 朱磷扬 葛恒明 顾善儒	公共卫生学院
		江苏省科学技术突出贡献奖		吕志涛	土木工程学院
	冬夏双高效空调系统关键技术及建筑节能集成应用	江苏省科学技术奖	一	张小松 梁彩华 李舒宏 殷勇高 徐国英 许锦峰 张建忠 杨家华 谭来仔 钱 华	能源与环境学院
	钢桥面沥青铺装养护与保存技术	江苏省科学技术奖	一	钱振东 陈磊磊 韦武举 黄 卫 王建伟 夏立明 吴志仁 赵付星 于迪尔 卞加前 韩 超	交通学院

省部级科学技术奖(一等奖) （续表）

时间	成果名称	获奖名称	等级	主要完成人	院系
2016	高速精密切削加工机床设计理论及其工程应用	江苏省科学技术奖	一	蒋书运 徐 江 林圣业 王 奋 李光华 马青芬 吕福根 吕洪明 陈国华 孙远见 徐春冬	机械工程学院
	高性能纤维复材提升混凝土结构受力性能关键技术与应用	湖北省科技进步奖	一（合作）	王文炜(2)	交通学院
	燃煤 PM2.5 及 Hg 的生成与控制	湖北省自然科学奖	一（合作）	徐明厚 于敦喜 姚 洪 盛昌栋 刘小伟	能源与环境学院
2017	生物质选择性热解制取高品质液体燃料基础理论与方法	高等学校科学研究优秀成果奖(科学技术)自然科学奖	一	肖 睿 张会岩 肖国民 沈德魁 刘 倩	能源与环境学院
	装配式混凝土结构创新与应用	江苏省科学技术奖	一	郭正兴 汪 杰 刘家彬 朱张峰 陈锦石 龚咏晖 朱 丹 李 宁 管东芝 张 军 黄 新	土木工程学院
	物联网环境下面向服务的虚拟化协同网络关键技术及系统应用	江苏省科学技术奖	一（合作）	朱洪波 朱 琦 谢振华 金 石 杨龙祥 邵伟翔 朱晓荣 程崇虎 胡 捷 吕文俊 赵海涛	信息科学与工程学院
	特高压受端城市电网多时空主动调控关键技术及示范应用	江苏省科学技术奖	一（合作）	韩 冰 黄学良 赵家庆 滕贤亮 陈 中 庄卫金 李亚平 杜红卫 吕 洋 钱科军 李 春	电气工程学院
		江苏省国际科学技术合作奖	一	英格里德·海德里克斯	电子科学与工程学院
	大型电站锅炉高效低污染燃烧的先进调控技术及应用	江苏省科学技术奖	一	钟文琪 许传龙 刘国耀 吕剑虹 赵永力 田万军 刘龙海 王政福 沈德明 周 宾 沈 浩	能源与环境学院
	超高强度钢丝制备技术研究及产业化	江苏省科学技术奖	一	方 峰 蒋建清 闵学刚 盛荣生 周立初 张年春 周雪峰 胡东辉 崔世云	材料科学与工程学院
	肾小球疾病治疗关键技术创新及推广应用	浙江省科技进步奖	一（合作）	陈江华 刘必成 李 恒 李夏玉 韩 飞 马坤岭 程 军 杨 毅 吕林莉 田 炯 吴建永 姜 虹 王仁定	中大医院 医学院

省部级科学技术奖（一等奖） （续表）

时间	成果名称	获奖名称	等级	主要完成人	院系
2018	宽量程MEMS风速风向传感器设计与制造关键技术及应用	高等学校科学研究优秀成果奖（科学技术）技术发明奖	一	黄庆安 秦 明 陈 蓓 易真翔 董自强 李伟华	电子科学与工程学院
	功能磁性纳米材料的构建及诊疗应用基础	高等学校科学研究优秀成果奖（科学技术）自然科学奖	一	顾 宁 张 宇 杨 芳 许海燕 孙剑飞 孟 洁 葛玉卿 胡 克	生物科学与医学工程学院
	快速道路交通安全设计与主动控制关键技术及应用	高等学校科学研究优秀成果奖（科学技术）技术发明奖	一	刘 攀 徐铖铖 张纪升 李志斌 王 昊 丁建明	交通学院
	城市群空间多尺度集约利用决策关键技术与应用	高等学校科学研究优秀成果奖（科学技术）科技进步奖	一（合作）	方创琳 杨俊宴 张 兵 周 艺 黄解军 匡文慧 李广东 陈 睿 黄金川 王振波 鲍 超 马海涛 何伦志 张 蔷 曹 俊	建筑学院
	复杂环境下远程巡检机器人关键技术及应用	江苏省科学技术奖	一	宋爱国 许春山 徐宝国 宋光明 包加桐 程 敏 林 欢 刘 爽 赵国普 闵济海 曾 洪	仪器科学与工程学院
	物联网低功耗关键技术研发和应用	江苏省科学技术奖	一	杨 军 时龙兴 吴建辉 戚隆宁 刘 昊 单伟伟 陈 超	电子科学与工程学院
	高精度多模多频GNSS基准站网关键技术及应用	江苏省科学技术奖	一	潘树国 徐地保 姚宜斌 高 旺 武军郦 高成发 贺成成 陈 明 许超钤 喻国荣 梁 霄	仪器科学与工程学院
	混凝土结构智能检测与主动高效加固关键技术及应用	江苏省科学技术奖	一	吴 刚 张 建 魏 洋 王春林 朱 虹 蒋剑彪 何小元 谢正元 吁新华 刘 钊 丁幼亮	土木工程学院
	肝癌多模态诊疗	江苏省科学技术奖	一	张业伟 董晓臣 邵进军 许文景 周家华 潘 峥 余泽前	中大医院
	高可靠海洋光纤光缆关键技术与成套装备	江苏省科学技术奖	一（合作）	陈 伟 许人东 孙小菌 沈纲祥 张功会 肖 华 王 林 郝常吉 袁 健 孙贵林 胡涛平	电子科学与工程学院

省部级科学技术奖(一等奖) (续表)

时间	成果名称	获奖名称	等级	主要完成人	院系
2018	黄河流域砒砂岩区辨识与抗蚀促生关键技术及应用	河南省科学技术进步奖	一(合作)	姚文艺 冷元宝 吴智仁 王愿昌 时明立 杨才千 王立久 肖培青 申震洲 杨大令 梁止水 徐宗学 刘 慧 杨久俊 秦 奋	土木工程学院
	桩基承载力整体提升和高效检测方法及应用	广西壮族自治区科学技术奖(科技进步类)	一(合作)	梅国雄 赵艳林 戴国亮 欧孝夺 江 杰 徐美娟 龚维明 林忠和 欧阳国云 孙建勋 蒙胜益 李 梅 王 智 王建军 李结全	土木工程学院
	医药脂质纳米材料及其产业化关键技术	江苏省科学技术奖	一	顾 宁 吉 民 夏 强 蔡 进 杨 芳 李 锐 熊 非 王祥建 徐 静 张 勇 刘海东	生物科学与医学工程学院
	现代混凝土早期变形与收缩裂缝控制	江苏省科学技术奖	一	刘加平 田 倩 王育江 徐 文 李 磊 姚 婷 李 华 张守治 王文彬 王 瑞 高南箫	材料科学与工程学院
	航空航天装备使役状态分析的数字化关键技术及应用	江苏省科学技术奖	一	费庆国 姜 东 张大海 张培伟 仝宗凯 何顶顶 李彦斌 吴邵庆 董尊良 曹芝腑 廖 涛	机械工程学院 土木工程学院
2019	宽频谱高能效无线通信技术与应用	高等学校科学研究优秀成果奖(科学技术)技术发明奖	一	张在琛 党 建 吴 亮 余旭涛 田开波 毕 峰	信息科学与工程学院
	多源数据下公交时空路权设置与网联调度关键技术及应用	高等学校科学研究优秀成果奖(科学技术)技术发明奖	一	杨 敏 张 健 陈 峻 汪 林 刘振顶 程 琳	交通学院
	高性能车辆底盘结构创新设计与协同控制关键技术及应用	高等学校科学研究优秀成果奖(科学技术)科学技术进步奖	一	殷国栋 皮大伟 孙蓓蓓 王金湘 张 宁 金贤建 刘 琳 沙文瀚 张建润 陈 南 倪绍勇	机械工程学院
	面向多义性对象的新型机器学习理论与方法	高等学校科学研究优秀成果奖(科学技术)自然科学奖	一(合作)	周志华 耿 新 高 尉 张道强 王 魏	计算机科学与工程学院

省部级科学技术奖（一等奖） (续表)

时间	成果名称	获奖名称	等级	主要完成人	院系
2019	智能功率驱动芯片设计及制备的关键技术与应用	江苏省科学技术奖	一	孙伟锋 刘斯扬 祝靖 钱钦松 徐申 苏巍 张立新 朱袁正 易扬波 张森 叶鹏	电子科学与工程学院
	大规模源网荷精准负荷控制关键技术及应用	江苏省科学技术奖	一（合作）	罗建裕 李瑶虹 李雪明 陆晓 李碧君 杨晓梅 戚玉松 陈振宇 江叶峰 罗凯明 李虎成	电气工程学院
	高效高可靠风力发电机组关键技术及应用	江苏省科学技术奖	一	程明 王政 张建忠 何明 陶生金 杭俊 朱洒 朱瑛 於锋 史伟 花为	电气工程学院
	生物质定向热解制取高品质液体燃料关键技术及应用	江苏省科学技术奖	一	肖睿 张会岩 黄亚继 吴石亮	能源与环境学院
	大面积深厚软弱土加固处理技术创新与工程应用	江苏省科学技术奖	一	刘松玉 章定文 杜广印 唐彤芝 杨泳 金亚伟 关云飞 程远 韩文君 蔡国军 徐锴	交通学院
	在役桥梁工程性能提升关键技术创新与应用	江苏省科学技术奖	一	王景全 贺志启 戚家南 刘华 刘其伟 郭建 刘钊 张建东 罗文林 王成明	土木工程学院
	食管鳞癌精准放疗关键技术及临床应用	山东省科技进步奖	一（合作）	李宝生 黄伟 赵快乐 陈阳 傅小龙 孙新臣 朱健 巩贯忠 李振江 张健 白瞳 丁秀平	计算机科学与工程学院
	数字化耳鸣诊疗装备的研发及推广	上海市技术发明奖	一（合作）	李华伟 唐冬梅 蓝军 陈林 王武庆 陈兵 孙珊 王海涛 柴人杰 李树峰	生命科学与技术学院
2020	多源数据驱动的道路交通安全分析理论与方法	高等学校科学研究优秀成果奖（科学技术）自然科学奖	一	刘攀 徐铖铖 李志斌 俞灏	交通学院
	运动受限的自主无人系统智能控制理论与方法	高等学校科学研究优秀成果奖（科学技术）自然科学奖	一	孙长银 贺威 李智军 何修宇	自动化学院

省部级科学技术奖(一等奖) (续表)

时间	成果名称	获奖名称	等级	主要完成人	院系
2020	重夸克偶素反常衰变关联的隐粲四夸克物质	高等学校科研优秀成果奖（科学技术）自然科学奖	一（合作）	陈殿勇(2)	物理学院
	基因重编程策略调控内耳干细胞增殖与分化	高等学校科学研究优秀成果奖（科学技术）自然科学奖	一（合作）	柴人杰(3)	生命科学与技术学院
	超高时空分辨率认知型显示关键技术及应用	江苏省科学技术奖	一	王保平 张宇宁 文 博 夏 军 李晓华 王莉莉 汤勇明 屠 彦 魏 伟 翁一士 沈忠文	电子科学与工程学院
	移动通信测试技术研究与仪器研发及产业化应用	江苏省科学技术奖	一	洪 伟 蒋政波 张念祖 田 玲 王海明 陈向民 王洪博 陈 爽 陈 鹏 于 磊	信息科学与工程学院
	高效高可靠高压除尘电源关键技术开发及应用	江苏省科学技术奖	一	陈 武 阮新波 陈 祥 刘宇芳 凌雁波 宁光富 虞 敏 黄 艺 曲 震 董 喆 舒良才	电气工程学院
	微生物矿化技术及在土木与环境工程中应用	江苏省科学技术奖	一	钱春香 詹其伟 荣 辉 熊吉如 郑春扬 巫亚明 曲 军 李 敏 李 丽 张 旋 罗 勉	材料科学与工程学院
	特种铺面性能提升关键技术创新及工程应用	江苏省科学技术奖	一	罗 桑 钱振东 吉 林 钟 科 胡 靖 汪 锋 李 强 朱浩然 张海燕 章世祥 朱启洋	交通学院
	蓝牙单晶片自组网SOC研发及其应用	江苏省科学技术奖	一（合作）	杨晓东 张亦农 夏玮玮 燕 锋 沈连丰 祝 锋 崔国勤 吴 悦 王 钊 徐 斌 吕 捷	信息科学与工程学院
	严酷环境下结构混凝土耐久性设计与提升关键技术	江苏省科学技术奖	一（合作）	蒋金洋 刘建忠 丁庆军 刘志勇 穆 松 左晓宝 金祖权 李化建 石 亮 张建春 蔡景顺	材料科学与工程学院
	超大跨混凝土拱桥设计施工与材料成套关键技术体系	广西壮族自治区科学技术奖	一（合作）	郑皆连 刘加平 梅国雄 牟廷敏 秦大燕 杜海龙 陈 正 欧阳平 韩 玉 李江华	材料科学与工程学院

省部级科学技术奖(一等奖) (续表)

时间	成果名称	获奖名称	等级	主要完成人	院系
2020	陈旧型垃圾填埋场污染防控与修复的关键技术	湖北省科技进步奖	一(合作)	薛强 万勇 杜延军 刘磊 陈亿军 余毅 刘勇 王湘徽 鲁巍 王平 刘凯 齐长青 夏小洪 李江山 王静	交通学院
	混凝土结构服役性能提升关键技术与应用	湖北省技术发明奖	一(合作)	卢亦焱 李杉 尹世平 赵顺波 王文炜 张号军	交通学院
	功能性路面建造及长期服役性能保持与动态评价关键技术	湖北省科技进步奖	一(合作)	周兴林 马涛 钱国平 崔新壮 冉茂平 黄晓明 张炯 张旭东 曹荣吉 詹建辉 常成利 陈传盛 李晋 王昕 徐浩然	交通学院
	核电工程岩体爆破动力灾害防控理论及关键技术	湖北省科技进步奖	一(合作)	李海波 李晓峰 于崇 李建春 夏祥 刘博 刘亚群 王晓炜 孙跃川 李俊如 周青春 武仁杰 姚文生 李志文 洪胜男	土木工程学院
	PM2.5团聚协同脱硫废水零排放技术与装备	湖北省技术发明奖	一(合作)	赵永椿 张军营 杨林军 张翼 李湧 刘志坦	能源与环境学院
	面向重大传染性公共卫生突发事件的创新智能CT解决方案	上海市科技进步奖	一(合作)	陈阳(13)	计算机科学与工程学院
	软弱土地基循环加载特性与动力灾变控制关键技术及应用	上海市科技进步奖	一(合作)	戴国亮(3) 龚维明(14)	土木工程学院
2021	长大桥梁强/台风效应感知预测与协同控制关键技术及应用	江苏省科学技术奖	一	王浩 张宇峰 陶天友 李爱群 陈鑫 郑史雄 汪志昊 王飞球 孙延国 茅建校 彭家意	土木工程学院
	Tbps级全流量态势智能感知关键技术的研发及产业化	江苏省科学技术奖	一	程光 刘宇 肖卿俊 彭艳兵 吴桦 穆宁 胡晓艳 易黎 杨望 王栋平 龚俭	网络空间安全学院
	ARDS精准化诊疗体系的建立与同质化平台推广	江苏省科学技术奖	一	邱海波 刘玲 谢剑锋 杨毅 刘松桥 黄英姿 郭凤梅 李新胜 刘艾然 徐静媛 周小勇	中大医院

省部级科学技术奖(一等奖) (续表)

时间	成果名称	获奖名称	等级	主要完成人	院系
2021	"高海边无"独立微电网可靠优质供电关键技术及应用	江苏省科学技术奖	一	吴在军 窦晓波 全相军 侯凯 朱皓斌 伏祥运 岳付昌 丁勇 吕振宇 胡文强 周旭峰	电气工程学院
	"复兴号"中国标准动车组齿轮传动系统研发及应用	江苏省科学技术奖	一(合作)	阚红波 李枫 高扬 许东日 张宁 曹国栋 杨广雪 张云龙 金思勤 林新海 吴成攀	机械工程学院
	大跨钢桥疲劳损伤诊断与修复关键技术及应用	江苏省科学技术奖	一(合作)	吉伯海 姜旭 赵维刚 袁周致远 傅中秋 孙洪滨 阚有俊 赵佳军 吴海林	土木工程学院
	高密度城区数字规划关键技术与智能管控平台	江苏省科学技术奖	一(合作)	杨俊宴 梅耀林 王庆 汪鹏 史北祥 徐海贤 周欣 韦胜 李伟 王树盛 陆佳	建筑学院 仪器科学与工程学院
	面向配电网高可靠供电的智能指挥与控制关键技术	江苏省科学技术奖	一(合作)	胡秦然 赵越 周昶 詹昕 刘江东 杨梓俊 田蓓 荆江平 汪波 李培帅 周磊	电气工程学院
	S波段CMOS高性能射频前端芯片及系统级封装组装	安徽省技术发明奖	一(合作)	段宗明 吴博文 李智群 黄志祥 王研 范鹏飞	信息科学与工程学院
	建筑结构抗爆防护与防连续倒塌设计理论与关键技术	天津市科技进步奖	一(合作)	陈力(4) 张锦华(11)	土木工程学院
	桩承式路基沉降分析理论与控制关键技术	湖北省科学技术进步奖	一(合作)	庄妍 李丽华 刘永莉 王东星 张占荣 张军 王新岐 王康宇 曾伟 崔晓艳 裴尧尧 李文涛 杨艳霜 陈军	土木工程学院
	膨胀土地基灾变防控关键技术与工程应用	安徽省科技进步奖	一(合作)	查甫生 李志清 李仁民 刘松玉 谭晓慧 周阳 孙献国 许龙 康博 席培胜	交通学院
2022	非光滑控制理论与方法	高等学校科研优秀成果奖(科学技术)自然科学奖	一	李世华 丁世宏 都海波 王翔宇 杨俊	自动化学院

省部级科学技术奖（一等奖） (续表)

时间	成果名称	获奖名称	等级	主要完成人	院系
2022	微流体环境下细胞非标记操控与检测基础理论	高等学校科研优秀成果奖（科学技术）自然科学奖	一	倪中华 项楠 易红 陈科 韩煜 张鑫杰 唐文来	机械工程学院
	海工混凝土性能跨尺度高效传递理论和智能设计方法	高等学校科研优秀成果奖（科学技术）自然科学奖	一	蒋金洋 张云升 许文祥 李悦 孙国文 刘志勇 丁庆军 余红发 王凤娟 刘建忠 张文华 郑琦	材料科学与工程学院
	电机气隙磁场调制统一理论	高等学校科研优秀成果奖（科学技术）自然科学奖	一	程明 花为 韩鹏 孙乐 朱洒 李祥林	电气工程学院
	生物质定向热解制取高值含氧添加剂和炭材料关键技术及应用	高等学校科研优秀成果奖（科学技术）技术发明奖	一	张会岩 肖睿 吴石亮 宋敏 熊源泉 张守军	能源与环境学院
	复杂激励下多方向隔减震（振）新技术及其应用	高等学校科研优秀成果奖（科学技术）技术发明奖	一	徐赵东 杨建中 潘鹏 潘文 黄兴淮 戴军	土木工程学院
	面向空间应用的低耦合高精度多维力传感器关键技术	高等学校科研优秀成果奖（科学技术）技术发明奖	一	宋爱国 徐宝国 王春慧 李会军 李延军 马如奇	仪器科学与工程学院
	超高性能混凝土桥梁基础理论与关键技术创新及应用	高等学校科研优秀成果奖（科学技术）科技进步奖	一	王景全 刘加平 李帅 赵灿晖 戚家南 崔冰 韩方玉 王震 程钊 邓开来 胡玉庆 徐启智 苏伟 王康康 郭宗莲 张帅 刘志强 陆凯卫 周凯	土木工程学院
	大跨径公铁两用桥长寿命沥青铺面关键技术创新与应用	高等学校科研优秀成果奖（科学技术）科技进步奖	一	钱振东 魏亚 胡靖 汪锋 刘阳 杜江波 罗桑 刘爱林 吴来义 陈磊磊 曹春明	交通学院
		高等学校科研优秀成果奖（科学技术）青年奖		庄妍	土木工程学院

省部级科学技术奖(一等奖) (续表)

时间	成果名称	获奖名称	等级	主要完成人	院系
2022	颗粒物环境形成机制及毒性机制研究	高等学校科研优秀成果奖(科学技术)自然科学奖	一(合作)	孙志伟 陈 瑞 段凤魁 段军超 李艳博 周显青 于 洋 李 阳 陈月月	公共卫生学院
	分子压电体的铁电化学设计	高等学校科研优秀成果奖(科学技术)自然科学奖	一(合作)	熊仁根 游雨蒙 廖伟强 汤渊源 叶恒云	化学化工学院
	大型缆索承重桥梁时变力学状态监控评估关键技术及工程应用	高等学校科研优秀成果奖(科学技术)科技进步奖	一(合作)	郭 健 王仁贵 沈锐利 钟继卫 吴继熠 张文明 刘 华 唐茂林 李宾宾 徐文城 卢 伟 张玉玲 刘晓光 崔 巍 叶志龙 岳 青 汤 亮 张海良 马开疆 毛 幸 全兴旺 钟陈杰 苗如松 骆 成 翁博文	土木工程学院
	商用车纯电驱动动力传动系统关键技术及系列化产品应用	高等学校科研优秀成果奖(科学技术)科技进步奖	一(合作)	何洪文 彭剑坤 魏中宝 李高鹏 李占江 曾 升 李建威 王亚雄 蒋元广 朱光海 郭金泉 周稼铭 李梦林	交通学院
	融合物理特征的电磁快速计算方法及应用	江苏省科学技术奖	一	陆卫兵 游检卫 陈新蕾 杨 武 李 苗 顾长青 崔铁军	信息科学与工程学院
	高效能大规模 MIMO 系统理论与应用	江苏省科学技术奖	一	金 石 高飞飞 李 潇 韩 瑜 王闻今 杨 杰	信息科学与工程学院
	放射性粒子介入新技术创新及应用	江苏省科学技术奖	一	滕皋军 郭金和 朱海东 陆 建 刘春俊 王 澄 胡效坤 朱光宇 王 勇 陈 荔 郭怡春	中大医院
	城市级电气热耦合系统安全高效运行关键技术及应用	江苏省科学技术奖	一	顾 伟 吴 志 陆 帅 孙 勇 赵景涛 袁晓冬 李 骥 吴晨雨 黄 河 陈 嘉 李宝聚	电气工程学院
	高比表面碳基材料结构设计、调控及环保应用	江苏省科学技术奖	一	孙立涛 毕恒昌 尹奎波 万 树 谢 骁 韩龙祥	电子科学与工程学院

省部级科学技术奖（一等奖） (续表)

时间	成果名称	获奖名称	等级	主要完成人	院系
2022	高性能电动车辆智能底盘动态协调控制关键技术及应用	江苏省科学技术奖	一	殷国栋 徐利伟 吴华伟 贲伟 王金湘 许恩永 耿可可 张宁 陆平 董钊志	机械工程学院
	复杂荷载-环境耦合作用下桥梁多灾害推演及防控关键技术与应用	江苏省科学技术奖	一	郭彤 朱劲松 熊文 张文明 丁幼亮 韩大章 刘中祥 张志强 刘兴旺 潘志宏 张敏	土木工程学院
	千万级用户高频度电能量测与控制系统关键技术及产业化	江苏省科学技术奖	一（合作）	胡江溢 邵雪松 陶晓峰 俞胜 陈霄 徐石明 汤奕 丁宏 刘宣 周宇 高凡	电气工程学院
	超长超宽堰筑法隧道抗裂防渗与绿色建造关键技术	江苏省科学技术奖	一（合作）	蒋振雄 刘加平 刘松玉 夏文俊 杜骋 杨卫东 缪玉玲 田倩 周志 张辉 徐永福	材料科学与工程学院 交通学院
	食用菌采后减损保质关键技术开发与应用	江苏省科学技术奖	一（合作）	胡秋辉 杨文建 赵立艳 裴斐 方东路 赵林度 曹崇江 马宁 徐相如 杨华平 耿志青	经济管理学院
	自身免疫病与工程化细胞干预的基础研究	江苏省科学技术奖	一（合作）	孙凌云 赵远锦 钱晖 侯亚义 王丹丹 冯学兵 耿林玉 姚根宏 袁欣然	生物科学与医学工程学院
	大坝混凝土长期性能演变与耐久性保障关键技术	湖北省科学技术进步奖	一（合作）	李文伟 刘加平 周伟 张超然 李曙光 陈改新 李新宇 胡清义 穆松 冯菁 杨华美 金鸣 陆超 张思佳 田文祥	材料科学与工程学院
	信息物理系统混合动力学演化机理与调控优化	湖北省自然科学奖	一（合作）	袁烨 程骋 马贵君 虞文武 丁汉	数学学院
	老年认知与情感障碍的机制和临床应用	湖北省科学技术进步奖	一（合作）	王高华 张振涛 罗雄剑 王志昊 王惠玲 杨冰香 熊婧 黄欢 秦健 汤世明 翁深宏 白汉平 相丹 王慧 刘忠纯	医学院

二等奖及以下

省部级科学技术奖（二等奖及以下）

时间	成果名称	授奖部门	获奖名称	完成单位
1978	铝合金无毒精炼剂	国家四机部	科技成果奖二等奖	机械工程系
	铸铁凝固期间电阻率的变化	江苏省革委会	科技成果奖二等奖	机械工程系
	予应力截面高厚比对截面限制条件的影响	江苏省革委会	科技成果奖二等奖	土木工程系
	恒热流准稳态测定保温材料低温热物性	江苏省革委会	科技成果奖三等奖	动力工程系
	八毫米径向腔体效应振荡器	江苏省革委会	科技成果奖三等奖	无线电工程系
	SC-3水声测量仪	江苏省革委会	科技成果奖三等奖	无线电工程系
	SZY-76数字直读式碳硫自动分析仪	江苏省革委会	科技成果奖三等奖	自动控制系
	铝合金无毒精炼剂	江苏省革委会	科技成果奖四等奖	机械工程系
	椭偏光测厚仪	江苏省革委会	科技成果奖四等奖	基础科学系
1979	12千兆赫镜象回收混频器——前中组件	国家四机部 江苏省革委会	科技成果奖二等奖 科技成果奖四等奖	无线电工程系
	液态模锻新型结构铝活塞	江苏省革委会	科技成果奖二等奖	机械工程系
	燃油磁流体发电模拟实验装置	江苏省革委会	科技成果奖二等奖	动力工程系
	钢筋混凝土受弯构件长期荷载作用下的试验研究	江苏省革委会	科技成果奖二等奖	土木工程系
	ZDB-i50型闭循环制冷低温泵	江苏省革委会	科技成果奖二等奖	电子工程系
	SYP-2型数字式叶片测频仪和YZC-2型叶片振型测试仪	江苏省革委会	科技成果奖三等奖	动力工程系
	力矩式可控整体电动卡盘	江苏省革委会	科技成果奖四等奖	动力工程系
	轴向力对钢筋混凝土构件抗剪强度的影响研究	江苏省革委会	科技成果奖四等奖	土木工程系
	补偿式长寿命CO_2激光器	江苏省革委会	科技成果奖四等奖	电子工程系
1980	电子羊毛衫提花机	纺织工业部	科技成果奖三等奖	自动控制系
	磨粉机组的计算机检测和控制	粮食部	科技成果奖三等奖	自动控制系
	SZh-200型四极质谱计	江苏省人民政府	科技成果奖二等奖	电子工程系
	展宽行波管频带的研究	江苏省人民政府	科技成果奖二等奖	电子工程系
	铝硅合金无公害1号变质剂	江苏省人民政府	科技成果奖三等奖	机械工程系
	THK-6350型数控镗铣床	江苏省人民政府	科技成果奖三等奖	机械工程系 自动控制系
	喷雾流化造粉干燥技术与装置	江苏省人民政府	科技成果奖三等奖	动力工程系

省部级科学技术奖(二等奖及以下) (续表)

时间	成果名称	授奖部门	获奖名称	完成单位
1980	PCP-131-1型过程控制用户程序包	江苏省人民政府	科技成果奖三等奖	动力工程系
	江苏FH型反冲回转二次泸网	江苏省人民政府	科技成果奖三等奖	动力工程系
	ZXP-3型、4型测振仪	江苏省人民政府	科技成果奖三等奖	动力工程系 自动控制系
	94千兆赫体效应谐波振荡器	江苏省人民政府	科技成果奖三等奖	无线电工程系
	He-Ne激光管封接新工艺和长寿命铝阴极	江苏省人民政府	科技成果奖三等奖	电子工程系
	特高塔反击防雷保护的试验研究	江苏省人民政府	科技成果奖四等奖	动力工程系
	分米波卫星电视接收设备	江苏省人民政府	科技成果奖四等奖	无线电工程系
	装配式钢筋混凝土框架梁柱齿槽接头抗震性能的试验研究	江苏省人民政府	科技成果奖四等奖	土木工程系
	ZCB-10型磁栅数显装置	江苏省人民政府	科技成果奖四等奖	自动控制系
	日光灯玻管自动跟踪火焰切割机	江苏省人民政府	科技成果奖四等奖	自动控制系
1981	江苏FH型反冲回转二次泸网	电力工业部	科技成果奖三等奖	动力工程系
	NG-1型稀土光亮铝合金	江苏省人民政府	科技成果奖二等奖	机械工程系
	BJ-2、3型振动校准台	江苏省人民政府	科技成果奖二等奖	基础科学系
	31-6型汽轮机改造为低真空抽气供热式机组	江苏省人民政府	科技成果奖三等奖	动力工程系
	CF771电子分色机	江苏省人民政府	科技成果奖三等奖	自动控制系
	CRT终端显示系统	江苏省人民政府	科技成果奖三等奖	计算机科学与工程系
	刚劲混凝土矩形截面偏心受拉构件抗裂度、刚度和裂缝开展的试验研究	江苏省人民政府	科技成果奖三等奖	土木工程系
1982	形状和位置公差	国家标准总局	科技成果奖三等奖	机械工程系
	ZXP-2、3、4型测振仪	水利电力部	科技成果奖三等奖	动力工程系 自动控制系
	密流球化处理工艺	农业机械部	科技成果奖四等奖	机械工程系
	大排距双层送风冲天炉熔炼规律试验研究	江苏省人民政府	科技成果奖四等奖	机械工程系
	电阻率法石墨球化级别炉前快速检测	江苏省人民政府	科技成果奖四等奖	机械工程系
	1.5GHZ直接调制解调微波通信系统	江苏省人民政府	科技成果奖四等奖	无线电工程系

省部级科学技术奖（二等奖及以下） （续表）

时间	成果名称	授奖部门	获奖名称	完成单位
1982	国外升板建筑技术发展的研究	江苏省人民政府	科技成果奖四等奖	土木工程系
	钢筋混凝土偏心受压构件刚度和裂缝试验研究	江苏省人民政府	科技成果奖四等奖	土木工程系
	FH-1型夫兰克-赫兹实验仪	江苏省人民政府	科技成果奖四等奖	基础科学系
	MOD-2型密立根油滴仪	江苏省人民政府	科技成果奖四等奖	基础科学系
	邹云翔教授肾炎诊疗和教学经验应用	江苏省人民政府	科技成果奖四等奖	计算机科学与工程系
1983	大排距双层送风冲天炉熔炼规律的研究	机械工业部	科技成果奖三等奖	机械工程系
	ZSP铸铁共晶膨胀力测定仪	机械工业部	科技成果奖四等奖	机械工程系
	高速铝栅CMOS双D触发器	江苏省人民政府	科技成果奖二等奖	电子学研究所
	10KW速调管用热管-散热器	江苏省人民政府	科技成果奖三等奖	机械工程系
	后张法予应力混凝土施工的研究	江苏省人民政府	科技成果奖三等奖	土木工程系
	屈服强度快速测定仪	江苏省人民政府	科技成果奖三等奖	数学力学系
	DJS-100系列机COBOL语言系统	江苏省人民政府	科技成果奖三等奖	计算机科学与工程系
	BU-1型磨削不锈钢砂轮	江苏省人民政府	科技成果奖四等奖	机械工程系
	GL180过共晶铝硅活塞的研制	江苏省人民政府	科技成果奖四等奖	机械工程系
	SWJ-81型袖珍式数字温度计	江苏省人民政府	科技成果奖四等奖	无线电工程系
	工业化住宅建筑体系技术经济分析的研究	江苏省人民政府	科技成果奖四等奖	土木工程系
	HZP-1型回旋质谱计	江苏省人民政府	科技成果奖四等奖	电子工程系
	激光束分光系统	江苏省人民政府	科技成果奖四等奖	电子工程系
	高稳定He-Ne激光管	江苏省人民政府	科技成果奖四等奖	电子工程系
	UPX-1型x荧光分析测银仪	江苏省人民政府	科技成果奖四等奖	自动控制系
	MSD型脉冲相位-脉冲宽度调制随动系统实验装置	江苏省人民政府	科技成果奖四等奖	自动控制系
	HDL语言及其模拟系统	江苏省人民政府	科技进步奖四等奖	计算机科学与工程系
1984	超薄氧化层测厚技术	电子工业部	科技进步奖二等奖	电子工程系
	COBOL语言系统	电子工业部	科技进步奖二等奖	计算机科学与工程系
	家具力学性能测试仪	轻工业部	科技进步奖三等奖	自动控制系

省部级科学技术奖(二等奖及以下)　　　　　　　　　　　　(续表)

时间	成果名称	授奖部门	获奖名称	完成单位
1984	表壳用冷挤压易切削不锈钢	轻工业部	科技进步奖四等奖	机械工程系
	八毫米介质集成天线	江苏省人民政府	科技进步奖三等奖	无线电工程系
	移存器序列及数字式二相脉冲发生器	江苏省人民政府	科技进步奖三等奖	无线电工程系
	时分/频分复用转换器	江苏省人民政府	科技进步奖三等奖	无线电工程系
	硬石膏胶凝材料的研制	江苏省人民政府	科技进步奖三等奖	土木工程系
	小窑(325号)水泥、小型配套机具修建水泥混凝土路面及填缝料的研究	江苏省人民政府	科技进步奖三等奖（合作）	土木工程系
	显象管失效分析研究	江苏省人民政府	科技进步奖三等奖	电子工程系
	APPLE Ⅱ 微机数据采集装置	江苏省人民政府	科技进步奖三等奖	生物医学工程系
	肺功能测试仪与微机联用装置	江苏省人民政府	科技进步奖三等奖	生物医学工程系
	部分预应力混凝土框架与叠合楼板的研究	江苏省人民政府	科技进步奖四等奖（合作）	土木工程系
	CSY-A型磁透镜实验仪	江苏省人民政府	科技进步奖四等奖	电子工程系
	GP-1型普朗克常数测定仪	江苏省人民政府	科技进步奖四等奖	物理化学系
1985	GB4457-4460-84 机械制图	机械工业部	科技进步奖二等奖	机械工程系
	望亭电厂300 MW机组计算机监控	水利电力部	科技进步奖二等奖	动力工程系
	国产300 MW火电机组计算机监控	水利电力部	科技进步奖二等奖	热能工程研究所
	数字信号处理程序库	电子工业部	科技进步奖二等奖	无线电工程系
	高低压MOS接口电路	电子工业部	科技进步奖二等奖	电子工程系
	四极质谱计	电子工业部	科技进步奖二等奖	电子工程系
	双介质静电激发校准装置	电子工业部	科技进步奖二等奖	数学力学系
	集成电路计算机辅助制版系统	电子工业部	科技进步奖二等奖	自动控制系
	金属材料无损探伤技术研究	国家教委	科技进步奖二等奖	生物医学工程系
	卫星电视接收系统技术	国家教委	科技进步奖二等奖	无线电工程系
	1.5GC微波通信系统	国家教委	科技进步奖二等奖	无线电工程系
	八毫米介质集成天线	国家教委	科技进步奖二等奖	无线电工程系
	GX-1型极高真空B-A规	国家教委	科技进步奖二等奖	电子工程系
	微晶玻璃He-Ne激光管系列	国家教委	科技进步奖二等奖	电子工程系

省部级科学技术奖(二等奖及以下) （续表）

时间	成果名称	授奖部门	获奖名称	完成单位
1985	ZDB型G-M循环水型氦制冷低温泵	国家教委	科技进步奖二等奖	电子工程系
	磁流体发电	国家教委	科技进步奖二等奖	热能工程研究所
	聚乙稀醇——水泥自硬砂的研究与应用	国家教委	科技进步奖优秀奖	机械工程系
	PCP-131-1型过程控制用户程序包	国家教委	科技进步奖优秀奖	动力工程系
	NRM线性集成电路自动测试仪	国家教委	科技进步奖优秀奖	无线电工程系
	天线共用器	国家教委	科技进步奖优秀奖	无线电工程系
	钢筋坡口焊接头抗震性能试验研究	国家教委	科技进步奖优秀奖	土木工程系
	钢筋混凝土偏心受力构件的裂缝刚度和强度试验研究	国家教委	科技进步奖优秀奖	土木工程系
	负片图象输入装置及其处理系统	国家教委	科技进步奖优秀奖	生物医学工程系
	屈服强度快速测定仪	国家教委	科技进步奖优秀奖	数学力学系
	集成电路计算机辅助制版系统	国家教委	科技进步奖优秀奖	自动控制系
	NW6230振动分析仪	国家教委	科技进步奖优秀奖	自动控制系
	MOD-2型密立根油滴仪	国家教委	科技进步奖优秀奖	物理化学系
	GP-1型普朗克常数测定仪	国家教委	科技进步奖优秀奖	物理化学系
	大跨度部分预应力混凝土多层框架	上海市人民政府	科技进步奖二等奖	土木工程系
	NW6230振动分析仪	江苏省人民政府	科技进步奖二等奖	自动控制系
	前臂、上臂微动触压式电动假肢	江苏省人民政府	科技进步奖三等奖	机械工程系
	利用工业余热的双级氨水吸收式制冷机	江苏省人民政府	科技进步奖三等奖	动力工程系
	GX-1型极高真空B-A规	江苏省人民政府	科技进步奖三等奖	电子工程系
	微晶玻璃He-Ne激光管系列	江苏省人民政府	科技进步奖三等奖	电子工程系
	集成电路计算机辅助制版系统	江苏省人民政府	科技进步奖三等奖	自动控制系
	使用计算机技术的超声回波系统	江苏省人民政府	科技进步奖三等奖	生物医学工程系
	JDJ-3型定子接地继电器	江苏省人民政府	科技进步奖三等奖	电气工程系
	PMOS/NPN复合功率晶体管	江苏省人民政府	科技进步奖三等奖	电子学研究所
	薄壁型钢结构电阻点焊连接的试验研究	江苏省人民政府	科技进步奖四等奖	土木工程系

省部级科学技术奖(二等奖及以下) （续表）

时间	成果名称	授奖部门	获奖名称	完成单位
1985	钢筋混凝土简支弯丁桥梁	江苏省人民政府	科技进步奖四等奖	土木工程系
	高低压MOS接口电路	江苏省人民政府	科技进步奖四等奖	电子工程系
	吸气剂技术在电光源中应用	江苏省人民政府	科技进步奖四等奖	电子工程系
	NWH831型洗衣机定时器走时精度测试仪	江苏省人民政府	科技进步奖四等奖	计算机科学与工程系
1986	PVDF-ST-1-P型薄膜、集成电路及多层结构平面水听器	国家教委	科技进步奖二等奖	无线电工程系
	八毫米高频组件	国家教委	科技进步奖二等奖	无线电工程系
	变曲率棚网扫描放大系统的计算机设计	国家教委	科技进步奖二等奖	电子工程系
	DH-Ⅲ型电磁控制陀螺罗经	国家教委	科技进步奖二等奖	自动控制系
	固体发动机无损检测用微波计算机辅助断层成象	国家教委	科技进步奖二等奖	生物医学工程系
	流线型铸铁式省煤器	国家物资局	科技进步奖三等奖	动力工程系
	宫内节育器表面沉积物的分析	国家计生委	科技进步奖三等奖	数学力学系
	全固态分米波电视发射机	江苏省人民政府	科技进步奖二等奖	无线电工程系
	高级数据链路控制规程通信控制器及平衡型规程软件	江苏省人民政府	科技进步奖二等奖	计算机科学与工程系
	阻波设备用避雷器	江苏省人民政府	科技进步奖二等奖	电气工程系
	液体静压、动静压滑动轴承优化设计程序包	江苏省人民政府	科技进步奖三等奖	机械工程系
	高强度孕育铸铁(HT35-61)熔炼工艺的研究和稳定生产	江苏省人民政府	科技进步奖三等奖	机械工程系
	NGC-1型金属单向凝固试验仪	江苏省人民政府	科技进步奖三等奖	机械工程系
	PVDF-ST-1-P型薄膜、集成电路及多层结构平面水听器	江苏省人民政府	科技进步奖三等奖	无线电工程系
	BF-1型50瓦调频广播发射机	江苏省人民政府	科技进步奖三等奖	无线电工程系
	PVDF、PSB两类新型宽带换能及其在地震模型实验中应用	江苏省人民政府	科技进步奖三等奖	无线电工程系
	热解质定向循环蒸养水泥电杆节能技术研究	江苏省人民政府	科技进步奖三等奖	土木工程系
	棉浆蒸煮过程微型计算机控制系统	江苏省人民政府	科技进步奖三等奖	自动控制系
	机场管道加油微机监控管理系统	江苏省人民政府	科技进步奖三等奖	自动控制系

省部级科学技术奖（二等奖及以下） （续表）

时间	成果名称	授奖部门	获奖名称	完成单位
1986	NGWYQCS 计算机辅助质量管理系统	江苏省人民政府	科技进步奖三等奖	计算机科学与工程系
	固体发动机无损检测用微波计算机辅助断层成象	江苏省人民政府	科技进步奖三等奖	生物医学工程系
	南京热电厂5♯机热耗在线计算	江苏省人民政府	科技进步奖四等奖	动力工程系
	变曲率栅网扫描放大系统的计算机设计	江苏省人民政府	科技进步奖四等奖	电子工程系
	SZH-400 四极质谱计	江苏省人民政府	科技进步奖四等奖	电子工程系
	YJ-1 荧光灯气氛检测仪	江苏省人民政府	科技进步奖四等奖	电子工程系
	热释电红外传感器及其敏感器件	江苏省人民政府	科技进步奖四等奖	电子工程系
	XVT-1 型显象管特性微机测试仪	江苏省人民政府	科技进步奖四等奖	电子工程系 无线电工程系
	低/高压 PMOS 转换电路	江苏省人民政府	科技进步奖四等奖	无线电工程系
	带微机的温度程序控制仪的开发	江苏省人民政府	科技进步奖四等奖	自动控制系
	XL-100 型燃烧效率测定仪	江苏省人民政府	科技进步奖四等奖	计算机科学与工程系 动力工程系
	程控交换机计帐通信系统	江苏省人民政府	科技进步奖四等奖	计算机科学与工程系
	伽玛照相机图象处理系统（系统与通用软件）	江苏省人民政府	科技进步奖四等奖	生物医学工程系
1987	高性能（无谐振峰）隔振缓冲器	电子工业部	科技进步奖二等奖	机械工程系
	高级数据链路控制规程（平衡型）实现软件	电子工业部	科技进步奖二等奖	计算机科学与工程系
	软 x 射线与俄歇电子出现电势谱复合谱仪	电子工业部	科技进步奖二等奖	电子学研究所
	SJ1266-84 叉指形散热器	电子工业部	科技进步奖二等奖	机械工程系
	S12551-84 小模数渐开线园柱齿轮传动链精度计算	电子工业部	科技进步奖二等奖	机械工程系
	TXW851 微波数传信道机	电子工业部	科技进步奖二等奖	无线电工程系
	低高压 CMOS 驱动器	电子工业部	科技进步奖二等奖	电子工程系
	热释电红外传感器及敏感器件	电子工业部	科技进步奖二等奖	电子工程系
	N791 八毫米返波管	电子工业部	科技进步奖二等奖	电子工程系
	机械制图（GB 4457-4 460,131-84）	国家标准局	科技进步奖二等奖	机械工程系

省部级科学技术奖(二等奖及以下) (续表)

时间	成果名称	授奖部门	获奖名称	完成单位
1987	光载波原理及应用	国家教委	科技进步奖二等奖	数学力学系
	JZK微型计算机控制提花横机	国家教委	科技进步奖二等奖	自动控制系
	CMOS兼容理论与专用电路研究	国家教委	科技进步奖二等奖	电子工程系
	NITDB多用户关系数据库管理系统及其数据库辅助设计评价工具	国家教委	科技进步奖二等奖	计算机科学与工程系
	地下管线探测仪	国家教委	科技进步奖二等奖	生物医学工程系
	PVDF-ST-1-P型薄膜水听器	国家教委	科技进步奖二等奖	无线电工程系
	变曲率栅网扫描放大系数的计算机设计	国家教委	科技进步奖二等奖	电子工程系
	燃煤增压流化床燃烧技术基础试验研究	国家教委	科技进步奖二等奖	热能工程研究所
	固体发动机无损检测用微波计算机辅助断层成象	国家教委	科技进步奖二等奖	未查到相关信息
	JS-1型热轧钢椭圆度在线测量仪	国家教委	科技进步奖二等奖	热能工程研究所
	大型火电机组动态特性辨识系统	水利电力部	科技进步奖二等奖	自动化研究所
	苏南太湖地区主要城市水环境污染综合防治研究	国家环保局	科技进步奖二等奖	自动化研究所
	单风带等置大排距双层送风冲天炉熔炼高温优质铁水	航空工业部	科技进步奖三等奖	机械工程系
	大锻件断裂韧性的快速预测方法及应用	江苏省人民政府	科技进步奖二等奖	机械工程系
	智能数字频率综合信号源	江苏省人民政府	科技进步奖二等奖	无线电工程系
	钢筋混凝土及预应力混凝土框架节点抗震设计方法研究	江苏省人民政府	科技进步奖二等奖	土木工程系
	系统建模方法及自适应控制系统设计的研究	江苏省人民政府	科技进步奖二等奖	自动化研究所
	国产化服装CAD系统	江苏省人民政府	科技进步奖三等奖	无线电工程系 机械工程系
	VFH-4型微机帮障诊断仪	江苏省人民政府	科技进步奖三等奖	无线电工程系
	八毫米高频组件	国家教委 江苏省人民政府	科技进步奖二等奖 科技进步奖三等奖	无线电工程系
	位片式线性预测声码器	江苏省人民政府	科技进步奖三等奖	无线电工程系
	曲线预应力筋一端张拉工艺研究	江苏省人民政府	科技进步奖三等奖	土木工程系

省部级科学技术奖(二等奖及以下) (续表)

时间	成果名称	授奖部门	获奖名称	完成单位
1987	单片全CMOS多功能程控心脏起搏器大规模集成电路	江苏省人民政府	科技进步奖三等奖	电子工程系
	NIT-PROLOG编译-解释系统	江苏省人民政府	科技进步奖三等奖	计算机科学与工程系
	煤的增压流化床燃烧技术研究	江苏省人民政府	科技进步奖三等奖	热能工程研究所
	NGC型高强耐蚀可焊铝合金型材及其应用	江苏省人民政府	科技进步奖三等奖	科技开发处
	冷冲模CAD/CAM软件系统	江苏省人民政府	科技进步奖四等奖	机械工程系
	八毫米活动目标探测器	江苏省人民政府	科技进步奖四等奖	无线电工程系
	NT85-1/2程控电压源(带IE EE-488接口)	江苏省人民政府	科技进步奖四等奖	无线电工程系
	三毫米混频器	江苏省人民政府	科技进步奖四等奖	无线电工程系
	横向激励多功能气体激光器	江苏省人民政府	科技进步奖四等奖	电子工程系
	R-250金属陶瓷放电管	江苏省人民政府	科技进步奖四等奖	电子工程系
	气压扫描法半导体激光器谱宽测试仪	江苏省人民政府	科技进步奖四等奖	电子工程系
	稀土铸铝合金导线卡线器	江苏省人民政府	科技进步奖四等奖	数学力学系 科技开发处
	DH-Ⅲ型电磁控制陀螺罗径	国家教委 江苏省人民政府	科技进步奖二等奖 科技进步奖四等奖	自动控制系
	35 t/h沸腾燃烧锅炉微型计算机监控系统	江苏省人民政府	科技进步奖四等奖	热能工程研究所
	铝型材古铜着色电解液稳定剂及电解着色铝制工艺品	江苏省人民政府	科技进步奖四等奖	科技开发处
1988	水泥混凝土路面设计理论、方法和参数研究	交通部	科技进步奖二等奖	土木工程系
	水泥混凝土路面机械配套施工工艺	交通部	科技进步奖三等奖	土木工程系
	计算机辅助舞蹈编辑器	江苏省人民政府	科技进步奖二等奖	无线电工程系
	DM-2085型微机控制三维座标定位仪及数据采集系统	江苏省人民政府	科技进步奖三等奖	自动控制系
	窗口系统NITWS	江苏省人民政府	科技进步奖三等奖	计算机科学与工程系
	JS-1型热轧钢圆度在线测量仪	江苏省人民政府	科技进步奖三等奖	热能工程研究所

省部级科学技术奖(二等奖及以下) （续表）

时间	成果名称	授奖部门	获奖名称	完成单位
1988	FAR-1型低视助读器	江苏省人民政府	科技进步奖三等奖	科学工业园
	八毫米六端口半自动网络参数测试系统	江苏省人民政府	科技进步奖四等奖	无线电工程系
	数字微波接力通信微机监控系统	江苏省人民政府	科技进步奖四等奖	无线电工程系
	6502型、8085型微机故障诊断仪	江苏省人民政府	科技进步奖四等奖	无线电工程系
	NHV-250系列氖氩辉光电压指示灯、辉光放电管	江苏省人民政府	科技进步奖四等奖	电子工程系
	江苏省传感元器件科研、生产、应用调研	江苏省人民政府	科技进步奖四等奖	电子工程系
	JZK微机控制提花横机	江苏省人民政府	科技进步奖四等奖	自动控制系
	中医专家系统构造工具TCMES	江苏省人民政府	科技进步奖四等奖	计算机科学与工程系
	江苏地域科技能力综合评价	江苏省人民政府	科技进步奖四等奖	管理学院
	江苏省传感器元器件科研、生产、应用、调研	江苏省人民政府	科技进步奖四等奖	电子工程系
	多维数字信号处理理论与方法研究	江苏省人民政府	科技成果奖二等奖	无线电工程系
	毫米波鳍线的研究	江苏省人民政府	科技成果奖二等奖	无线电工程系
1989	自适应信号处理理论与方法的研究	国家教委	科技进步奖二等奖	无线电工程系
	毫米波无源电路的分析与应用	国家教委	科技进步奖二等奖	无线电工程系
	部分预应力混凝土结构理论及设计方法	国家教委	科技进步奖二等奖	土木工程系
	大理石抛光技术(即抛光磨具)	国家教委	科技进步奖二等奖	热能工程研究所
	NITDB多用户关系数据库管理系统及其数据辅助设计评价工具	机械电子工业部	科技进步奖二等奖	计算机科学与工程系
	HJ-602型微波接力通信系统	机械电子工业部	科技进步奖三等奖	无线电工程系
	AV3622型微机故障诊断仪	机械电子工业部	科技进步奖二等奖	无线电工程系
	20型陶瓷放电管	机械电子工业部	科技进步奖三等奖	电子工程系
	NW6231型水轮发电机组振动监测分析仪	机械电子工业部	科技进步奖三等奖	自动控制系
	窗口系统NITWS	机械电子工业部	科技进步奖三等奖	计算机科学与工程系
	微电脑双全臂假肢	江苏省人民政府	科技进步奖二等奖	机械工程系

省部级科学技术奖（二等奖及以下） （续表）

时间	成果名称	授奖部门	获奖名称	完成单位
1989	X.25 通信控制器	江苏省人民政府	科技进步奖二等奖	计算机科学与工程系
	磨削烧伤在线辨识的研究	江苏省人民政府	科技进步奖三等奖	机械工程系
	机床结构件的有限元分析及其优化设计的研究	江苏省人民政府	科技进步奖三等奖	机械工程系
	毫米波宽带机械可调振荡器和混合集成振荡器	江苏省人民政府	科技进步奖三等奖	无线电工程系
	集成化八毫米 PIN 开关和电调衰减器	江苏省人民政府	科技进步奖三等奖	无线电工程系
	钢筋混凝土井管的研究和应用技术	江苏省人民政府	科技进步奖三等奖（合作）	土木工程系
	大跨度预应力混凝土框架梁及其开洞设计研究	江苏省人民政府	科技进步奖三等奖（合作）	土木工程系
	DWL 多功能微电脑流量显示积算仪	江苏省人民政府	科技进步奖四等奖	动力工程系
	小功率分米波卫星电视转发站	江苏省人民政府	科技进步奖四等奖	无线电工程系
	自动测试系统的控制器 GPLB 接口和可程控扫描器	江苏省人民政府	科技进步奖四等奖	无线电工程系
	纤维混凝土路面研究	江苏省人民政府	科技进步奖四等奖（合作）	土木工程系
	钢筋混凝土连续梁考虑非弹性变形的内力计算和变形、裂缝控制	江苏省人民政府	科技进步奖四等奖	土木工程系
	汽包上、下壁温差对锅炉运行安全性影响	江苏省人民政府	科技进步奖四等奖	数学力学系 动力工程系
	江苏电力系统静态安全分析	江苏省人民政府	科技进步奖四等奖	电气工程系
	大理石抛光技术（即抛光磨具）	江苏省人民政府	科技进步奖四等奖	热能工程研究所
1990	城市形体环境控制规划及设计	国家教委	科技进步奖二等奖	建筑系
	新型冲天炉炉料铁氧化物压块的研究	国家教委	科技进步奖二等奖	机械工程系
	舰载捷变频雷达微波频率合成器	国家教委	科技进步奖二等奖	无线电工程系
	小功率分米波卫星电视转发站	国家教委	科技进步奖二等奖	无线电工程系
	智能超声波探伤仪	国家教委	科技进步奖二等奖	生物科学与医学工程系
	城市公共中心规划设计研究	江苏省人民政府	科技进步奖三等奖	建筑系
	回转误差测量新理论和新方法研究	江苏省人民政府	科技进步奖三等奖	机械工程系

省部级科学技术奖(二等奖及以下) （续表）

时间	成果名称	授奖部门	获奖名称	完成单位
1990	国产20万千瓦机组停机后通入压缩空气强制冷机	江苏省人民政府	科技进步奖三等奖	动力工程系 数学力学系
	高强钢丝束镦头锚固体系成套技术研究	江苏省人民政府	科技进步奖三等奖	土木工程系
	江苏省全社会科技投入研究	江苏省人民政府	科技进步奖三等奖（合作）	数学力学系
	生成地震等时平面图专家系统	江苏省人民政府	科技进步奖三等奖	计算机科学与工程系
	江苏省高新技术及其产业发展战略与政策研究	江苏省人民政府	科技进步奖三等奖（合作）	自动化研究所 计算机科学与工程系
	城市形体环境控制及设计研究	江苏省人民政府	科技进步奖四等奖	建筑系
	中国园林优秀传统的研究与应用	江苏省人民政府	科技进步奖四等奖	建筑系
	林农剩弃物再生固形燃料设备	江苏省人民政府	科技进步奖四等奖	机械工程系
	"外贸财会自营出口管理系统"及"外贸供货外汇留成软件"	江苏省人民政府	科技进步奖四等奖	无线电工程系
	EDSS工程设计系列软件包	江苏省人民政府	科技进步奖四等奖	土木工程系
	微机在果品冷库管理中应用的研究	江苏省人民政府	科技进步奖四等奖（合作）	数学力学系
	智能超声波探伤仪	江苏省人民政府	科技进步奖四等奖	生物科学与医学工程系
	小型高炉用硅质球式热风炉	江苏省人民政府	科技进步奖四等奖（合作）	材料科学与工程系
	江苏省科技体制改革态势分析	江苏省人民政府	科技进步奖四等奖（合作）	数学力学系
1991	以吴江县为典型的小城镇水污染控制研究	中国科学院	科技进步奖三等奖	管理学院
	曲阜孔庙建筑研究	国家教委	科技进步奖二等奖	建筑系
	优化设计及计算机系统	国家教委	科技进步奖二等奖	机械工程系
	扩展频谱通信技术的研究	国家教委	科技进步奖二等奖	无线电工程系
	250型陶瓷放电管	国家教委	科技进步奖二等奖	电子工程系
	城市交通规划理论与方法	国家教委	科技进步奖二等奖	交通运输工程系
	劣质煤增压流化床燃烧技术开发研究	国家教委	科技进步奖二等奖	热能工程研究所
	动静压轴承试验研究	国家教委	科技进步奖三等奖	机械工程系

省部级科学技术奖（二等奖及以下） （续表）

时间	成果名称	授奖部门	获奖名称	完成单位
1991	XZ427水平分型脱箱射压造型线	国家教委	科技进步三等奖	机械工程系
	数字信号处理的新方法	国家教委	科技进步三等奖	无线电工程系
	毫米波固态元部件及高频分系统	国家教委	科技进步三等奖	无线电工程系
	一种新型的无需帧同步全双工模数模语音保密机的研制	国家教委	科技进步三等奖	无线电工程系
	DDSS-1数字多普勒信号模拟器	国家教委	科技进步三等奖	无线电工程系
	钢筋混凝土双向偏心受力构件承载力计算方法研究	国家教委	科技进步三等奖	土木工程系
	钢筋混凝土框架节点抗震研究	国家教委	科技进步三等奖	土木工程系
	数理统计学的微分几何方法	国家教委	科技进步三等奖	数学力学系
	锡铅焊料NG抗氧化添加合金	国家教委	科技进步三等奖	材料科学与工程系
	调度操作管理专家系统（DOMES）	国家教委	科技进步三等奖	电气工程系
	大城市出入口干道设计研究	国家教委	科技进步三等奖	交通运输系
	高强耐蚀可焊铝合金材料及其应用	国家教委	科技进步三等奖	科技开发研究院 数学力学系
	GB 6833.1-86，GB 6833.2-6833.10-87 电子测量仪器电磁兼容性试验规范	机械电子工业部	科技进步二等奖	机械工程系
	八毫米频段宽带波导Y结环行器	机械电子工业部	科技进步二等奖	无线电工程系
	释汞吸气剂性能测试方法系列国家标准	机械电子工业部	科技进步二等奖	电子工程系
	可调中心距小模数渐开线圆柱齿轮副传动精度计算方法	机械电子工业部	科技进步三等奖	机械工程系
	强化传热螺纹管的研究及其在快装锅炉中的应用	机械电子工业部	科技进步三等奖	动力工程系
	自动测试系统的控制器GPIB接口和可程控扫描器	机械电子工业部	科技进步三等奖	无线电工程系
	He-Ne激光电脑控制医学专家系统	机械电子工业部	科技进步三等奖	数学力学系 计算机科学与工程系
	生成地震等时平面图专家系统	机械电子工业部	科技进步三等奖	计算机科学与工程系

省部级科学技术奖(二等奖及以下)　　　　　　　　　　(续表)

时间	成果名称	授奖部门	获奖名称	完成单位
1991	新型高性能减振降噪有色铸造合金的研制及应用	机械电子工业部	科技进步奖三等奖	材料科学与工程系
	偏置栅高压 MOS 电路	机械电子工业部	科技进步奖三等奖	微电子中心
	电流增益温度稳定的双极晶体管	机械电子工业部	科技进步奖二等奖	未查到相关信息
	光纤非线性传输与放大理论及其应用	机械电子工业部	科技进步奖二等奖	未查到相关信息
	一种新的 1.52 μm 氦氖激光器和窄线宽稳频相干光源	机械电子工业部	科技进步奖三等奖	电子工程系
	微波网络和微波传输线的理论研究	机械电子工业部	科技进步奖二等奖	未查到相关信息
	125 MW 机组仿真系统	能源部	科技进步奖二等奖	热能工程研究所
	麦类作物染色体图像电脑自动分析研究	农业部	科技进步奖三等奖	生物科学与医学工程系
	CrMo 钢代替 CrMoV 钢后的汽缸设计研究	北京市人民政府	科技进步奖二等奖	数学力学系
	钢纤维混凝土路面性能设计与施工的研究	江苏省人民政府	科技进步奖二等奖(合作)	材料科学与工程系 土木工程系
	徐州发电厂 6 号汽轮发电机组综合治理消除油膜振荡	江苏省人民政府	科技进步奖二等奖	振动测试中心
	微波集成电路设计软件研究	江苏省人民政府	科技进步奖三等奖	无线电工程系
	一种新颖的自适应回波抵消器的研制	江苏省人民政府	科技进步奖三等奖	无线电工程系
	钢筋混凝土和部分预应力混凝土构件裂缝宽度的计算方法	江苏省人民政府	科技进步奖三等奖	土木工程系
	单片机控制稳频可调谐 1.52 μm HeNe 激光相干通信信号源	江苏省人民政府	科技进步奖三等奖	电子工程系
	硅-硅直接键合(SDB)平面型高反压大功率晶体管	江苏省人民政府	科技进步奖三等奖	微电子中心
	磁/非磁(或磁)多层结构的磁性和元激发研究	江苏省人民政府	科技进步奖三等奖	物理系
	LB 槽刮膜板自动控制系统	江苏省人民政府	科技进步奖三等奖	生物科学与医学工程系 自动控制系
	计算机辅助住宅方案设计系统	江苏省人民政府	科技进步奖四等奖	建筑系 计算机科学与工程系

省部级科学技术奖(二等奖及以下) (续表)

时间	成果名称	授奖部门	获奖名称	完成单位
1991	SQG-Ⅱ型三型三层复合板材及轴承制品	江苏省人民政府	科技进步奖四等奖	材料科学与工程系
	DDSS-1数字多普勒信号模拟器	江苏省人民政府	科技进步奖四等奖	无线电工程系
	SDM中低速短波数传终端	江苏省人民政府	科技进步奖四等奖	无线电工程系
	GJL-1型光纤检漏系统YX5i5IA、YX5i5iB型	江苏省人民政府	科技进步奖四等奖	电子工程系 材料科学与工程系
	人体对振动与冲击耐受性研究	江苏省人民政府	科技进步奖四等奖	数学力学系 电气工程系
	数据安全设备系列	江苏省人民政府	科技进步奖四等奖	计算机科学与工程系
	节能复合铝铁锅	江苏省人民政府	科技进步奖四等奖	材料科学与工程系
	苏南农村社会、经济、生态综合研究	江苏省人民政府	科技进步奖四等奖	经济管理学院
	路用水泥的使用性能、质量标准及使用条件	江苏省人民政府	科技进步奖四等奖（合作）	交通运输工程系
	水泥混凝土路面常用机械施工工艺的研究	江苏省人民政府	科技进步奖四等奖（合作）	交通运输工程系

省部级科学技术奖(二等奖及以下)

时间	项目名称	获奖名称	等级	主要完成人	院系
1992	大功率氦氖激光治疗机	机械电子工业部科技进步奖	二	凌一鸣 刘鹏	电子工程系
	多功能程控闪光Bi-CMOS集成电路	机械电子工业部科技进步奖	三	谢世建 单振才 张安康 江鸿 徐征	无锡分校
	钢纤维混凝土框架节点抗震性能及设计方法的研究	中国有色金属总公司科技成果奖	三	未查到相关信息	土木工程系
	SAFMS型系列六维腕力传感器	中国科学院科技成果奖	三	未查到相关信息	仪器科学与工程系
	中波赋形定向广播天线阵及其馈电系统的理论设计和工程实践	广播电影电视部科技进步奖	四	罗漪泉 孙国安 刘大星 鞠冬生 樊新宁	无线电工程系

省部级科学技术奖(二等奖及以下) （续表）

时间	项目名称	获奖名称	等级	主要完成人	院系
1992	基桩诊断技术及CAT系统	江苏省科技进步奖	二	汪凤泉 韩晓林 童楚生 刘伟 吴慧新 刘道志 楚永忠	数学力学系
	江苏"科技兴省"战略与政策研究	江苏省科技进步奖	二（合作）	王永顺 谭恩热 顾介康 吴达高 刘龙 沈立人 沈谊 任道忠 陆宗伟	高教研究所 哲学与科学系
	无芯柱H型节能荧光灯及工艺装备	江苏省科技进步奖	三	李广安 李健康 李凤霞 张循 刘长海 黄寿荣 钱孟春	机械工程系
	滚子链传动共轭化理论与实验研究	江苏省科技进步奖	三	颜景平 张克仁 王寄蓉 季馨 沈亚菲	机械工程系
	500KV电抗器局部放电定位系统	江苏省科技进步奖	三	袁易全 赵志清 濮学禹 曹宏海	无线电工程系
	YX5151A、YX5151B型数字杂音仪	江苏省科技进步奖	三（合作）	周世强 吴乃陵 刘熙明 唐宁棣 王利军	电子工程系
	通用的软件自动生成系统SE-FDP-1	江苏省科技进步奖	三	程正潮 滕至阳 沈军 胡鸣钟 严小文	计算机科学与工程系
	建筑企业管理现代化模式及其信息系统研究	江苏省科技进步奖	三	钱昆润 杜训 吴应宇 李启明 张星	经济管理学院 土木工程系
	打印头动态行程测试仪	江苏省科技进步奖	三	曾凡捷 汪开源 曹康敏 唐洁影 周海平	电气工程系 电子工程系
	装配机器人柔顺性控制-用规划生产系统进行智能控制JRB-1工业机器人	江苏省科技进步奖	三	严学高 金万敏 孟正大 郑文纬 钟福金 钱瑞明 岳廉 蒋嗣荣 沈志鸿 李钧秀 仇仪杰 卢新奇	自动控制系 机械工程系
	曲线梁桥内力横向分配理论及相应力学分析程序	江苏省科技进步奖	三	孙广华	交通运输工程系
	软土、过湿土路段高等级公路筑路技术的研究	江苏省科技进步奖	三（合作）	方睎 蒋振雄 邓学钧 汪肇京 郑襄朝	交通运输工程系
	部分劲性配筋砼柱整体顶升网架工艺	江苏省科技进步奖	三（合作）	刘德伐 刘亚非 余传禹 朱世威 刘建平	建筑设计研究院
	三毫米鳍线PIN管SPST和SPDT开关	江苏省科技进步奖	四	何立权 陆范 王春荣 吴锡东	无线电工程系

省部级科学技术奖（二等奖及以下） （续表）

时间	项目名称	获奖名称	等级	主要完成人	院系
1992	30T电弧炼钢炉微机控制系统	江苏省科技进步奖	四	陈维南　叶桦　龚闻韶　芮火俊　汤建林	自动化研究所
	健康分析专家系统	江苏省科技进步奖	四	仇仪杰　张礼培　张慰南　胡宗濂　陆野	自动控制系
	S-5500型水声测试自动定位与标绘仪	江苏省科技进步奖	四	未查到相关信息	仪器科学与工程系
1993	OSI计算机网络研究	国家教委科技进步奖	二	顾冠群　龚俭　吴国新　方宁生　吉逸　徐永南　曹争　颜风鸾　王键　罗军舟　陈倬	计算机科学与工程系
	液滴冲击壁面时的流体动力学特性和换热的研究	国家教委科技进步奖	二	施明恒　白天池　于韧	动力工程系
	硅低温晶体管的理论和应用	国家教委科技进步奖	二	魏同立　郑茬　吴金	电子工程系
	城市形态和城镇建筑环境的设计理论体系	国家教委科技进步奖	三	齐康　王建国	建筑系
	火电单元机组协调控制系统的研究	国家教委科技进步奖	三	陈来九　徐治皋　沈炯　吕剑虹　张文龙	动力工程系
	毫米波低噪声集成接收前段的研究	国家教委科技进步奖	三	王蕴仪　束永慧　韩良	无线电工程系
	LB膜诱导液晶类分子排列机理和实验技术研究	国家教委科技进步奖	三	韦钰　方际宇　陆祖宏　陆斌　王林　朱荣	生物科学与医学工程系
	无芯柱H型节能荧光灯生产工艺及设备	国家教委科技进步奖	三	李广安　李健康　张循　刘长海　黄寿荣	机械工程系
	水声信号参量谱分析技术	国家教委科技进步奖	三	陆佶人　杨期鹤　方世良　朱滋浩	无线电工程系
	健康分析专家系统	国家教委科技进步奖	三	仇义杰　张礼培　张慰南　胡宗濂　陆野　顾虹　顾军　徐飞	自动控制系
	30T电弧炼钢炉微机控制系统	国家教委科技进步奖	三	陈维南　叶桦　龚闻韶　芮火俊　汤建林　严大铭	自动化研究所
	基础结构动态诊断技术及系统	国家教委科技进步奖	三	汪凤泉　韩晓林　吴慧新　童楚生　宫晓伟　李贤具　刘伟　唐新鸣　刘道志	数学力学系

省部级科学技术奖(二等奖及以下) (续表)

时间	项目名称	获奖名称	等级	主要完成人	院系
	典型干线道路(全线)旧桥技术改造的研究	交通部科技成果奖	三	未查到相关信息	交通运输工程系
	多层工业厂房预应力结构体系及相应性能研究	建设部科技进步奖	二(合作)	杨宗放 吕志涛 杨建明	土木工程系
	77K硅双极器件的优化设计	电子工业部科技进步奖	二	魏同立 郑茳 吴金	电子工程系 微电子中心
	J86-1000型有机薄膜电容器自动卷绕机	电子工业部科技进步奖	三(合作)	颜景平 丁元山 沈宏保 王寄蓉 余新民	机械工程系
	多信道毫米波组件	电子工业部科技进步奖	三	汤金榜	无线电工程系
	H_{FE}超低温度系数的硅双极器件系列	电子工业部科技进步奖	三	魏同立 郑茳 吴金 穆德成	电子工程系 微电子中心
	MPL-III电脑 He-Ne 激光针灸仪	电子工业部科技进步奖	三	韩正忠 方宁生 李鸣晓 李言训 万忠	数学力学系 计算机科学与工程系
	螺旋槽管空气预热器	电力工业部科学技术进步奖	四	周强泰等	无线电工程系
1993	郑州市综合交通规划	河南省科技进步奖	二	未查到相关信息	交通运输工程系
	异种中大型计算机远程OSI网络	江苏省科技进步奖	二	顾冠群 龚俭 严秉樟 吴国新 李俊 孙成 吉逸	计算机科学与工程系
	高强度耐磨黄铜	江苏省科技进步奖	二	孙扬善 孙克立 黄海波 张志康 谭东伟 朱祥康 杨伟声	材料科学与工程系
	南京控制性规划理论方法研究	江苏省科技进步奖	三	吴明伟 吴士琳 陈定荣 阳建强 陈荣	建筑系
	毫米波集成传输线及其应用的研究	江苏省科技进步奖	三	苗敬峰 杨平 贾伟雷	无线电工程系
	复杂工业系统辨识和鲁棒控制	江苏省科技进步奖	三	胡克定 徐嗣鑫 宋文忠 黄东 赵正义	自动化研究所
	纤维增强高强水泥基界面强化的物理化学效应	江苏省科技进步奖	三	孙伟 高建明 秦鸿根 郭宏定 严云 詹炳根	材料科学与工程系
	YDT通风机用多速三相异步电动机	江苏省科技进步奖	三	胡虔生 濮开贵 宋道清 徐德淦 周达伟	电气工程系

省部级科学技术奖（二等奖及以下） （续表）

时间	项目名称	获奖名称	等级	主要完成人	院系
1993	NC型机上、下阻尼高性能测试系统	江苏省科技进步奖	三	未查到相关信息	机械工程系
	智能式双槽热轧线材直径及椭圆度在线测量仪	江苏省科技进步奖	三	戴立铭	热能工程研究所 动力工程系 电气工程系
	多信道毫米波组件	江苏省科技进步奖	四	汤金榜	无线电工程系
	CJ型高灵敏超声检漏仪	江苏省科技进步奖	四	袁易全 黄建人	无线电工程系
	钢纤维高强砼框架节点的抗震试验研究及工程应用	江苏省科技进步奖	四	蒋永生 徐金法 鲁宗悫 卫龙武 邱洪兴	土木工程系
	钢筋混凝土板壳的非线性性能及相关问题	江苏省科技进步奖	四	宋启根 狄生林 林 洋 袁必果 薛国亚	土木工程系
	硅低温双极晶体管的设计理论与制备	江苏省科技进步奖	四	魏同立 郑 茳 吴 金 穆德成	电子工程系 微电子中心
	MPL-Ⅲ电脑He-Ne激光针灸仪	江苏省科技进步奖	四	韩正忠 方宁生 李鸣晓 李言训 万 忠	数学力学系 计算机科学与工程系
	386雷达天线座车自动调平系统	江苏省科技进步奖	四	翟羽健 倪江生 严振祥 陈正威 张为公	仪器科学与工程系
	铁路新线建设投资工程造价评估	铁道部科技进步奖	三（合作）	潘 卫 董希强等	未查到相关信息
1994	WFZ-01.02型微机发电机保护装置	国家教委科技进步奖	二	史世文 陆于平 李 莉 周振安 吴济安 赵惠良 易 城	电气工程系
	MPL-Ⅲ电脑He-Ne激光针灸仪	国家教委科技进步奖	二	韩正忠 方宁生 李鸣晓 过丽华 李言训 万 忠 罗守华	数学力学系 计算机科学与工程系
	颗粒氧化铅移动床深度氧化煅烧和快速冷却新技术	国家教委科技进步奖	二	金保昇 蓝计香 赵长遂 章名耀 袁亚飞	热能工程研究所
	织机减振降噪研究	国家教委科技进步奖	三	孙庆鸿 曹建生 张启军 姚慧珠 刘立人 周苏潍 沈煜坤 孙 良 夏友顺 赵玉欣 夏志刚 沈明玉 陈汉林 倪锡大	机械工程系

省部级科学技术奖(二等奖及以下) (续表)

时间	项目名称	获奖名称	等级	主要完成人	院系
1994	386雷达天线座车自动调平系统	国家教委科技进步奖	三	翟羽健 倪江生 严振祥 陈正威 张为公	仪器科学与工程系
	高精度电子压力计	国家教委科技进步奖	三	江潼君 钱俞寿 汤雅忠 何宏现 陆庭恕 胡仁杰 钱侬仙 王平	电气工程系
	FWD研制与应用技术研究	交通部科技进步奖	三	邓学钧 李一鸣 黄卫 黄晓明 王晓	交通运输工程系
	砼结构补强和加固技术研究	建设部（无具体奖项名称）	二（合作）	蓝宗建(4)	土木工程系
	高分子压电材料研究	中国科学院自然科学奖	三	闻建勋 时炳文 沈寿彭 吴林生 袁易全	无线电工程系
	有限棱柱法及其在道路桥梁工程中的应用研究	江苏省科技进步奖	一	邓学钧 黄卫 韩以谦 傅长宏 蒋法林 华永红	交通运输工程系
	太湖水系水质保护总体方案研究	江苏省科技进步奖	三（合作）	徐南荣 达庆利 何建敏	经济管理学院
	超低H_{FE}温度系数的硅双极器件系列高增益多晶硅发射极双极晶体管	江苏省科技进步奖	三	郑茳 穆德成 魏同立 吴金	电子工程系
	热交换管用稀土锡黄铜	江苏省科技进步奖	三	谈荣生 孙连超 蒋建清 刘心红 谭兴宝	材料科学与工程系
	降低高等级公路路堤高度研究	江苏省科技进步奖	三（合作）	钱国超 黄卫 赵忠慈 徐宝 刘秉轩	交通运输工程系
	钢筋混凝土抗震连系梁的试验研究	江苏省科技进步奖	四	程文瀼 曹征良 李爱群 陈忠范	土木工程系
	无粘结预应力砼平板结构工程研究	江苏省科技进步奖	四（合作）	李兴生 姚明明 孟少平 蒋应龙 樊德润	土木工程系
	GD-Ⅲ型多功能电光源光电参数测试仪	江苏省科技进步奖	四	罗宗南 崔一平 杨耕兴 钟嫄 阚玉伦	电子工程系
	自动表面电势测量仪	江苏省科技进步奖	四	韦钰 肖东 李兴长	生物科学与医学工程系
	流动亚相LB膜自动成膜装置	江苏省科技进步奖	四	陆祖宏 洪庆月 钱峰 韦钰 顾宁	生物科学与医学工程系
	沥青路面结构组合的研究	江苏省科技进步奖	四（合作）	曾吴淳 黄卫 邓学钧 吴树申 蒋法林	交通运输工程系

省部级科学技术奖(二等奖及以下) (续表)

时间	项目名称	获奖名称	等级	主要完成人	院系
1995	阳光控制膜玻璃真空镀膜工艺及膜层特性的研究	国家教委科技进步奖	二	陈国平 张随新 陈公乃 张浩康 茅昕辉 朱民戟 毛求真 黄惠芬 张旭萍 陈丹晔	电子工程系
	城市交通网络总体性能评价与建模	国家教委科技进步奖	二	杨涛 徐吉谦 王炜 李峻利 李旭宏 过秀成	交通运输工程系
	液晶锚定和锚定相变的机理研究	国家教委科技进步奖	二	朱杨明 陆祖宏 韦钰	生物科学与医学工程系
	磁阻式同步电机的理论与应用	国家教委科技进步奖	二	周鹗 程明 林明耀	电气工程系
	纤维增强水泥基复合的界面和界面效应的研究	国家教委科技进步奖	二	孙伟 高建明 秦鸿根 严云 詹炳根 陈东彤	材料科学与工程系
	毫米波准光功率合成理论与技术研究	国家教委科技进步奖	二	葛俊祥 李嗣范 陈忆元	无线电工程系
	光纤孤子通信理论研究	国家教委科技进步奖	三	杨祥林	电子工程系
	几种特殊条件下金属形变行为的研究	国家教委科技进步奖	三	张力宁 朱平 王仕勤 朱鸣芳 王俊	材料科学与工程系
	钢筋混凝土结构新的抗震自控的试验研究	国家教委科技进步奖	三	丁大钧	土木工程系
	离心压缩机组工况监视与故障诊断系统	国家教委科技进步奖	三	黄仁 欧树森 钟秉林 吴国民 贾民平 杜秋杰 万德钧 秦正刚 李瑞林 韦雨根 颜廷虎 许飞云 何永勇 毛玉良 唐卫国	机械工程系 仪器科学与工程系
	图中的圈和哈密尔顿问题	国家教委科技进步奖	三(合作)	张克民 宋增民	数学力学系
	巴巴多斯体育馆	国家教委优秀设计奖	二	高民权 杨为华	建筑设计研究院
	东南大学榴园	国家教委优秀设计奖	二	齐康 赵晨 周玉麟	建筑研究所 建筑设计研究院
	四川自贡彩灯博物馆	国家教委优秀设计奖	三	吴明伟 朱仁豪 万邦伟	建筑系 建筑设计研究院
	中山陵太阳广场	国家教委优秀设计奖	三	钟训正 王文卿 王的刚	建筑系 建筑设计研究院

省部级科学技术奖(二等奖及以下) (续表)

时间	项目名称	获奖名称	等级	主要完成人	院系
1995	基于EDI的电子单证交换系统	电子工业部科技进步奖	二	顾冠群 吉 逸 李 俊 吴国新 方宁生 李 维 潘梅园	计算机科学与工程系
	电子设备可靠性热设计手册GJB/227-92	电子工业部科技进步奖	二	谢德仁等	机械工程系
	螺旋槽管空气预热器在130 t/h电站锅炉上的应用	电力工业部科技进步奖	二	周强泰	动力工程系
	关于对离心压缩机组进行工况监视与故障诊断	江苏省科技进步奖	二	黄 仁 欧树森 钟秉林 吴国民 贾民平 杜秋杰 万德钧	机械工程系 仪器科学与工程系
	大面积大柱网双向无粘结预应力砼框架结构体系研究	江苏省科技进步奖	二 (合作)	任家骥 吕志涛 杨宗放 夏祖明 樊德润 邹厚成 石 青	土木工程系
	船舶货运单证电子数据交换系统(EDI)	江苏省科技进步奖	二	顾冠群 李 骏 吴国新 方宁生 李 维 吉 逸 潘梅园	计算机科学与工程系
	钢铁件无覆盖熔剂热浸镀铝新技术	江苏省科技进步奖	二	吴元康 郭 军 许 冬	材料科学与工程系
	基于EDI的电子单证交换系统	江苏省科技进步奖	二	顾冠群 吉 逸 李 俊 吴国新 方宁生 李 维 潘梅园	计算机科学与工程系
	海港城市声环境的规划研究	江苏省科技进步奖	三	柳孝图 袁文昌 王政贤 陈恩水 周 林	建筑系
	TG-MG幕墙玻璃制造技术	江苏省科技进步奖	三	陈国平 张随新 陈公乃 张浩康 茅昕辉	电子工程系
	碾压水泥混凝土与沥青混凝土复合式路面修筑技术研究	江苏省科技进步奖	三 (合作)	钱梅贞 金志强 孙 伟 余建荣 缪昌文	材料科学与工程系
	科技、经济、社会协调发展的理论与方法研究	江苏省科技进步奖	三	盛昭瀚 吴广谋 王 涛 吴珠平 王君斌	经济管理学院
	江苏高校科技管理适应社会主义市场经济发展研究	江苏省科技进步奖	三 (合作)	孙东川 吴建国 张竹繁 顾世民 董廷松	科研处
	半导体方程的理论分析与数值模拟研究	江苏省科技进步奖	四	王元明 管 平 何 野	数学力学系

省部级科学技术奖（二等奖及以下） （续表）

时间	项目名称	获奖名称	等级	主要完成人	院系
1995	金属镁还原炉微机自动检测控制系统	江苏省科技进步奖	四	彭佩珍 张文荣 庄国奋 满慎忠 安 琪	仪器科学与工程系
	扬州大学本部综合楼	江苏省优秀设计奖	二	沈国尧	建筑设计研究院
1996	600 MW 超临界机组锅炉动态特性	国家教委科技进步奖	二	徐治皋 华定中 范永胜 胡华进 李 旭 张理中 蔡 波	动力工程系
	提高国产 200 MW 汽轮发电机组运行稳定性、可靠性研究	国家教委科技进步奖 国家"八五"科技攻关重大科技攻关重大科技成果	二	高 瞾 黄根泉 周福和 陆颂元 黄正一 傅行军 杨建明 方秋华 杨建刚 姚德祥 臧朝平 何小元 刘 健 龚乐年 石延森 邱家俊 王 育 夏 兰 田新启 丁江苏 陶慎康 钱瑞年 李方钺	动力工程系
	前馈网络自适应训练及应用	国家教委科技进步奖	二	尤肖虎 程时昕 陈国安 何振亚	无线电工程系
	声匹配宽带换能理论的应用	国家教委科技进步奖	二	袁易全	无线电工程系
	流动亚相法 LB 膜技术及装置	国家教委科技进步奖	二	陆祖宏 钱 锋 顾 宁 朱扬明 洪庆月 韦 钰	生物科学与医学工程系
	新型空间结构的强度、稳定性和动力性能研究	国家教委科技进步奖	二（合作）	赵惠麟 马 军等	土木工程系
	高功率扁平放电管氦氖激光器	国家教委科技进步奖	三	凌一鸣 刘 鹏 陈 平 钱梅珍 杨耕兴 钟 嫄 张翼翔	电子工程系
	管内螺旋线圈强化传热研究及应用	国家教委科技进步奖	三	张永福 李方钺 薛启华 梁志明 李长德	动力工程系
	SZC-1型水声自动化测量系统	国家教委科技进步奖	三	黄建人 朱滋浩 高 翔 钱 进 朱建戈 郭延芬 陆偵人	无线电工程系
	混凝土结构裂缝的计算理论	国家教委科技进步奖	三	蓝宗建 丁大钧 庞同和 童启明 温 峰	土木工程系
	电子词典专用集成电路及其整机系列产品的工艺研究	国家教委科技进步奖	三	陆生礼 商陆民 张嗣忠 茆邦琴 宋慧滨 吕建辉 桑爱兵 孟江生 梁 娟 李素珍 孙大有	电子工程系

省部级科学技术奖(二等奖及以下)　　　　　　　　(续表)

时间	项目名称	获奖名称	等级	主要完成人	院系
1996	非线性统计模型及非线性诊断方法	国家教委科技进步奖	三	韦博成　史建清　鲁国斌　万方焕　胡跃清	数学力学系
	超薄有序分子膜结构的显微术实验研究	国家教委科技进步奖	三	杨晓敏　陆祖宏　朱扬明　顾宁　肖忠党　韦钰	生物科学与医学工程系
	动态神经元模型和局部连接神经网络动力学特性	国家教委科技进步奖	三	甘强　王俊生　韦钰	生物科学与医学工程系
	高分辨超薄有序抗蚀层及其刻蚀技术研究	国家教委科技进步奖	三	顾宁　陆祖宏　鲁武　钱峰　韦钰	生物科学与医学工程系
	大型变压器故障诊断技术的研究	电力工业部科技进步奖	三(合作)	蓝之达　薛五德　葛启仁　唐国庆　曹德敏　杨启平　符杨　何定	电气工程系
	中性点不接地电网中互感器谐振的机理研究图	电力工业部科技进步奖	三(合作)	陈维贤　鲁铁成　王政贤　赖定文　花涛	数学力学系
	相关火焰检测系统	电力工业部科技进步奖	一	宋文忠　胡克定　姜昌金　董山富　左杰	自动化研究所
	DNC-1汽车驾驶机器人	机械工业部科技进步奖	三	张为公　翟羽健　何泽民　倪江生　陈正威	仪器科学与工程系
	沥青路面设计指标和设计方法研究	江苏省科技进步奖	一	黄卫　邓学钧　秦福生　徐轶崑　李强	交通学院
	计算机辅助软件工程的研究与开发	江苏省科技进步奖	二(合作)	钱为民　薛冰　陈家骏　董逸生　郑国梁　徐家祁　吕大恩	计算机科学与工程系
	东南大学校园网及应用系统	江苏省科技进步奖	二	胡凌云　张月琳　姚卓英　陈滢　吉逸　吴洁　孙奕	信息中心 计算机科学与工程系
	旧房加固加层改造实用技术的研究与应用	江苏省科技进步奖	三	吕志涛　张继文　卫龙武　封伯生　褚靖宇	土木工程系
	光强度调制型传感技术及其应用	江苏省科技进步奖	三	孙小菡　张明德　万遂人　顾均歧	电子工程系 生物科学与医学工程系
	WM-1型LB槽系统	江苏省科技进步奖	三	万遂人　马天河　孙小菡　赵兴群　汪丰	生物科学与医学工程系
	多微机实时监测系统	江苏省科技进步奖	四	徐宏炳　吴龙宝　樊开文　王健　杨全胜	计算机科学与工程系
	锌和锌合金液用抗氧化添加合金	江苏省科技进步奖	四	吴元康　梅建平　李翔	材料科学与工程系

省部级科学技术奖（二等奖及以下） （续表）

时间	项目名称	获奖名称	等级	主要完成人	院系
1996	镇江市综合交通规划	江苏省科技进步奖	四	王炜 方开鸿 过秀成 单锦华 杨涛	交通学院
	QJ-01型汽车球铰试验系统	江苏省科技进步奖	四	翟羽健 何泽民 张为公 倪江生 蒋兴亚	仪器科学与工程系
1997	多孔介质中对流与相变传热传质的基础研究	国家教委科学进步奖	二（合作）	王补宣 马同泽 施明恒 罗棣庵 彭晓峰 虞维平	动力工程系
	饮用水微污染净化技术	建设部科技进步奖	二（合作）	严煦世 许建华 范瑾初 王宝贞 吕锡武 李田 龚闻礼	土木工程学院
	内偏转彩色显像管	国家教委科技进步奖	二	童林夙 薛坤兴 李晓华 陈福朝 郑姚生 吴福源	电子工程系
	藻类热解成烃研究	国家教委科技进步奖	二	吴庆余 盛国英 傅家谟 殷实 章冰	物理系
	圆形槽波导	国家教委科技进步奖	三	杨鸿生 马江镭 陆钟祚	电子工程系
	单相异步电动机计算机集成测试系统	国家教委科技进步奖	三	周鹗 钱巍 郑建勇 张尧鹏 史旺旺 林雄 李海文 楼雪	电气工程系
	LH-1挠性陀螺仪技术	国家教委科技进步奖	三	周百令 王寿荣 张燕娥 吴本寿 苏岩 夏明泽 杜志泉 吴玉华 黄建明 隋绍昆	仪器科学与工程系
	声学CAC与声压级频响校准技术	国家教委科技进步奖	三	韩晓林 汪凤泉 许秀芝 吴慧新 耿维明	土木工程学院
	江苏省民用建筑节能设计标准实施细则	建设部科技进步奖 江苏省科技进步奖	三	甘柽 杨维菊 刘可立 张敬人 管荔君	建筑系
	江苏计算机应用网络	国家教委科技进步奖	三	顾冠群 罗军舟 吉逸 王仕春 谢延森 陈景康 陆培祥 唐清 张斌 钱炜 王银烈 吴国新 崔萌	计算机科学与工程系
	城市交通规划系统理论及工程应用	国家教委科技进步奖	三	王炜 杨涛 李旭宏 徐吉谦 李峻利	交通学院
	高等学校"八五"基础性研究发展规划研究	国家教委科技进步奖	三（合作）	谢志行 张竹繁 王凡 梅良模 陈文驹 于志华 傅恒升	科技处

省部级科学技术奖(二等奖及以下)　　　　　　　　　　(续表)

时间	项目名称	获奖名称	等级	主要完成人	院系
1997	掺铒光纤放大器	江苏省科技进步奖	二	杨祥林　毛庆和　陈海涓 丁铁骑　顾真安　章河勇 殷国理	电子工程系
	面向对象的数据库管理系统 FOOD™	江苏省科技进步奖	二	徐宏炳　陈　钢　徐立臻 金远平　王能斌　王昌周 刘明华	计算机科学与工程系
	基础结构动态诊断	江苏省科技进步奖	三	汪凤泉　吴慧新　韩晓林 高志一	土木工程学院
	时间域探地雷达系统	江苏省科技进步奖	三	沈　飚　孙忠良　于东海 石庆华　孙敏松	无线电工程系
	数控车床主轴箱装配 CAPP	江苏省科技进步奖	四	易　红　仇晓黎　汤文成 唐　寅　徐迎晓	机械工程系
	钢筋砼结构裂缝危险性的评估方法诊断标准	江苏省科技进步奖	四	曹双寅　李延和　陈　贵 邱洪兴　忻　建	土木工程学院
	ZXP-8动平衡分析仪	江苏省科技进步奖	四	彭佩珍　刘　健　黄竹霞 高　矗　徐基琅	自动控制系
	JS-9000工业控制集散系统	江苏省科技进步奖	四(合作)	卢焕昌　顾心正　郎义东 赵仲宣　程明熙	自动控制系
	金融电子数据交换(EDI)系统	江苏省科技进步奖	四(合作)	唐　清　罗军舟　王仕春 陆培祥　王银烈	计算机科学与工程系
	江苏高校科技服务态势分析与发展研究	江苏省科技进步奖	四(合作)	谈晓翔　陆善文　包振喜 李廉水　张　林	经济管理学院
	一种实现框架结构自身控制的新方案	山东省科技进步奖	三(合作)	傅传国　蒋永生　樊德润 邱洪兴　陈忠范	土木工程学院
	险峰机床厂机床计算机辅助设计系统	贵州省科技进步奖	四(合作)	江潼君　陈潘水　戴立铭 陶人仪　倪昭治　程正潮 杨祥金	电气工程系
1998	城镇建筑环境规划设计理论与方法	国家教委科技进步奖	一	齐　康　王建国　吴明伟 柳孝图　黄伟康　鲍家声 方　华　杜顺宝　卫兆骥 夏祖华	建筑系
	以有序单开链为基本单元的机械系统新理论研究	国家教委科技进步奖	二	杨廷力　罗玉峰　孔宪文 沈惠平　单松青　石宝钱 姚芳华　张　明　张　宏 褚金奎　章剑青　李惠良 刘安心	机械工程系

省部级科学技术奖（二等奖及以下） （续表）

时间	项目名称	获奖名称	等级	主要完成人	院系
1998	多维数字信号处理的理论与应用研究	国家教委科技进步奖	二	何振亚 高西奇 邹采荣 杨绿溪 王太君	无线电工程系
	若干种LB膜化学反应的研究	国家教委科技进步奖	二	袁春伟 梁冰洁 韦钰	生物科学与医学工程系
	信号与线性系统（第三版）	国家教委科技进步奖	二	管致中 夏恭恪 崔万胜	无线电工程系
	大学物理学（音像文字结合教材）	国家教委科技进步奖	二	恽瑛 夏西平 叶善专 周永平 王兴中 蒋福明 黄元铭	物理系
	城市公共客运交通系统规划理论方法及其应用	国家教委科技进步奖	三	王炜 陈学武 蒋冰蕾 周敏炜 邓卫 陆健 江薇 杨新苗 顾国华 袁尘固 朱树兴 张凯 裴如春 焦东树	交通学院
	八毫米混合集成宽带收/发前端	国家教委科技进步奖	三	孙忠良 唐雪芹 齐宁华 孙敏松 窦文斌 汤焕锡 陈金春 刘军	无线电工程系
	光纤弧子通信传输与控制理论	国家教委科技进步奖	三	杨祥林 温杨敬 王发强 李宏 陈明华 陈健 陈海娟	电子工程系
	SINS初始对准及GPS/DR定位系统的卡尔曼滤波理论与方法	国家教委科技进步奖	三	万德钧 房建成 王庆 徐晓苏 程向红 李滋刚 吴秋平 柏钢	仪器科学与工程系
	线性代数教程（第二版）	国家教委科技进步奖	三	俞南雁 韩瑞珠 周建华 倪劲松 徐步政	应用数学系
	几类重要的非线性反应扩散方程的研究	国家教委科技进步奖	三	王明新 王元明 黄思训	应用数学系
	MAX1000分散控制系统国产化	上海市科技进步奖	二（合作）	韩光平 曹洪元 徐治皋 肖伯乐 吴永安 俞鹏程 孙凌云	动力工程系
	工程流体力学（水力学）	江苏省科技进步奖	二	闻德荪 魏亚东 李兆年 王世和	土木工程学院
	SE2000、SE3000系列多制式多功能无线寻呼综合测试系统	江苏省科技进步奖	二	沈连丰 万山 汪平 魏慧海 甘露 龚炳生 刘皓	无线电工程系

省部级科学技术奖(二等奖及以下)　　　　　　　　(续表)

时间	项目名称	获奖名称	等级	主要完成人	院系
1998	Ada 程序分析与理解系统 APAUS	江苏省科技进步奖	二	徐宝文　徐　勇　刘永红　花全香　邢汉承　黄　芳　周晓宇	计算机科学与工程系
	公路网络规划、建设及管理一体化系统	江苏省科技进步奖	二	王　炜　邓　卫　杨　涛　陈学武　蒋冰蕾　蓝　山　孙庆涛	交通学院
	高层建筑预应力混凝土曲梁转换层结构的研究与应用	江苏省科技进步奖	二(合作)	樊德润　冯　健　张　涛　周　强　秦卫红　姜月林　周　容	土木工程学院
	非线性发展方程及应用	江苏省科技进步奖	二	王明新　王元明　管　平	应用数学系
	无线电寻呼和无绳通信	江苏省科技进步奖	三	沈连丰　朱经邦　洪文遝　洪焕兴　魏慧海	无线电工程系
	SEEA－703 型自动电脑刺绣机	江苏省科技进步奖	三	吴克坚　钱瑞明　王兴松　黄　克　江宝根	机械工程系
	空调用换热器综合性能试验研究装置	江苏省科技进步奖	三	张小松　赵开涛　杜　垲　陈振乾　孙　庆	动力工程系
	声、文、图、形、数的高效存储	江苏省科技进步奖	三	吴乐南　陆望东　陈　坚　章　勇　关存太	无线电工程系
	谏壁发电厂七号锅炉(SG－1000 t/h)降低排烟温度的研究与改进	江苏省科技进步奖	三(合作)	罗德勇　撒应禄　顾凯棣　吴华森　李保庆	动力工程系
	江苏省高等级公路路面类型选用研究	江苏省科技进步奖	三(合作)	方　唏　潘卫育　黄　卫　符冠华　赵忠慈	交通学院
	超高层建筑预应力成套施工方案研究	江苏省科技进步奖	三(合作)	陈晓云　郭正兴　谢小宁　孟少平　张明华	土木工程学院
	现浇混凝土板简易早拆模板体系的研究和应用	江苏省科技进步奖	三(合作)	郭正兴　马建明　李维滨　邵　萍　章建军	土木工程学院
	环与代数上的同调与 K-理论	江苏省科技进步奖	三	陈建龙　李　方　汪精周	应用数学系
	多媒体远程可视图像报警系统	江苏省科技进步奖	三	吴乐南　苏建中　李德山　顾士平　刘乃超	无线电工程系
	激光电离-反射式串级飞行时间质谱仪	江苏省科技进步奖	三	于炳琪	电子工程系
	土工格栅改善路面结构和处治路面病害的应用研究	河南省科技进步奖	三	邓学钧等	交通学院

省部级科学技术奖（二等奖及以下） （续表）

时间	项目名称	获奖名称	等级	主要完成人	院系
1999	现代预应力钢筋混凝土结构体系与计算理论及应用	教育部科技进步奖	二	吕志涛 王正霖 王志浩 车惠民 孟少平 钱永久 冯健 叶知满 刘郁馨 李唐宁 赵人达 张继文	土木工程学院
	光孤子波通信基础及其应用	电子部科技进步奖	二	杨祥林 温扬敏 赵阳 于虹 陈明华 陈健 王发强 张明德 毛庆和	电子工程系
	中国近代建筑总览（专著）	建设部科技进步奖	二（合作）	汪坦 张复合 郭洪兰 侯幼彬 刘先觉 李传义 杨蒿林	建筑系
	土木工程总论（专著）	建设部科技进步奖	三	丁大钧 蒋永生 朱首明	土木工程学院
	具有箱形截面钢管的钢筋混凝土柱及组合框架节点的研究与应用	建设部科技进步奖	三（合作）	候善民 程文瀼 陈忠范 徐明 朱宁萍	土木工程学院
	南京市有害工业固体废弃物调查与处置技术	国家环保总局科技进步奖	三（合作）	郭晓茹 马锦如 吴晓光 楼霄 曾苏	土木工程学院
	增压流化床联合循环发电技术	新闻出版署科技进步奖（科技著作）	三	章名耀	动力工程系
	计算机三维放射治疗计划系统	江苏省科技进步奖	二	罗立民 鲍旭东 严玉龙 舒华忠 柏毅 傅瑶 吴新根	生物科学与医学工程系
	南京禄口机场投资控制与管理	江苏省科技进步奖	二	盛昭瀚 何建敏 李心丹 时伯生 缪正宏 吴清烈 周晶	经济管理学院
	威孚集团CIMS工程	江苏省科技进步奖	二	董逸生 王茜	计算机科学与工程系
	WF-CIMS应用一期工程	江苏省科技进步奖	二（合作）	薛祖兴 董逸生 许良飞 钟锡畅 王茜 唐镇寰 应思红	计算机科学与工程系
	高等级公路二灰碎石基层裂缝机理及防治措施的研究	江苏省科技进步奖	二（合作）	方唏 蒋振雄 黄卫 吴军 邹允祥 刘秉轩 王耕	交通学院
	车轮传感器及汽车道路数据采集与处理系统	江苏省科技进步奖	二	张禾丰 张为公 严振祥 孙刚 舒昌洪 张丙军 朱跃进	仪器科学与工程系

省部级科学技术奖(二等奖及以下) (续表)

时间	项目名称	获奖名称	等级	主要完成人	院系
1999	高效低污染35 t/h飞灰循环底饲回燃流化床锅炉	江苏省科技进步奖	二	金保昇 赵长遂 刘坤磊 章名耀 孙亚波 魏学龄 唐国勇	动力工程系
	制冷压缩机性能试验台	江苏省科技进步奖	三	杜垲 张小松 赵开涛 郑建勇 陈振乾	动力工程系
	具有箱形截面钢管的钢筋混凝土柱及组合框架节点的研究与应用	江苏省科技进步奖	三(合作)	候善民 程文瀼 陈忠范 徐明 朱宁萍	土木工程学院
	江苏利港电力有限公司管理信息系统(LGMIS)	江苏省科技进步奖	三	周伯鑫 丁仲麒 徐嗣鑫 方国清 黄东	自动控制系
	无锡市公共客运交通规划	江苏省科技进步奖	三	王炜 周敏炜 陈学武 袁尘因 陆建	交通学院
	智能运输系统发展战略及其应用技术研究	江苏省科技进步奖	三(合作)	章俊元 黄卫 刘家声 秦福生 陈里得	交通学院
	记忆合金食管支架研制和临床应用研究	江苏省科技进步奖	三(合作)	赵志泉 王世栋 范志宁 刘礼华 施瑞华	材料科学与工程系
	123工程配套用高阻尼内耗金属复合材料	江苏省科技进步奖	三	汪凤泉 韩晓林 吴慧新 陈锋 李微	土木工程学院
	华宝空调器厂CIMS工程	广东省科技进步奖	二	董逸生 顾冠群	计算机科学与工程系
	XK-1型以医用电子直线加速器为辐射源的立体定向放射手术治疗系统	广东省科技进步奖	二	罗立民	计算机科学与工程系
	生命科学中的高维动力系统分析及应用	云南省自然科学奖	三	曹进德	应用数学系
	平圩电厂600 MW汽轮机快速通风冷却集散型计算机监控系统	安徽省科技进步奖	四(合作)	王培红 吴华明 沈炯 吕震中 陈多刚	动力工程系
2000	指数族非线性模型	中国高校科学技术奖(科技进步奖)	二	韦博成	应用数学系
	发达地区城市化进程中建筑环境的保护与发展	中国高校科学技术奖(科技进步奖)	二(合作)	吴良镛 齐康 陶松龄 赵炳时 董鉴泓 谢文蕙 阮仪三 尹稚 毛其智 吴唯佳 杜文涛 王建国 钱兆裕 赵民 王祥荣 刘健 段进	建筑系

省部级科学技术奖（二等奖及以下） （续表）

时间	项目名称	获奖名称	等级	主要完成人	院系
2000	盲信号模型参数估计的方法研究	中国高校科学技术奖（科技进步奖）	二	何振亚 刘琚 杨绿溪 邹采荣	无线电工程系
	纳米晶光电功能薄膜的基础研究	中国高校科学技术奖（科技进步奖）	二	沈耀春 邓慧华 陆祖宏 方靖淮 韦钰	生物科学与医学工程系
	冲击回波式液/料位测量技术及仪器	中国高校科学技术奖（科技进步奖）	二	黄惟一 宋爱国 张朝晖 王爱民 曹效英 陈胜军 金世俊 王顺	仪器科学与工程系
	在系统编程技术及其应用（第二版）	中国高校科学技术奖（科技进步奖）	二	黄正瑾 高礼忠 张克	无线电工程系
	江苏省教育和科研计算机网建设	江苏省科技进步奖	二	龚俭 曹争 丁伟 陈俊良 余晓 吴剑章 陆晟	计算机科学与工程系
	大型发电机内物理场的数值计算技术及其应用	江苏省科技进步奖	二	胡敏强 黄学良 杜炎森 周鹗 屠黎明 鲁涤强 严登俊	电气工程系
	高等级公路液化地基处理与桥梁地基抗震处理	江苏省科技进步奖	二（合作）	杨卫泽 陈小桐 谢家全 郭永琛 蒋振雄 刘松玉 宋寿林	交通学院
	经皮腰椎间盘摘除术治疗腰椎间盘突出症的研究	江苏省科技进步奖	二	滕皋军 何仕诚 郭金和 方文 胡玉震 李国昭 靳激扬	医学院
	磷32——玻璃微球区域给药治疗肝癌的实验及临床研究	江苏省科技进步奖	二	刘璐 滕皋军 姜藻 郭金和 张东生 何仕诚 黄培林	医学院
	HF-D智能超声波检测系统	江苏省科技进步奖	三	汪凤泉 韩晓林 宦康宁 寿家炎 毛照明	土木工程学院
	多频多功能治疗仪	江苏省科技进步奖	三	刘振田 刘闰南 王玲 刘延彬 刘又南	土木工程学院
	苏州工业园区国际大厦转换层工程研究	江苏省科技进步奖	三（合作）	陈刚 张瑾 孟少平 李东生 李维滨	土木工程学院
	城市交通系统实时模糊控制研究	江苏省科技进步奖	三	陈森发 徐吉谦 叶振群 皇甫正贤 毛岚	经济管理学院 交通学院 自动控制系

省部级科学技术奖(二等奖及以下) (续表)

时间	项目名称	获奖名称	等级	主要完成人	院系
2000	工程机械使用与维修质量综合评估系统	江苏省科技进步奖	三	周 俊　黄 卫　焦生杰 陈光和　张春阳	交通学院
	喷粉搅拌桩处理软土地基分析研究	江苏省科技进步奖	三（合作）	陈小桐　钱国超　邓学钧 田鸿发　刘松玉	交通学院
	SS系列装配式桥梁伸缩装置	江苏省科技进步奖	三（合作）	陈光和　刘其伟　冯明敏 杨 海　罗永军	交通学院
	糖基化产物致动脉粥样硬化发生机制的基础与临床研究	江苏省科技进步奖	三	刘乃丰　孙子林　冯 毅 严金川　周秋根	医学院 中大医院
	100 MW机组分布式微机网络全仿真系统	福建省科技进步奖	三	周克毅　胥建群	能源与环境学院
2001	微波冷冻干燥过程的传热传质理论	中国高校科学技术奖（自然科学奖）	二	施明恒　王朝晖　祝 涛	动力工程系
	新型短毫米和亚毫米波传输线基础研究	中国高校科学技术奖（自然科学奖）	二	杨鸿生　马江镭　陆钟祚 钱 军	电子工程系
	现代建筑理论研究	中国高校科学技术奖（自然科学奖）	二	刘先觉　卫兆骥　周 琦 史 津　吴耀东　武云霞 王剑云　徐千里　俞峰华	建筑系
	城市交通规划理论	中国高校科学技术奖（自然科学奖）	二	王 炜　徐吉谦　杨 涛 李旭宏	交通学院
	相对同调与K理论	中国高校科学技术奖（自然科学奖）	二（合作）	丁南庆　佟文廷　王芳贵 陈建龙　黄兆泳	应用数学系
	复合材料的复合换能器的模型及应用	中国高校科学技术奖（自然科学奖）	二（合作）	水永安　袁易全　吴浩东 薛 强	无线电工程系
	电厂煤粉锅炉燃烧火焰多媒体诊断技术研究	福建省科技进步奖	三	徐益谦　顾 番	动力工程系
	汽车制造车间生产计划与调度优化系统	江苏省科技进步奖	二	严洪森　茅晓鸣　夏琦峰 冉 谨　刘霞玲　季国荣 朱立峰	自动控制系
	机械振动与噪声控制和工程应用研究	江苏省科技进步奖	二	孙庆鸿　张启军　陈 南 姚慧珠　李玉麟　张建润 孙蓓蓓	机械工程系

省部级科学技术奖（二等奖及以下） （续表）

时间	项目名称	获奖名称	等级	主要完成人	院系
2001	碳纤维材料用于结构加固的技术研究与应用	江苏省科技进步奖	二	吕志涛 张继文 郭正兴 吴刚 朱虹 安琳 郑先元	土木工程学院
	城市交通规划理论方法、系统软件及工程应用	江苏省科技进步奖	二	王炜 徐吉谦 杨涛 李旭宏 李峻利 陈学武 陆建	交通学院
	ERP：企业资源计划系统	江苏省科技进步奖	二	刘海青 张朝晖 董逸生 陈锡良 周志勇 陈恳 黄文清	计算机科学与工程系
	共晶控制凝固与先进复合材料的研究	江苏省科技进步奖	三	潘冶 孙国雄 汤崇熙 孙继科 廖恒成	机械工程系
	Ada 逆向工程与软件维护支撑系统 ARMS	江苏省科技进步奖	三	徐宝文 陈振强 周晓宇 黄曙萍 刘园	计算机科学与工程系
	高层型钢混凝土底部大开间及转换层结构性能研究	江苏省科技进步奖	三	梁书亭 蒋永生 傅传国 燕国强 戴国亮	土木工程学院
	脂肪酸合酶抑制剂诱导大肠癌细胞凋亡及靶向治疗的研究	江苏省科技进步奖	三	黄培林 朱世能 戴振声 李俐 金月玲	医学院
	重症急性胰腺炎微循环障碍治疗对策的实验与临床研究	江苏省科技进步奖	三	杨德同 刘兴 汤文浩 嵇振岭 刘胜利	医学院
	江苏民营科技企业制度创新研究	江苏省科技进步奖	三	胡汉辉 倪宏兴 汤元生 张海进 肖渡	科技处
	通货膨胀的国际传导与对策	江苏省科技进步奖	三	余珊萍 钟伟	经济管理学院
	啤酒工艺技术的创新与应用	江苏省科技进步奖	三	易昕 钱元洪 王念春 曹又新 胡金成	自动控制系
	高效预应力混凝土路面设计理论和方法及施工工艺研究	江苏省科技进步奖	三	李益芝 黄卫 丁军华 郭宏定 张健康	交通学院
2002	高性能水泥基材料的制备、性能与基本理论研究	教育部提名国家科学技术奖（自然科学奖）	二	孙伟 张亚梅 潘钢华 秦鸿根 罗欣 陈惠苏 严焊东 田倩	材料科学与工程系
	金融信息个人数字助理产品产业化	教育部提名国家科学技术奖（科技进步奖）	二	时龙兴 陆生礼 胡晨 吴建辉 张嗣忠 宋慧滨 茆邦琴 桑爱兵	电子工程系

省部级科学技术奖(二等奖及以下) (续表)

时间	项目名称	获奖名称	等级	主要完成人	院系
2002	373雷达天线座车水平基准系统	教育部提名国家科学技术奖(科技进步奖)	二	倪江生 金伟明 孙利生 张为公 秦文虎 周晓晶	仪器科学与工程系
	增压流化床联合循环(PFBC-CC)中试电站工程试验及其关键技术研究	江苏省科技进步奖	二(合作)	章名耀 胡家启 王海林 蔡宁生 赵长遂 沈湘林 李正义 孙庆 刘隽人	动力工程系
	戊型肝炎病毒血清型的研究	江苏省科技进步奖	二	孟继鸿 戴星	医学院
	行波型超声波电动机及其控制的研究	江苏省科技进步奖	二	胡敏强 石斌 莫岳平 顾菊平 金龙 秦申蓓 王心坚	电气工程系
	客车车身动态优化设计	江苏省科技进步奖	二(合作)	朱正林 孙庆鸿 李玉麟 陈南 韩冬保 朱壮瑞 张力生	机械工程系
	新一代数控高精度内圆磨床	江苏省科技进步奖	二(合作)	刘建清 陈南 吴智跃 孙庆鸿 郁文恺 黄国庆 蒋书运	机械工程系
	江苏省CAD应用工程技术开发与应用示范	江苏省科技进步奖	二(合作)	周儒荣 张少华 肖进军 张友良 葛巧琴 钱格非 廖文和	机械工程系
	房屋整体移位关键技术及其在江南大酒店工程中的应用研究	江苏省科技进步奖	二(合作)	徐学军 卫龙武 李爱群 沈明 吴二军 陈文海 黄俊	土木工程学院
	中药菰米的食品卫生学、营养学及其资源状况研究	江苏省科技进步奖	三	翟成凯 杨翼风 孙桂菊 陆琼明 蒋兆坤	医学院
	便携式工况监视与故障分析系统	江苏省科技进步奖	三	贾民平 许飞云 钟秉林 黄仁 崔献军	机械工程系
	10千兆比特/秒0.25微米CMOS 1:4分接电路	江苏省科技进步奖	三	王志功 冯军 田磊 陈海涛 陆建华	无线电工程系
	南京国际展览中心大型钢结构综合技术研究	江苏省科技进步奖	三(合作)	于国家 刘建平 刘文 于晓光 武雷	土木工程学院
	空气源热泵型冷热水机组应用及其空调系统特性研究	江苏省科技进步奖	三(合作)	张建忠 龚延风 杜垲 陈丽萍 刘青	动力工程系

省部级科学技术奖（二等奖及以下） （续表）

时间	项目名称	获奖名称	等级	主要完成人	院系
2002	天商2000智能商务管理软件	江苏省科技进步奖	三	孙志挥	计算机科学与工程系
	余热锅炉优化设计和结构分析的研究	黑龙江省科技进步奖	二	吴新	动力工程系
	哈尔滨第三发电有限责任公司3号机组轴系稳定性研究	黑龙江省科技进步奖	三	傅行军	动力工程系
2003	硅片直接键合技术	教育部提名国家科学技术奖（技术发明奖）	二	黄庆安 童勤义 茅盘松 秦明 张会珍 詹娟 陈德英 吕世骥	电子工程系
	舰载挠性仪表捷联航姿基准技术	教育部提名国家科学技术奖（科技进步奖）	二	万德钧 徐晓苏 吴峻 程向红 陈熙源 朱欣华 王庆 张大庆	仪器科学与工程系
	多变量非线性控制的神经网络逆系统方法	教育部提名国家科学技术奖（自然科学奖）	二	戴先中 何丹 刘国海 张凯锋 张腾 张兴华 刘军 王万成	自动控制系
	第三代移动通信射频技术的研究与产业化	江苏省科技进步奖	二	洪伟 朱晓维 周健义 刘进 蒋伟 蒋芹 田玲 王海明 严蘋蘋	无线电工程系
	机群智能化工程机械	江苏省科技进步奖	二（合作）	李锁云 杨勇 马铸 陶永生 董栓牢 叶桦 何光义	自动控制系
	巨型框架结构的研究与应用	江苏省科技进步奖	二（合作）	左江 吕志涛 舒赣平 夏长春 江韩 张宇峰 杜国梁	土木工程学院
	高速公路下伏富水多层采空区危害性评价与处理技术	江苏省科技进步奖	二（合作）	丁建奇 邵介贤 黄健 刘松玉 方磊 杜广印 郑洲	交通学院
	嵌入式软件测试支撑系统ETS	江苏省科技进步奖	二	徐宝文 陈振强 周晓宇 黄曙萍 滕至阳 史亮 张斌	计算机科学与工程系
	无衍射非线性贝塞尔谐波声场的研究	江苏省科技进步奖	一	丁德胜 许坚毅 陆祖宏 刘晓峻 张瑜	电子工程系
	煤矸石在高速公路工程中的应用研究	江苏省科技进步奖	三（合作）	邵介贤 黄健 刘松玉 缪林昌 郑洲	交通学院
	无收缩预应力混凝土高性能灌浆材料的研制与应用技术	江苏省科技进步奖	三（合作）	刘加平 刘家彬 田倩 郭正兴 孟少平	土木工程学院

省部级科学技术奖(二等奖及以下) (续表)

时间	项目名称	获奖名称	等级	主要完成人	院系
2003	压缩机组远程工况监测和故障诊断系统	江苏省科技进步奖	三(合作)	陶 魄 贾民平 吴惠明 许飞云 高洪光	机械工程系
	新一代燃气电控系统开发及其在NJ6400系列汽车上的应用	江苏省科技进步奖	三(合作)	何泽民 陈旭东 郑兆树 崔宏巍 姚国忠	机械工程系
	产品快速开发系统集成研究	江苏省科技进步奖	三(合作)	达飞鹏 于 泓 尹湘宁 吴栋华 王 庆	自动控制系
	汽车变速箱同步器试验系统	江苏省科技进步奖	三	张为公 金伟明 秦文虎 倪江生 孙利生	仪器科学与工程系
	基于Bluetooth技术的无线接入系统	江苏省科技进步奖	三	沈连丰 宋铁成 徐平平 胡 静 宋 扬	无线电工程系
	集成电路可测性设计软件系统	江苏省科技进步奖	三	胡 晨 凌 明 杨 军 刘 昊 吴建辉	电子工程系
	危险品货运站空气污染的危害及其监测方法研究	江苏省科技进步奖	三	浦跃朴 张徐军 尹立红 卢玉川 李云晖	公共卫生学院
	CT仿真胃镜及三维重建对胃癌诊断的研究	江苏省科技进步奖	三	郑凯尔 陈 峰 居胜红 孙 军 郑爱明	中大医院
	病毒性肝炎基因芯片诊断技术研究与临床应用	江苏省科技进步奖	三(合作)	赵 伟 陆祖宏 刘 伟 刘全俊 朱纪军	生物科学与医学工程系
	线粒体DNA突变与心肌病、冠心病、糖尿病及衰老关系的研究	江苏省科技进步奖	三	张丽容 李殿富 尹桂芝 赵 青 钱 杰	中大医院
	全国市、县、区科技进步考核指标设计、信息系统开发和数据分析	江苏省科技进步奖	三	仲伟俊 徐 俊 梅姝娥 何革华 郑明燕	经济管理学院
2004	节能环保型颗粒氧化铅移动床深度氧化和快速冷却生产新工艺	教育部提名国家科学技术奖(科技进步奖)	二	金保昇 秦建明 赵长遂 吴国庆 仲兆平 肖 睿 周山明 黄亚继 董建平 朱美萍 兰计香 章名耀 熊源泉	动力工程系
	程序分析与测试技术研究	教育部提名国家科学技术奖(科技进步奖)	二	徐宝文 史 亮 周晓宇 聂长海 陆建江 陈振强 周毓明 陈 林 卢红敏 左赋斌	计算机科学与工程系

省部级科学技术奖（二等奖及以下） （续表）

时间	项目名称	获奖名称	等级	主要完成人	院系
2004	重载车辆武器平台水平基准液压快速调整系统	教育部提名国家科学技术奖（科技进步奖）	二	孙利生 金伟明 倪江生 张为公 秦文虎 周晓晶	仪器科学与工程系
	大规模节能环保型颗粒氧化铅移动床深度氧化和快速冷却生产技术	江苏省科技进步奖	二	金保昇 秦建明 赵长遂 吴国庆 仲兆平 董建平 肖 睿	动力工程系
	电站煤粉锅炉掺烧石油焦系统技术	江苏省科技进步奖	二	杨亚平 仲兆平 金保昇 童隆坤 任慧峰 蔡 崧 周山明	动力工程系
	新型热泵空调机组关键技术与装置的研发及系统节能优化	江苏省科技进步奖	二	张小松 杜 垲 李舒宏 蔡 亮 梁彩华 巢龙兆 刘一民	动力工程系
	新型梁柱-板柱组合结构（住宅）体系的研究	江苏省科技进步奖	二	蒋永生 陈德文 梁书亭 李 进 陈忠范 汪 杰 徐 澄	土木工程学院
	富营养化湖泊水中藻毒素的降解技术与机理	江苏省科技进步奖	二	吕锡武 朱光灿 戎文磊 余 冉 宋海亮 周圣东	土木工程学院
	考虑土与结构动力相互作用效应的结构振动控制研究	江苏省科技进步奖	二（合作）	宰金珉 陈国兴 王志华 丁大钧 杨 栋	土木工程学院
	稀土高性能连铸连轧铝板带箔材	江苏省科技进步奖	二（合作）	张 平 蒋建清 张敏达 于 金 胡宪正 朱俊明 陆凌宏	材料科学与工程系
	江苏沿海地区高速公路海相软土地基变形特性与应用研究	江苏省科技进步奖	二（合作）	钱国超 赵 偑 缪林昌 陈 功 刘松玉 经 纬 陈加付	交通学院
	人工关节无菌性松动的病因及防治研究	江苏省科技进步奖	二（合作）	范卫民 孙俊英 刘 锋 王 青 马益民 齐新生 王道新	中大医院
	南京市产后出血状况调查及对策研究	江苏省科技进步奖	二（合作）	胡娅莉 高坤凡 陈静琴 陆康民 孙丽洲 史佃云 林奇志	中大医院
	肿瘤核素内照射治疗的基础与临床研究	上海市科技进步奖	二（合作）	黄 钢 刘 璐 黄培林 朱瑞森 史德刚 孙晓光 刘建军 陈 建	医学院

省部级科学技术奖(二等奖及以下) （续表）

时间	项目名称	获奖名称	等级	主要完成人	院系
2004	汽车排放耐久性试验系统	江苏省科技进步奖	二（合作）	张为公 郑兆树 张丙军 陈晓冰 朱学华 秦文虎 翟羽健	仪器科学与工程系
	连续自动行星式球磨机	江苏省科技进步奖	三	颜景平 易红 史金飞 徐金山 张志胜	机械工程系
	硅微机械加工技术及其场发射研究	江苏省科技进步奖	三	黄庆安 童勤义 秦明 张会珍	电子工程系
	高功率扁平放电管氦氖激光器的研究和应用开发	江苏省科技进步奖	三	凌一鸣 吴旭峰 钟嫄 肖梅 刘鹏 钱梅珍 陈平	电子工程系
	端粒酶和亚单位的表达与人胰腺癌关系以及反义寡核苷酸hTR抑制作用的研究	江苏省科技进步奖	三	周家华 杨德同 张丽珊 韩东冬 陈泉	中大医院
	CD40-CD40L共同表达及其信号通路在动脉粥样硬化形成中的实验及临床研究	江苏省科技进步奖	三	严金川 马根山 吴宗贵 刘乃丰 张玲珍	中大医院
	纳米核素32P胶体介入治疗实体肿瘤及其抗癌机理的研究	江苏省科技进步奖	三（合作）	王自正 刘璐 李澄 李旭东 端木浩	医学院
2005	软件分析度量与测试的基础理论与方法	教育部提名国家科学技术奖（科技进步奖）	二	徐宝文 周毓明 陈汉武 陈振强 聂长海 许蕾 史亮 周晓宇 卢红敏 陈林 陆建江 戚晓芳 钱巨康 达周	计算机科学与工程系
	远程操作机器人的智能控制技术与手控器设计	教育部提名国家科学技术奖（科技进步奖）	二	宋爱国 王爱民 费树岷 黄惟一 崔建伟 李建清 蒋洪明 高龙琴 吴涓	仪器科学与工程系
	神经网络逆系统测量与控制理论及应用	江苏省科技进步奖	二	戴先中 孙玉坤 马旭东 孟正大 刘国海 何丹 王勤	自动控制系
	远程操作机器人的智能控制技术与手控器	江苏省科技进步奖	二	宋爱国 王爱民 费树岷 黄惟一 崔建伟 李建清 蒋洪明	仪器科学与工程系
	急性呼吸窘迫综合征发病机制与治疗的基础和临床研究	江苏省科技进步奖	二	邱海波 周韶霞 杨毅 郭凤梅 郑瑞强 黄英姿 刘少华	中大医院

省部级科学技术奖(二等奖及以下)　　　　　　　　　　　　　　　(续表)

时间	项目名称	获奖名称	等级	主要完成人	院系
2005	高性能中碳钢丝的形变机理与应用研究	江苏省科技进步奖	二	蒋建清　刘礼华　赵　敏 涂益友　蒋　磊　方　峰 杨　恒　张国春　朱维军 于　金　卞建春　张　东	材料科学与工程系
	面向制造业的网络化制造体系结构与机制模型研究	江苏省科技进步奖	二	易　红　汤文成　幸　研 倪中华　吴介一　吴国新 张飒兵　唐维俊　仇晓黎 程　洁	机械工程系
	双凸极永磁电机及控制系统的基础理论研究	江苏省科技进步奖	二	程　明　孙　强　周　鹗 樊　英　林名耀	电气工程系
	结合分子组装进行功能微纳米结构制造的研究	江苏省科技进步奖	二	顾　宁　付德刚　张　宇 马　明　徐丽娜　黄　岚 葛存旺　虞　伟	生物科学与医学工程系
	润扬长江公路大桥结构混凝土耐久性研究与寿命预测	江苏省科技进步奖	二（合作）	孙　伟(2)	材料科学与工程系
	长江口北侧区域高速公路软土处理研究	江苏省科技进步奖	二（合作）	石名磊(7)	交通学院
	血小板衍化生长因子(PDGF)基因组织工程化皮肤的构建及移植	江苏省科技进步奖	二（合作）	黄培林(6)	基础医学院
	新型贴片式高聚物可恢复保险元件(RFC)及其应用	江苏省科技进步奖	三	李建清　黄惟一　方　红 邵力为　宋爱国	仪器科学与工程系
	未成熟脑缺氧缺血损伤机制及黄芪、生脉对其保护性干预作用	江苏省科技进步奖	三	蒋　犁　汤云珍　吴明赴 岳红霞　孙红光	临床医学院
	公共无线局域网安全体系及产业化	江苏省科技进步奖	三	裴文江　胡爱群　杨晓辉 宋宇波　陈立全	无线电工程系
	(SOF1M)发动机出厂质量在线(实时)综合测控与管理信息系统	江苏省科技进步奖	三	周杏鹏　胡学同　孙宏根 刘朝贵　黄本鹏	电气工程系
	年产1 000吨氯丙基三乙氧基硅烷生产新工艺	江苏省科技进步奖	三（合作）	张征林(3)	化学化工系
	高速公路填石路堤设计、施工与质量控制	江苏省科技进步奖	三（合作）	方　磊(4)	交通学院

省部级科学技术奖(二等奖及以下) (续表)

时间	项目名称	获奖名称	等级	主要完成人	院系
2005	润扬长江公路大桥建设管理与创新研究	江苏省科技进步奖	三(合作)	吴胜东 陈传明 邱增煌 钟建驰 吉林	未查到相关信息
	运动肿瘤精确放射治疗的研究	山东省科技进步奖	二	罗立民 舒华忠	计算机科学与工程系
	鹤壁市公路管理局信息管理系统	河南省交通科学进步奖	三	刘亚军	计算机科学与工程系
	TIPS支架再狭窄形成机制的研究	中华医学科技奖	二	滕皋军 卢勤 邓钢 杨立	中大医院
2006	声场辐射和非线性二阶声场的解析方法	高等学校科学技术奖(自然科学奖)	二	丁德胜 刘晓峻 林靖波 章德 水永安	电子科学与工程学院
	小波与滤波器组的理论及其应用研究	高等学校科学技术奖(自然科学奖)	二	高西奇 何振亚 邹采荣	信息科学与工程学院
	新型轻质能量吸收器及消音器多孔金属材料制备研究	江苏省科技进步奖	二	何德坪 藏晓云 李鲲鹏 何思渊 尚金堂 戴戈 杨东辉	材料科学与工程学院
	射频、超高速与光电集成电路无生产线设计平台	江苏省科技进步奖	二	王志功 李智群 冯军 朱恩 宋其丰 孟桥 陈志恒	信息科学与工程学院
	拟表皮与组织工程化皮肤模型构建的关键技术研究	江苏省科技进步奖	二	浦跃朴 尹立红 李新松 李云晖 韩运双 赵艳秋	公共卫生学院
	生态农业县能力建设评价	江苏省科技进步奖	三	陈森发 冯步云 闵毅梅 何宽 张文红	经济管理学院
	消化道恶性肿瘤患者外周血微转移检测及微转移基因芯片研制及其应用	江苏省科技进步奖	三	黄培林 陈宝安 王景美 刘全俊 吴平平	基础医学院
	早发冠心病患者及其一级亲属心血管危险因素特征研究	江苏省科技进步奖	三	马根山 陈忠 张晓黎 王连生 冯毅	中大医院
	南京玄武湖超长隧道主体混凝土结构若干关键建设技术研究	江苏省科技进步奖	三	钱春香 金丰年 王镝 杨亮 陈春	材料科学与工程学院
	嵌入式处理器设计及安全金融终端开发	江苏省科技进步奖	三	胡晨 李杰 王超 张哲 李春	电子科学与工程学院

省部级科学技术奖(二等奖及以下)　　　　　　　　　　　(续表)

时间	项目名称	获奖名称	等级	主要完成人	院系
2006	新型混合式电力电子断路器	江苏省科技进步奖	三	郑建勇　秦申蓓　梅军　吴恒荣　丁祖军	电子科学与工程学院
	南京地下铁道工程高性能混凝土关键技术研究与应用	江苏省科技进步奖	三(合作)	王小林　蔡跃波　孙伟　缪昌文　董朝文	材料科学与工程学院
	水泥混凝土路面养护对策及修补技术研究	江苏省科技进步奖	三(合作)	金志强　缪昌文　黄晓明　秦鸿根　张晓冬	材料科学与工程学院
2007	小功率金属卤化物灯生产技术及设备的研制	高等学校科学技术奖(科学技术)科技进步奖	二	李广安　李健康　赵坚玉　何荣开　王海鸥　汪伟民　吕家东　张建忠　邓奎刚　尹偕　刘鹏　戴军　陈刚　张明月　张建　陈文吾　叶雷　乔贤铭　潘来根　张满国　吕育安	机械工程学院
	机床结构动态优化创新设计CAE关键技术研究	高等学校科学技术奖(科学技术)科技进步奖	二	孙庆鸿　张建润　卢熹　孙蓓蓓　彭文　朱壮瑞　汤本金　陈南　田军　吴明　李普　孙军　王金娥　周永良　郭策　顾越苏	机械工程学院
	进化计算与进化神经网络的理论及应用	高等学校科学技术奖(科学技术)自然科学奖	二	宋爱国　温秀兰　裴文江　徐琴珍	仪器科学与工程学院
	神经网络模型的动态特征及优化计算理论	高等学校科学技术奖(科学技术)自然科学奖	二	曹进德　梁金玲　袁堃　黄鹤	数学系
	医院门急诊医疗服务流程重组与医疗资源优化配置技术的创新研究与应用示范	江苏省优秀软科学成果奖	三(合作)	刘乃丰　汤仕忠　吴蓓华(4)　卢斌(5)	中大医院
	语义Web语言及支撑软件技术研究	江苏省科技进步奖	二	瞿裕忠　高志强　许卓明　曹进德　韩立新　翟玉庆　邓建明	计算机科学与工程学院
	超声波电机设计理论与方法及其控制技术的研究	江苏省科技进步奖	二	胡敏强　金龙　徐志科　秦申蓓　顾菊平	电气工程学院
	面向节能降耗的钢铁企业物料流程优化调度系统	江苏省科技进步奖	二(合作)	钱王平　李奇　倪国华　方仕雄　贾陈	自动化学院

省部级科学技术奖(二等奖及以下)　　　　　　　　(续表)

时间	项目名称	获奖名称	等级	主要完成人	院系
2007	太湖河网区农村面源污染控制技术及其应用	江苏省科技进步奖	二(合作)	杨林章　李先宁　郑　正　王　超　施卫明　何品晶　张永春	能源与环境学院
	城市交通系统智能化管理关键技术与工程应用	江苏省科技进步奖	二	王　炜　顾怀中　陆　建　李洪武　胡小翔	交通学院
	磁流变及粘弹性阻尼减震技术的研究	江苏省科技进步奖	二	徐赵东　李爱群　郭迎庆　程文瀼　沙凌锋　史春芳　卢立恒	土木工程学院
	建筑物整体迁移成套关键技术及其规程	江苏省科技进步奖	二	李爱群　吴二军　郭　彤　卫龙武　路宏伟　金孝权　黄　镇	建筑学院
	基于多药耐药机制的白血病细胞耐药逆转研究	江苏省科技进步奖	二(合作)	陈宝安(2)	中大医院
	电磁参数的建模与特征提取方法研究	江苏省科技进步奖	三	赵　阳　陈　昊　邱晓晖　李世锦　曲民兴	电气工程学院
	水泥土搅拌桩桩土相互作用理论与工程应用研究	江苏省科技进步奖	三	钱国超　赵　倜　陈　功　刘松玉　洪振舜	交通学院
	沥青混凝土路面抗车辙性能试验研究	江苏省科技进步奖	三	钱国超　杨　军　潘卫育　赵　玮　杨毅文	交通学院
	变电所劣化混凝土电杆表层修复技术研究	江苏省科技进步奖	三	包重华　陈　军　焦永军　徐　浩　戴　阳　刘加彬　郭正兴	土木工程学院
	N-094型数控双端面车磨复合加工机床	江苏省科技进步奖	三(合作)	易　红(2)	机械工程学院
	新一代高性能船舶发动机气缸套的研究与开发	江苏省科技进步奖	三(合作)	王明泉　张顺先　韦　斌　高金刚　沈素萍	未查到相关信息
	制冷空调测控与特殊人工环境营造关键技术研究及应用	江苏省科技进步奖	三	张小松　杜　垲　蔡　亮　李舒宏　梁彩华	能源与环境学院
	环保型高性能隧道建设材料研究与应用	江苏省科技进步奖	三	钱春香　王　镝　邹建平　王瑞兴　王　辉	材料科学与工程学院
	抗精神病药物治疗相关代谢综合症的药理遗传学研究	江苏省科技进步奖	三	张志珺　王从杰　牟晓冬　孙　静　张向荣	中大医院

省部级科学技术奖（二等奖及以下） （续表）

时间	项目名称	获奖名称	等级	主要完成人	院系
2007	糖尿病早期肾脏肥大形成机制及其临床意义的研究	江苏省科技进步奖	三	刘必成 刘乃丰 陈琪 陈珑 罗冬冬	中大医院
	胃黏膜COX-2蛋白表达的基础和临床研究	江苏省科技进步奖	三（合作）	欧希龙(2)	中大医院
	室内装修污染物甲醛及其他挥发性有机化合物的新型净化技术研究	江苏省科技进步奖	三（合作）	袁春伟(4) 付德刚(5)	生物科学与医学工程学院
2008	情感特征分析与识别的理论与应用研究	高等学校科学研究优秀成果奖（自然科学奖）	一	邹采荣 赵力 郑文明 何良华 罗琳	信息科学与工程学院
	几类非线性偏微分方程的研究	高等学校科学研究优秀成果奖（自然科学奖）	一	王明新 石佩虎 李慧玲 陈文彦	数学系
	新型太阳能溶液除湿制冷空调系统的构建与关键技术研究	高等学校科学研究优秀成果奖（技术发明奖）	一	张小松 殷勇高 梁彩华 李舒宏 蔡亮 杜垲	能源与环境学院
	大跨径钢桥面铺装用环氧沥青复合材料制备与应用成套技术	江苏省科技进步奖	二	黄卫 陈志明 亢阳 应军 朱建设 邵利 闵召辉	交通学院
	肾小管间质纤维化形成机制的研究	江苏省科技进步奖	二	刘必成 张晓良 吕林莉 夏慧玲 张建东 陆祖宏 张露	中大医院
	基于溶液独立除湿的新型节能空调系统研发	江苏省科技进步奖	二	张小松 殷勇高 梁彩华 李舒宏 蔡亮 杜凯 夏卓平	能源与环境学院
	面向分布式异源数据匹配的协同软件开发及应用	江苏省科技进步奖	二（合作）	倪中华(3)	机械工程学院
	复杂动态系统鲁棒性能分析与控制综合及其应用	江苏省科技进步奖	二（合作）	费树岷(2)	自动化学院
	苏通大桥268米大跨径连续刚构桥工程关键技术研究	江苏省科技进步奖	二（合作）	刘钊(2) 孟少平(6)	土木工程学院

省部级科学技术奖(二等奖及以下) （续表）

时间	项目名称	获奖名称	等级	主要完成人	院系
2008	我国湖泊富营养化形成机制与控制途径	江苏省科技进步奖	二（合作）	秦伯强 谢平 潘纲 刘正文 尹澄清 胡维平 羊向东	未查到相关信息
	微纳CMOS在片无源器件(电感元件)的模型和参数提取	江苏省科技进步奖	三	黄风义 陆静学 姜楠	信息科学与工程学院
	结构动态优化设计技术研究与新产品研发	江苏省科技进步奖	三	孙庆鸿 张建润 朱壮瑞 孙蓓蓓 吴明	机械工程学院
	通信系统中环理论与编码的基础研究	江苏省科技进步奖	三	陈建龙 王栓宏	数学系
	车辆—路面系统动力学理论与方法	江苏省科技进步奖	三	黄晓明 孙璐 邓学钧 赵永利 高英	交通学院
	桥梁结构疲劳损伤分析理论和评估方法研究	江苏省科技进步奖	三	李兆霞 陈鸿天 高赞明 郭力 靳慧	土木工程学院
	胶体32P磷酸铬治疗实体瘤的实验与临床研究	江苏省科技进步奖	三	刘志勇 封国生 滕皋军 高宏 童冠圣 刘璐 黄培林	中大医院
	沥青路面现场热再生养护工程车开发关键技术研究	江苏省科技进步奖	三	史金飞 朱松青 张志胜 胡正飞 王鸿翔	机械工程学院
	高强度、高塑性变形镁合金	江苏省科技进步奖	三	梅小明 诸天柏 薛烽 刘小稻 强立锋	材料科学与工程学院
	CD40体系表达在冠脉不稳定斑块及再狭窄中的实验与临床研究	江苏省科技进步奖	三（合作）	刘乃丰(2) 马根山(3)	中大医院
	低成本基因多态性检测平台的研究及其应用	江苏省科技进步奖	三（合作）	周国华 卜莹 汪维鹏 宋沁馨 黄欢	未查到相关信息
	苏通大桥超大型钻孔桩群桩基础承载性能研究	江苏省科技进步奖	三（合作）	龚维明(2)	土木工程学院
	放射性药物靶向治疗实体瘤与淋巴转移的研究	北京市科学技术奖	三（合作）	刘志勇(4)	中大医院

省部级科学技术奖（二等奖及以下） （续表）

时间	项目名称	获奖名称	等级	主要完成人	院系
2009	地聚合物基结构材料设计理论、制备技术和形成机理研究	高等学校科学研究优秀成果奖（自然科学奖）	二	张云升 孙伟 李宗津 秦鸿根 蒋金洋 姜国庆	材料科学与工程学院
	U形吸收区高速平流吸收塔集成式烟气脱硫技术	高等学校科学研究优秀成果奖（技术发明奖）	二	孙克勤 金保昇 徐海涛 周长城 沈凯 仲兆平	能源与环境学院
	新型食管支架的研发与应用	高等学校科学研究优秀成果奖（科技进步奖）	二	滕皋军 郭金和 韩新巍 冷德嵘 朱光宇 吴刚 何仕诚 方文 邓钢 刘春俊	中大医院
	多种方法逆转白血病多药耐药的研究及应用	高等学校科学研究优秀成果奖（科技进步奖）	二	陈宝安 许文林 王雪梅 孙新臣 程坚 沈慧玲 敖忠芳 高峰 袁鹏 刘莉洁	中大医院
	肾脏纤维化诊治基础及临床研究	高等学校科学研究优秀成果奖（科技进步奖）	二	刘必成 吴永贵 吴升华 张晓良 刘乃丰 吕林莉 刘宏 孙子林 马坤岭 张建东 陈珑 黄海泉	中大医院
	面向三农金融服务的交易平台、终端及专用芯片研发与应用	高等学校科学研究优秀成果奖（科技进步奖）	二	李杰 杨军 王超 时龙兴 胡晨 张哲 刘新宁 凌明 卜爱国	电子科学与工程学院
	高速加工机床设计技术及其工程应用	高等学校科学研究优秀成果奖（科技进步奖）	二	蒋书运 徐江 黄国庆 李光华 马青芬 苏春 吕洪明 马红民 郑书飞 毛和兵 孙峨 闫祥	机械工程学院
	生物质大规模直燃资源化利用的关键技术研发及工程应用	高等学校科学研究优秀成果奖（科技进步奖）	二	赵长遂 金保昇 葛仕福 陈晓平 钟文琪 沈解忠 孟令杰 吴新 顾小勤 黄亚继 张勇 任强强 孙志翱 段伦博	能源与环境学院
	城市公共交通系统优化与公交优先通行保障的关键技术及应用	高等学校科学研究优秀成果奖（科技进步奖）	二	王炜 陈学武 陆建 蔡健臣 李立建 任刚 杨敏 陈淑燕 朱志星 孙鲁明 陈峻 胡晓健	交通学院
	MW级风机用轮毂等金属部件生产的关键技术及应用	江苏省科技进步奖	二	华永莘 余新泉 王建宏 陈锋 陈玉芳 陈柏林 王强	材料科学与工程学院

省部级科学技术奖(二等奖及以下) （续表）

时间	项目名称	获奖名称	等级	主要完成人	院系
2009	基于面部表情和情感语音的儿童情绪能力分析与分类的研究	江苏省科技进步奖	二	邹采荣 赵 力 余 华 罗 琳 郑文明	信息科学与工程学院
	微机电系统模型、模拟及应用	江苏省科技进步奖	二	黄庆安 周再发 李伟华 聂 萌 许高斌 戎 华 姜岩峰	电子科学与工程学院
	高分子纳米纤维电纺技术与应用	江苏省科技进步奖	二	李新松 浦跃朴 姚 琛 尹立红 李云晖 孙复钱	化学化工学院
	脊柱退行性疾病微创治疗的基础和临床研究	江苏省科技进步奖	二	吴小涛 庄苏阳 洪 鑫 韦继南 王大林 茅祖斌 王 宸	中大医院
	高效流态化滤泡法烟气脱硫装置	江苏省科技进步奖	三	朱复东 仲兆平 刘 焱 贾树山 谢仁祥	能源与环境学院
	激光混沌及应用研究	江苏省科技进步奖	三（合作）	颜森林 张明德 迟泽英 孙小菡 陈文建	电子科学与工程学院
	悦达牌 YD5070ZYS 全密封后压缩环保型垃圾车	江苏省科技进步奖	三（合作）	王 琪 贾 方 唐文献 王成平 李书伟	机械工程学院
	基于智能计算的仪表测试与计量技术	江苏省科技进步奖	三	宋爱国 温秀兰 裴文江 王 开 王爱民	仪器科学与工程学院
	超市食品安全监控与应急管理信息关键技术	江苏省科技进步奖	三	赵林度 马嘉樱 王海燕 韩瑞珠 孙桂菊	经济管理学院
	石英玻璃泡壳成形技术与装备	江苏省科技进步奖	三	何荣开 赵坚玉 刘 鹏 张明月 王海鸥	机械工程学院
	川芎嗪涂层支架预防再狭窄实验研究	江苏省科技进步奖	三	马根山 陈 忠 沈成兴 陈立娟 刘乃丰	中大医院
	腹腔镜多功能手术解剖器(万能杆)的研制及其在腹腔镜肝胆手术中的应用	江苏省科技进步奖	三	嵇振岭 周家华 姚 捷 余 艳 李俊生	中大医院
	大尺度城市空间设计数字化方法研究	江苏省科技进步奖	三	董 卫 王 建 胡明星 陈 薇 李 飚	建筑学院
	宁常高速公路创新设计技术研究	江苏省科技进步奖	三（合作）	钱国超 赵 偎 易 敏 邵学富 朱菊辉	交通学院
	大型水泥回转窑煅烧节能技术与装备	江苏省科技进步奖	三（合作）	张小松	能源与环境学院

省部级科学技术奖(二等奖及以下)　　　　　　　　　　(续表)

时间	项目名称	获奖名称	等级	主要完成人	院系
2009	肾脏纤维化发生机制的研究(医学学科表格中名称为肾脏纤维化形成机制的研究)	中华医学科技奖	三	刘必成　张晓良　刘乃丰　孙子林　吕林莉	中大医院
2010	基于优化的非线性系统智能建模与控制	高等学校科学研究优秀成果奖(科学技术)自然科学奖	二	孙长银　夏又生　魏海坤　李　涛　穆朝絮	自动化学院
	新型太阳能溶液除湿制冷空调系统的构建与关键技术研究	高等学校科学研究优秀成果奖(科学技术)技术发明奖	二	张小松　殷勇高　梁彩华　李舒宏　蔡　亮　杜　垲	能源与环境学院
	大跨结构复杂激励及其响应分析理论与控制技术的研究和应用	高等学校科学研究优秀成果奖(科学技术)科技进步奖	二	叶继红　李爱群　丁幼亮　冯若强　李庆祥　张志强　刘先明　孙建梅　李　亚	土木工程学院
	无线多制式信号合路器研发及应用	高等学校科学研究优秀成果奖(科学技术)科技进步奖	二(合作)	沈连丰(3)	信息科学与工程学院
	道路交通结构关键技术及其在大跨径工程结构中的应用	高等学校科学研究优秀成果奖(科学技术)科技进步奖	二(合作)	殷惠光　王景全　刘其伟　周　安　李　雁　徐孝昶　姜　慧　朱　炯　曹露春　雷金果	土木工程学院
	建筑一体化太阳能光伏光热复合系统及关键技术研究和应用	江苏省科技进步奖	二	张小松　徐新建　徐国英　李舒宏　贾艳刚　梁彩华　殷建平　殷勇高　蔡　亮　焦青太	能源与环境学院
	中低强度现代混凝土体积稳定性研究与应用	江苏省科技进步奖	二	钱春香　刘家彬　陈德鹏　蒋亚清　王　涛　田　倩　高桂波　刘加平　王瑞兴　陈　春　刘玉峻　郭正兴　李迎春	材料科学与工程学院
	三维DNA芯片的制备及其在核酸检测中的应用研究	江苏省科技进步奖	三	肖鹏峰　陆祖宏　程　璐　周东蕊　白云飞　吕　华　葛芹玉	生物科学与医学工程学院
	基于分形几何的微细结构中传热传质的基础研究	江苏省科技进步奖	三	陈永平　施明恒	能源与环境学院

省部级科学技术奖(二等奖及以下)　　　　　　　(续表)

时间	项目名称	获奖名称	等级	主要完成人	院系
2010	高效节能全工况圆筒式工业用空气处理机组	江苏省科技进步奖	三(合作)	张小松(2)	能源与环境学院
	急性呼吸窘迫综合征肺开放的临床进步	江苏省科技进步奖	三	邱海波　周韶霞　杨　毅　郭凤梅　郑瑞强	中大医院
	精密高效金属板材加工技术及成套系统	江苏省科技进步奖	三	冷志斌　史惊东　王金荣　叶　兵　朱　蔚	机械工程学院
	水平连铸高品质稀土高速钢的开发及产业化	江苏省科技进步奖	三	方　峰(2)　周雪峰(4)　蒋建清(5)	材料科学与工程学院
	突发性环境污染事故监测、预警与风险评估系统	江苏省科技进步奖	三	陈　希　费树岷　吴建伟　李　妍　张　韧	自动化学院
	特大断面隧道阻燃沥青路面技术研究	江苏省科技进步奖	三	黄晓明　招国忠　赵永利　黄成造　曾　磊　陈　辉　李　昶　谢　军　马　涛　刘细军　高　英　廖公云　许　涛	交通学院
	经皮椎体成形术治疗脊椎良恶性疾病的应用研究	江苏省科技进步奖	三	何仕诚　滕皋军　方　文　邓　钢　郭金和　朱光宇　李国昭	中大医院
	放射性药物靶向治疗实体瘤与淋巴转移的研究	北京市科学技术奖(合作)	三	刘志勇(4)	中大医院
	急性呼吸窘迫综合征肺开放的临床进步	中华医学科技奖	三	邱海波　杨　毅　黄英姿　郭凤梅　刘松桥　刘　玲　杨从山　陈永铭	中大医院
2011	基于纳米生物技术的肿瘤耐药性识别与抑制研究	高等学校科学研究优秀成果奖(科学技术)自然科学奖	一	王雪梅　陈宝安　燕　红　姜　晖	生物科学与医学工程学院
	河南省高速公路交通紧急救援决策支持体系研究	国家安全生产监督管理总局(无具体奖项名称)	三(合作)	柴　干等	交通学院
	基于多网融合技术的TD-SCDMA多模终端的研制及产业化	江苏省科技进步奖	二(合作)	朱立锋　沈连丰　董志明　牟中平　赵　安　宋铁成　王进东　孙维林　任　伟　夏玮玮　胡　静	信息科学与工程学院

省部级科学技术奖（二等奖及以下） （续表）

时间	项目名称	获奖名称	等级	主要完成人	院系
2011	铸造用第二代环保冷芯盒树脂的研发与应用	江苏省科技进步奖	二（合作）	王进兴 林保平 潘 冶 马晓峰 朱文英 陆玉蜂 王文浩 王骏康	化学化工学院 材料科学与工程学院
	CS102-4智能化高精度多色平版胶印机研究与开发	江苏省科技进步奖	二（合作）	沙晓明 钱 进 周见勇 陈 南 仓小春 殷国栋 金小兵 席红兵 王文湘	机械工程学院
	面向多产线的钢铁生产集成化制造执行系统研发及应用	江苏省科技进步奖	二（合作）	钱王平 方仕雄 贾 陈 钱艳平 黄嘉辰 焦斯乾 沈东良 顾 鹏 陆卫丰	自动化学院
	鸡蛋安全控制关键技术研发、集成与应用	江苏省科技进步奖	二（合作）	王 冉 陈俊杰 谢恺舟 贡玉清 魏瑞成 闫小平 陈 明 张 辉 芮国兴	仪器科学与工程学院
	绝经后认知功能减退及雌激素/雌激素类似物对其影响的机制研究	江苏省科技进步奖	二（合作）	吴 洁 陈 玲 任慕兰 陈 蕾 周 蓉 李迎春 朱轶庆 戴 雪 常小霞	中大医院
	永磁开关电器设计开发关键技术及应用	江苏省科技进步奖	三	林鹤云 房淑华 汪先兵 吴纪福 金 平 周建华 蒋 力	电气工程学院
	基于分布式远程控制的移动传感网理论及应用	江苏省科技进步奖	三	宋光明 宋爱国 吴剑锋 李建清 李会军 吴 涓 崔建伟	仪器科学与工程学院
	核转录因子κB分子检测新技术研究及其临床应用	江苏省科技进步奖	三	王进科 姚登福 张 云 陆祖宏 白云飞 李同祥 徐水珠	生物科学与医学工程学院
	基于蛋白质微阵列方法对TORCH感染检测新的技术研究	江苏省科技进步奖	三	蒋 犁 余章斌 陆祖宏 何农跃 张春秀 张 茜	中大医院 生物科学与医学工程学院
	热电联产节能减排工艺技术研究与应用	江苏省科技进步奖	三（合作）	杨占平 江建军 汤 涛 邹 建 杨建明 高春红 沈 达	能源与环境学院
	大型水利工程（南水北调东线江苏段）建筑与环境规划设计研究与应用	江苏省科技进步奖	三（合作）	段 进 荣迎春 冯旭松 王丽慧 雒建利 吴学春 王兴平	建筑学院
	抑郁症神经网络基础的功能影像学研究与应用	江苏省科技进步奖	三（合作）	姚志剑 卢 青 滕皋军 刘 文 刘海燕 韩颖琳 张 婧	中大医院

省部级科学技术奖(二等奖及以下) (续表)

时间	项目名称	获奖名称	等级	主要完成人	院系
2012	光栅投影三维精密测量技术与系统	高等学校科学研究优秀成果奖(科学技术)技术发明奖	二	达飞鹏　盖绍彦　黄昊　张虎	自动化学院
	基于SaaS模式的物流软件服务平台研究	高等学校科学研究优秀成果奖(科学技术)科技进步奖	二	赵林度　李文锋　王正文　周耀平　王海燕　韩端珠　张煜　祖巧红　何金耿　白世贞　刘小庆　刘守明　孙胜楠　汪亿平　王新平	经济管理学院
	基于正交变换的信号与图像处理方法研究	高等学校科学研究优秀成果奖(科学技术)自然科学奖	二	舒华忠　罗力民　伍家松　杨冠羽　鲍旭东	计算机科学与工程学院
	自主CORS系统开发及在土地调查监测中的应用	国土资源部国土资源科学技术奖	二	王庆　潘树国　高成发　喻国荣　韩俊梅　文宁　张春生　宋玉兵　马泽忠　王胜利	仪器科学与工程学院
	北斗卫星导航地面接收终端关键技术及其应用	江苏省科技进步奖	二	曹振新　夏继钢　陆明泉　汤湘伟　梅玉顺　俞菲　厉璐慧　闫双山　王武军　唐鼎甲	信息科学与工程学院
	道路交通气象检测传感器关键技术及其应用	江苏省科技进步奖	二	黄庆安　秦明　黄见秋　聂萌　张中平　曲来世　沙广军　李斌　刘清彬	电子科学与工程学院
	高性能低成本耐热镁合金及其循环再生技术	江苏省科技进步奖	二(合作)	梅小明　薛烽　刘小稻　白晶　尚世显　周健　徐正祥　孙扬善　徐骞	材料科学与工程学院
	大直径嵌岩桩承载机理与设计理论及工程应用	江苏省科技进步奖	二	龚维明　戴国亮　张喜刚　程晔　龚成中　周栋梁　宋晖　黄坤全　王红伟　陈隆　杨超	土木工程学院
	干细胞移植治疗急性心肌梗死的机制研究及临床应用	江苏省科技进步奖	二	马根山　沈成兴　姚玉宇　陈忠　刘乃丰　祁春梅　蒋益波　冯毅　黎叶飞	中大医院
	介质成像的数学模型和数值实现	江苏省科技进步奖	三	刘继军　孙志忠　关秀翠　杨明　李铁香　王丽艳　闫亮	数学系
	大流量高压差低噪声煤气调压装置	江苏省科技进步奖	三(合作)	吴建新　张逸芳　倪燕　余新泉　王建新　吴向前　陶小卫	材料科学与工程学院

省部级科学技术奖（二等奖及以下） （续表）

时间	项目名称	获奖名称	等级	主要完成人	院系
2012	钎焊式热交换器用铝合金复合板带箔材	江苏省科技进步奖	三（合作）	张 平 张敏达 涂益友 章建华 张建军 彭晓彤 吴永新 何献忠 骆 骅	材料科学与工程学院
	电、医特殊领域设备用铝合金铸件的关键技术与应用	江苏省科技进步奖	三（合作）	杨金德 潘 冶 孙国雄 陈立新	材料科学与工程学院
	集约型产业区（产业空间）规划方法及其应用	江苏省科技进步奖	三	王兴平 邹 军 崔功豪 陈小卉 管驰明 许 景 朱 凯 涂志华 姜劲松 唐历敏 谢 晖	建筑学院
	儿童孤独症诊断有效性指标的筛选与早期干预	江苏省科技进步奖	三（合作）	柯晓燕 陆祖宏 邹 冰 焦 蕴 程 璐 周振宇 肖 婷 洪珊珊 汤天宇 储康康 张久平	生物科学与医学工程学院
	近红外微创恶性肿瘤靶向热消融术中疗效评估关键技术	江苏省科技进步奖	三（合作）	钱志余 顾月清 许竹君 李韪韬 邢丽冬 周正东 胡光霞 陶 玲 杨天明 邓大伟 谢捷如	中大医院
	糖尿病慢性并发症的分子机制及其防治策略研究	江苏省科技进步奖	三	孙子林 向光大 王少华 何洪林 刘乃丰 金 晖 鞠昌萍 李 玲 魏 琼 刘莉莉 谢 波	中大医院
	小口径生物人工血管的基础研究及临床应用	江苏省科技进步奖	三（合作）	刘长建 刘 昭 周 敏 许 茜 顾忠泽 冉 峰 乔 彤 张 明 商 弢	生物科学与医学工程
2013	DNA微阵列芯片	高等学校科学研究优秀成果奖（科学技术）自然科学奖	二	陆祖宏 肖鹏峰 白云飞 葛芹玉 刘全俊 何农跃	生物科学与医学工程学院
	钙基载体循环煅烧/碳酸化反应捕集CO_2的基础研究	高等学校科学研究优秀成果奖（科学技术）自然科学奖	二	赵长遂 李英杰 陈惠超 段伦博 梁 财 陈晓平 路春美	能源与环境学院
	硅基MEMS可制造性设计关键技术及其应用	高等学校科学研究优秀成果奖（科学技术）技术发明奖	二	黄庆安 周再发 李伟华 徐 波 聂 萌 樊 杨	电子科学与工程学院
	多场因素耦合作用下高耐久长寿命新型纤维混凝土的研发与工程应用	高等学校科学研究优秀成果奖（科学技术）科技进步奖	二	郭丽萍 黄嘉亿 孙 伟 龚彦峰 秦鸿根 孙 斌 曾维德 曹擎宇 黄成俊 肖 全 杨 剑 夏红昌 周长进 刘国平 董 帅	材料科学与工程学院

省部级科学技术奖(二等奖及以下) (续表)

时间	项目名称	获奖名称	等级	主要完成人	院系
2013	选择性脑低温新技术及其对脑缺血组织的神经保护作用	国土资源科学技术奖	二	王庆 潘树国 高成发 喻国荣 韩俊梅 文宁 张春生 宋玉兵 马泽忠 王胜利	仪器科学与工程学院
	大功率Z源/准Z源光伏逆变装置及并网电能质量控制系统关键技术与应用	江苏省科技进步奖	二	郑建勇 梅军 胡生 梅飞 吴隆辉 倪松	电气工程学院
	面向节能减排的典型冶金过程先进控制与优化	江苏省科技进步奖	二	李奇 李世华 杨念亮 钱王平 王志生 陈夕松 薛来文 方仕雄 杨俊	自动化学院
	人工湿地污水处理理论及关键技术研究与应用	江苏省科技进步奖	二	王世和 黄娟 鄢璐 丁成 路宏伟 雒维国 钟秋爽 徐进 明劲松	土木工程学院
	基于纳米簇仿生功能界面的肿瘤相关生物检测与多模态成像方法	江苏省科技进步奖	三	王雪梅 陈宝安 姜晖 燕红	生物科学与医学工程学院
	冠心病遗传学基础与早期风险评估	江苏省科技进步奖	三	陈忠 王连生 谢芳艺 马根山 姚玉宇 严建军 唐建金	中大医院
	三氯蔗糖中间体蔗糖-6-酯脂肪酶选择性催化合成方式的研究	江苏省科技进步奖	二(合作)	吴金山 沈彬 朱国廷 丁振友 叶波 王明亮 余晓红	化学化工学院
	75~110 t/h 国产化生物质直燃锅炉系列产品	江苏省科技进步奖	二(合作)	沈解忠 赵长遂 叶雯 吴新 徐德军 丁虹 陈晓平	能源与环境学院
	专用集成电路驱动的高可靠、长寿命节能灯研发及产业化	江苏省科技进步奖	二(合作)	龚仕宏 沈克强 杨大伟 孙大有 陈荣 龚朴 陈宗烈	电子科学与工程学院
	大规模高铁牵引负荷友好接入电网技术及应用	江苏省科技进步奖	二(合作)	袁晓冬 李群湛 陈兵 李群 徐青山 顾伟 袁宇波	电气工程学院
	稀土超硬高速钢及工具产品的研制及产业化	江苏省科技进步奖	二(合作)	朱旺龙 方峰 周雪峰 徐辉霞 蒋建清 吴建忠 朱儒燕	材料科学与工程学院
	苏州轨道交通一号线工程建设安全控制关键技术研究	江苏省科技进步奖	二(合作)	周明保 刘松玉 王占生 黄宏伟 陆卫 袁大军 童立元	交通学院

省部级科学技术奖（二等奖及以下） （续表）

时间	项目名称	获奖名称	等级	主要完成人	院系
2013	肿瘤放化疗敏感性的基础与临床研究	江苏省科技进步奖	二（合作）	孙新臣　成红艳　陆祖宏　秦叔逵　曹远东　程璐　冯继锋	生物科学与医学工程学院
	近红外微创恶性肿瘤靶向热消融术中疗效评估关键技术	江苏省科技进步奖	三（合作）	许竹君（3）	中大医院
2014	微纳米结构氧化锌的回音壁模紫外激光研究	高等学校科学研究优秀成果奖（科学技术）自然科学奖	二	徐春祥　戴　俊　朱光平　朱刚毅　石增良	生物科学与医学工程学院
	宽带无线通信中的多域多点协同传输理论研究	高等学校科学研究优秀成果奖（科学技术）自然科学奖	二	杨绿溪　黄永明　金　石　李春国　傅友华　刘　陈	信息科学与工程学院
	质量需求驱动的软件演化管理和故障侦探方法	高等学校科学研究优秀成果奖（科学技术）自然科学奖	二	李必信　黄志球　聂长海　梁金能　姜　炜　孙小兵　柯昌博	计算机科学与工程学院
	抗干扰控制基础理论与关键技术研究	高等学校科学研究优秀成果奖（科学技术）自然科学奖	二	李世华　杨　俊　丁世宏　都海波　陈夕松　费树岷　王翔宇	自动化学院
	高速精密机床电主轴关键技术及应用	高等学校科学研究优秀成果奖（科学技术）技术发明奖	二	蒋书运　吴智跃　徐春冬　王　奋　朱凯旋　李全超	机械工程学院
	基于磁性纳米颗粒的生物和医学新技术	高等学校科学研究优秀成果奖（科学技术）科技进步奖	二	何农跃　李智洋　李　松　柴忠心　刘　宾　刘洪娜　邓　燕　曾　新　王志飞　王　炜　李小龙　许利剑　马　超	生物科学与医学工程学院
	历史城区建成环境综合优化的适应性技术及应用	高等学校科学研究优秀成果奖（科学技术）科技进步奖	二	段　进　石　邢　吴　晓　刘博敏　邵润青　张　麒　季　松　翁芳玲　陈晓东　薛　松　朱彦东　刘红杰　何舒炜	建筑学院
	高精度卫星定位地基增强关键技术与系统应用	高等学校科学研究优秀成果奖（科学技术）科技进步奖	二	王　庆　潘树国　高成发　喻国荣　汪登辉　于国良　徐地保　黄　颖　韩俊梅　宋玉兵　陈伟荣　高　旺　杨　祥　程良涛　徐庆松	仪器科学与工程学院

省部级科学技术奖（二等奖及以下） （续表）

时间	项目名称	获奖名称	等级	主要完成人	院系
2014	缆索支承桥梁结构安全评估与维护新技术及应用	高等学校科学研究优秀成果奖（科学技术）技术发明奖	二（合作）	吉伯海 傅中秋 谢发祥 黄跃平 周明华 徐声亮	土木工程学院
	基于异种细胞的新型生物人工肝安全性研究及临床应用	高等学校科学研究优秀成果奖（科学技术）科技进步奖	二（合作）	施晓雷 丁义涛 顾忠泽 赵伟 韩冰 任昊桢 郑以山	生物科学与医学工程学院
	基于资源可控的高速网络测量技术及其产业化应用	江苏省科学技术奖	二	程光 彭艳兵 丁伟 汪洋 吴桦 杨望 吴剑章 王晨 龚俭	计算机科学与工程学院
	功能磁共振新技术的研究及其在脑疾病中的应用	江苏省科学技术奖	二	滕皋军 居胜红 单保慈 焦蕴 张洪英 姚志剑 杨明 刘斌 朱西琪	中大医院
	慢性肾脏病心血管病变基础与临床研究	江苏省科学技术奖	二	马坤岭 刘必成 汤日宁 阮雄中 刘宏 伍敏 吕林莉 高民	中大医院
	他汀类药物中间体绿色合成工艺的开发及产业化	江苏省科学技术奖	二（合作）	吉民 陈峻青 漆志文 尹晓龙 蔡进 石利平 徐春涛	生物科学与医学工程学院
	2.5 MW直驱永磁风电机组研发及产业化	江苏省科学技术奖	二（合作）	陈小海 林鹤云 李小凡 姜桐举 方明 张新刚 李荣富 马武福 宁海峰	电气工程学院
	新型节能导线的研发及产业化	江苏省科学技术奖	二（合作）	叶胜平 蒋建清 鞠霖 杨怀 涂益友 周瑾 徐俊 周文文 邹岸辛	材料科学与工程学院
	提升电力互感器运行状况下测量准确性关键技术研究与应用	江苏省科学技术奖	二（合作）	黄奇峰 杨志新 杨世海 陈铭明 赵双双 周赣 周峰 田志国 徐晴	电气工程学院
	大型智能化非开挖定向钻机关键技术及产业化	江苏省科学技术奖	二（合作）	常仁齐 李根营 吕伟祥 马保松 叶桦 张永华 贾丽 李静 刘强	自动化学院
	区域公路网交通安全管控关键技术及应用	江苏省科学技术奖	二（合作）	赵新勇 姜良维 方艾芬 陆建 李麟俊 李瑞敏 王俊骅 张铿 夏国喜	交通学院
	量子群的构造及其在计算机科学P问题NP问题与量子杨-Baxter方程求解中的应用基础研究	江苏省科学技术奖	三	王栓宏 刘国华	数学系

省部级科学技术奖(二等奖及以下)　　　　　　　　　　(续表)

时间	项目名称	获奖名称	等级	主要完成人	院系
2014	电机系统混沌行为的基础理论研究	江苏省科学技术奖	三	王政　邹国棠　程明	电气工程学院
	第三代核电站高效安全隔离装置关键技术研发和产业化	江苏省科学技术奖	三(合作)	吴建新　张逸芳　余新泉　陆平　沈捷美　王建新　姜燕	材料科学与工程学院
2015	鲁棒人脸视觉特征的提取、建模与识别的理论和方法研究	高等学校科学研究优秀成果奖(科学技术)自然科学奖	二	郑文明　谭晓阳　杨万扣　赵力　夏思宇　余汉成　黄晓华	学习科学研究中心
	新型纳米载药体系研究	高等学校科学研究优秀成果奖(科学技术)自然科学奖	二	何农跃　张智军　张立明　王婷　吕卓璇　杨文静	生物科学与医学工程学院
	基于工业废弃物的土壤固化剂系列研发与工程应用	高等学校科学研究优秀成果奖(科学技术)技术发明奖	二	杜延军　刘松玉　朱志铎　章定文　魏明俐　范日东	交通学院
	核电站牺牲混凝土制备原理与关键技术研究	高等学校科学研究优秀成果奖(科学技术)科技进步奖	二	蒋金洋　金祖权　孙伟　佘伟　李绍纯　于英俊　张巧芬　李政　姜会浩　李杰青　褚洪岩	材料科学与工程学院
	高耐磨及高强韧粉末冶金制品的关键技术与应用	江苏省科学技术奖	二	潘冶　申承秀　陆韬　王春官　吴建全　陈存明　秦清华	材料科学与工程学院
	CRTS II型板式无砟轨道水泥沥青砂浆制备、耐久性与施工技术研究	江苏省科学技术奖	二	孙伟　刘加平　陈惠苏　洪锦祥　朱晓斌　陈香　万赟　蒋金洋　黄冲	材料科学与工程学院
	高纯镓的制备技术及产业化	江苏省科学技术奖	二(合作)	范家骅　方峰　刘文兵　邵起越　郭涛　张长平　金兰英　周雪峰　杨桂芳	材料科学与工程学院
	新型平板显示用高效多功能光学膜材料	江苏省科学技术奖	二(合作)	金闯　杨晓明　周钰明　易延超　卜小海　张庆杰	化学化工学院

省部级科学技术奖(二等奖及以下) （续表）

时间	项目名称	获奖名称	等级	主要完成人	院系
2015	消化道肿瘤早期筛查及个体化治疗的遗传学和表观遗传学研究	江苏省科学技术奖	二（合作）	陈锦飞 王美林 樊 红 德 伟 顾冬英 徐 智 强福林 汤翠菊 吕成余	医学院
	液化天然气深冷成套装备关键技术及其产业化	江苏省科学技术奖	二（合作）	殷劲松 倪中华 鲁金忠 严 岩 马金亮 刘晓军 戴峰泽 胡晨曦 张建红	机械工程学院
	公路改扩建废弃物高效循环利用关键技术与应用	江苏省科学技术奖	二（合作）	马 涛 黄晓明 叶 勤 赵永利 严金海 郑永生 薛 海 顾小安 江瑞龄	交通学院
	组织激肽释放酶缓激肽系统与Akt-eNOS通路在冠心病中的作用及相关机制研究	江苏省科学技术奖	三	姚玉宇 王连生 陈磊磊 马根山 刘乃丰 盛祖龙 傅 聪	中大医院
	"微纤维-节点"膜结构功能滤材的研发与产业化	江苏省科学技术奖	三（合作）	张旭东 张袁健 张之荣 靳向煜 吴海波 陶建平 杜耀凤	化学化工学院
	复杂形态索-杆-梁杂交结构设计与施工关键技术研究与工程应用	江苏省科学技术奖	三（合作）	周 臻 王永泉 陈振明 张 军 戴 捷 陆金钰 董年才	建筑学院
	HBV相关肝癌发病机制及特异分子监测技术研发与应用	江苏省科学技术奖	三（合作）	姚登福 曹广文 王进科 王 理 张津玮 姚 敏 朱建伟	生物科学与工程学院
	面向智慧城市的智能电网综合优化关键技术研究与示范应用	江苏省科学技术奖	三（合作）	沈培锋 陈星莺 陈 楷 朱 红 韦 磊 徐青山 赵 勇	电气工程学院
	全系列模块化高效率光伏并网逆变器关键技术及应用	江苏省科学技术奖	三（合作）	崔佩聚 赵剑锋 张运鑫 王建华 王 涛	电气工程学院
	耐高温阻燃硅-铝-纤维素复合纤维关键技术研发及产业化	江苏省科学技术奖	三（合作）	刘海洋 叶荣明 迟 健 刘松琴 祁争健 邬广松 奚新国	化学化工学院
	肿瘤耐药体内外模型的建立及耐药机制研究	江苏省科学技术奖	三（合作）	许文林 沈慧玲 朱小兰 程 坚 苏兆亮 林 琳 池华茂	中大医院

省部级科学技术奖（二等奖及以下） （续表）

时间	项目名称	获奖名称	等级	主要完成人	院系
2016	多智能体系统分布式协同控制	高等学校科学研究优秀成果奖（科学技术）自然科学奖	二	虞文武 曹进德 温广辉 陈关荣	数学学院
	公交主导型城市综合交通网络协同设计关键技术及其应用	高等学校科学研究优秀成果奖（科学技术）科技进步奖	二	王 炜 任 刚 杨 敏 殷广涛 季彦婕 马 林 陈学武 李文权 胡晓健 王 昊 叶 敏 华雪东 赵 德 王 茜 李海波	交通学院
	基于地文大区和活态遗产的江苏段大运河遗产保护技术创新与应用	高等学校科学研究优秀成果奖（科学技术）科技进步奖	二	陈 薇 朱光亚 李新建 吴 晓 董 卫 阳建强 诸葛净 王建国 刘博敏 白 颖 胡 石 宋剑青 邓 峰 沈 旸	建筑学院
	脉冲耦合网络趋同行为的理论与方法	江苏省科学技术奖	一	卢剑权 曹进德 杨鑫松 宋 强 李露露	数学系
	城市治安防控系统关键技术研究及集成应用	江苏省科学技术奖	二（合作）	蒋 平 汪兆斌 罗军舟 许 勇 赵 琛 杨 明 沈智勇 吴 伟 李晓飞	计算机科学与工程学院
	二维材料-贵金属复合体系的光学性质检测与调控	江苏省科学技术奖	三	倪振华 邱 腾 南海燕 梁 铮 丁 荣	物理系
	基于无线专网全寿命周期的智能配用电测控保护计量集成系统关键技术与应用	江苏省科学技术奖	三	郑建勇 闫书芳 梅 飞 陈文藻 梅 军 裴文江 王 开	电气工程学院
	轨道交通收费系统网络化运营关键技术	江苏省科学技术奖	三（合作）	郭 庆 张 宁 夏德传	交通学院
	复杂系统辨识、同步控制及其应用	江苏省科学技术奖	三（合作）	蒋国平 丁 洁 肖 敏 樊春霞 林金星 徐丰羽 王正新	自动化学院
	绿色轮胎用超高强度钢帘线关键技术研究及产业化	江苏省科学技术奖	三（合作）	刘锦兰 刘 祥 苗为钢 胡自明 何广仁 徐方流 张正裕	材料科学与工程学院
	大型管道穿越关键技术研究及装备应用	江苏省科学技术奖	三（合作）	孔庆华 陈以田 马保松 吕伟祥 叶 桦 李根营 张永华	自动化学院
	SMC-5000智能化电液控制滑模摊铺机的研发及应用	江苏省科学技术奖	三（合作）	赵国普 徐宝国 龚国芳 宋爱国 何慧国 曾 洪 卢 伟	仪器科学与工程学院

省部级科学技术奖(二等奖及以下) (续表)

时间	项目名称	获奖名称	等级	主要完成人	院系
2016	微纳尺度生物医学材料可控制备及生物医学应用研究	湖南省自然科学奖	二(合作)	何农跃 邓燕 吕卓璇 张立明 李松 刘洪娜	生物科学与医学工程学院
	量子相干介质中的相干操控及其在量子信息处理中的应用	江西省科学技术奖	三(合作)	陈爱喜 杨文星 张建松	物理系
2017	基于神经驱控的呼吸衰竭优化呼吸治疗体系的建立	高等学校科学研究优秀成果奖(科学技术)自然科学奖	一	邱海波 杨毅 刘玲 郭凤梅 刘松桥 黄英姿	中大医院
	钾基固体吸收剂捕集燃煤烟气CO_2特性及机理	高等学校科学研究优秀成果奖(科学技术)自然科学奖	一	陈晓平 赵传文 吴烨 董伟 赵长遂	能源与环境学院
	偏微分方程反问题数值解及应用	高等学校科学研究优秀成果奖(科学技术)自然科学奖	一	刘继军 王海兵 王丽艳 杨明	数学学院
	惯性多源高精度组合导航定位与测量关键技术	高等学校科学研究优秀成果奖(科学技术)技术发明奖	一	陈熙源 程向红 杨波 祝雪芬 揭建英 周祥东	仪器科学与工程学院
	超大吨位转体施工桥梁建造关键技术创新与应用	高等学校科学研究优秀成果奖(科学技术)科技进步奖	二	王景全 张文学 蔡建国 薛红云 钱桂枫 梅大鹏 王新国 谢晓慧 秦宝来 姜新华 程飞 刘俊 邹向农 冯宇 戚家南	土木工程学院
	大尺度城市设计关键技术方法及其应用	高等学校科学研究优秀成果奖(科学技术)科技进步奖	二	王建国 韩冬青 杨俊宴 高源 阳建强 王晓俊 陈薇 张愚 董卫 陈宇 徐小东 王兴平 谭瑛 沈旸 蔡凯臻 顾震弘 朱彦东 陶岸君 孙世界 朱渊 胡明星 徐宁 刘华 史宜 李京津 戎卿文 宋亚程	建筑学院

省部级科学技术奖（二等奖及以下） （续表）

时间	项目名称	获奖名称	等级	主要完成人	院系
2017	半干法-湿法耦合型垃圾焚烧尾气污染物超低排放技术创新及应用	高等学校科学研究优秀成果奖（科学技术）科技进步奖	二	仲兆平 杨建平 宋 昕 张 波 宋 敏 黄亚继 邹国良 陈晓波 蒋洪元 周南兴 朱 林 毕金波 梁高丰 吴 俊 张新照	能源与环境学院
	多GNSS深度融合高精度定位关键技术及应用	高等学校科学研究优秀成果奖（科学技术）科技进步奖	二	潘树国 王 庆 高成发 高 旺 喻国荣 尹昊华 汪登辉 于先文 陈春花 唐超华 尚 睿 赵 庆 李芦伟 丁艺伟 赵鹏飞	仪器科学与工程学院 交通学院
	高频无线通信系统及关键器件技术研究	高等学校科学研究优秀成果奖（科学技术）自然科学奖	二（合作）	文岐业 陈 智 程钰间 班永灵 文天龙	信息科学与工程学院
	软土地区复杂桩基工程分析理论与性能提升关键技术	高等学校科学研究优秀成果奖（科学技术）科技进步奖	二（合作）	梁发云 戴国亮 赵 程 张永涛 李镜培 褚 峰 龚维明 杨炎华 姜海西 赵学亮 宋 著 张 浩 陈海兵 王 琛 钟桂辉	土木工程学院
	疾病相关氧化应激状态原位示踪新技术及其应用	江苏省科学技术奖	二	王雪梅 尹立红 姜 晖 张海军 张 娟 浦跃朴	生物科学与医学工程学院 公共卫生学院
	基于视觉感知的高速公路行车安全监测预警与执法关键技术及应用	江苏省科学技术奖	二	路小波 黄 卫 姜良维 胡长晖 曾维理 姜胜芹 马 庆 郑 煜 朱 周	自动化学院
	经脐单孔腹腔镜手术专用器械研制及相关应用研究	江苏省科学技术奖	三	王 栋 嵇振岭 吴 巍 王晶敏 潘 峥 谭宇彦 甘欣悦	中大医院 公共卫生学院
	燃煤超低排放与湿烟气微细颗粒物控制技术及产业化	江苏省科学技术奖	二（合作）	朱法华 金保昇 武 俊 杨林军 薛建明 仲兆平 许月阳 雍建强 汤光华	能源与环境学院
	百吨级电传动自卸车核心技术及产业化	江苏省科学技术奖	二等奖（合作）	孟庆勇 张杰山 张建润 谢和平 孙蓓蓓 戈 超 宁 冉 张 亮 卢 熹	机械工程学院
	高效、高可靠性模块化智能集成储能系统关键技术及应用	江苏省科学技术奖	二（合作）	张之梁 蒋 玮 严学庆 袁朝勇 王殿龙 吴 争 任小永 何 菲 赵荣兴	电气工程学院

省部级科学技术奖(二等奖及以下) (续表)

时间	项目名称	获奖名称	等级	主要完成人	院系
2017	半导体照明用稀土荧光粉关键共性技术研究及产业化	江苏省科学技术奖	二(合作)	何锦华 梁 超 董 岩 符义兵 邵起越 刘 凯 滕晓明 吴 斌 徐俊峰	材料科学与工程学院
	全数字化快速土地调查执法技术及应用	江苏省科学技术奖	三	王 庆 张小国 王慧青 顾和和 朱凤武 汪云甲 徐地保	仪器科学与工程学院
	南京南站综合枢纽道路工程绿色建设关键技术及示范应用	江苏省科学技术奖	三	黄晓明 高 英 马 涛 姜培源 李志斌 姚 凯 薛 海	交通学院
	基于MIMO技术的新一代移动通信天线研发与产业化	江苏省科学技术奖	三(合作)	刘中华 华 光 洪 伟 鞫振起 钱 鑫 张 隆 钱 军	信息科学与工程学院
	基于物联网的城市智能交通系统关键技术研发与集成应用	江苏省科学技术奖	三(合作)	梁 彪 朱 翔 郭建华 钱林波 付万超 邹 涛 陈 黎	交通学院
	全自动高通量荧光免疫定量分析仪及配套试剂	江苏省科学技术奖	三(合作)	苏恩本 顾忠泽 何农跃 宰云峰 黄 力 王路海 颜 彬	生物科学与医学工程学院
	三氯蔗糖高效清洁生产成套技术的研发与产业化	江苏省科学技术奖	三(合作)	朱国廷 沈 彬 郑辉东 倪晓春 孙同云 罗 涛 陈宜武	化学化工学院
	基于物联网技术的能源计量与监管设备及系统的研发和产业化	江苏省科学技术奖	三(合作)	秦冬雷 田 备 吴 滨 张 新 王 强 周 赣 董 政	电气工程学院
	风电用Φ600 mm以上超大直径特殊钢连铸圆坯的技术开发及产业化	江苏省科学技术奖	三(合作)	钱 刚 许晓红 涂益友 白 云 刘 谦 张剑锋 夏冬冬	材料科学与工程学院
	原油在线调合关键技术研究及应用	江苏省科学技术奖	三(合作)	朱 雨 陈夕松 亚宏宇 梅 彬 费树岷 刘 轶 胡 隼	自动化学院
	复杂环境下地铁盾构区间建造技术及其风险管控	江苏省科学技术奖	三(合作)	杨树才 胡伍生 田开洋 尹志清 储征伟 王寿强 高海翔	交通学院
	智慧交通载具服务系统关键技术研发与产业化	江苏省科学技术奖	三(合作)	丁 飞 张登银 童 恩 王 堃 潘志文 封栋梁 刘 楠	信息科学与工程学院

省部级科学技术奖(二等奖及以下)　　　　　　　　　　　　(续表)

时间	项目名称	获奖名称	等级	主要完成人	院系
2017	一种基于PCR-化学发光的HBV/HCV/HIV基因并行诊断新型血液筛查方法	江苏省科学技术奖	三(合作)	梁文飚　李智洋　李爽　孙俊　杨淏文　张若洋　李军	材料科学与工程学院
2017	火灾下桥梁灾变机理安全评价与加固技术及其工程应用	陕西省科技进步奖	二(合作)	贺栓海　张岗　黄侨　刘永健　王凌波　侯炜　姚伟发　赵煜　宋一凡	交通学院
2017	基于正交矩与偏微分方程的图像重建与处理方法研究	山西省自然科学奖	二(合作)	桂志国　舒华忠　朱宏擎　刘祎	计算机科学与工程学院
2018	较弱非退化条件的KAM定理与两类椭圆型方程正解的存在性和集中性	高等学校科学研究优秀成果奖(科学技术)自然科学奖	二	徐君祥　王俊　张福保　吴昊　张东峰	数学学院
2018	循环流化床富氧燃烧基础研究	高等学校科学研究优秀成果奖(科学技术)自然科学奖	二	段伦博　陈晓平　刘道银　赵长遂　卜昌盛　周骛　李庆钊	能源与环境学院
2018	大规模天线阵列系统无线传输技术及应用	高等学校科学研究优秀成果奖(科学技术)技术发明奖	二	黄永明　鲁照华　何世文　杨绿溪　戚晨皓　朱伏生	信息科学与工程学院
2018	新型直驱式波浪发电系统	高等学校科学研究优秀成果奖(科学技术)技术发明奖	二	胡敏强　余海涛　黄磊	电气工程学院
2018	海洋混凝土结构用长寿命高强耐蚀钢筋制备与应用关键技术	高等学校科学研究优秀成果奖(科学技术)科技进步奖	二	蒋金洋　麻晗　刘加平　孙伟　金祖权　宋丹　施锦杰　王凤娟　张建春　艾志勇　褚洪岩　郑琦　李阳　赵家七　左龙飞	材料科学与工程学院
2018	肝癌的可视化诊治	高等学校科学研究优秀成果奖(科学技术)科技进步奖	二	张业伟　董晓臣　邵进军　张婷	中大医院
2018	新型功能化沥青路面关键技术及工程应用	高等学校科学研究优秀成果奖(科学技术)科技进步奖	二(合作)	许涛　黄晓明　陈俊　侯曙光　廖公云　吴建涛　李国芬　李志栋　马翔　陈景雅　王宏畅　张东　袁峻	交通学院

省部级科学技术奖(二等奖及以下) (续表)

时间	项目名称	获奖名称	等级	主要完成人	院系
2018	车辆瞬态操纵稳定性智能底盘控制理论、方法及应用	江苏省科学技术奖	二	殷国栋 王金湘 皮大伟 倪绍勇 钟国华 沙文瀚 陈 南 张丙军 刘 琳	机械工程学院
	高可靠性MEMS压力传感器设计与制造关键技术及应用	江苏省科学技术奖	二	黄庆安 周再发 聂 萌 李维平 黄见秋 黄 标 刘海韵 李伟华 唐洁影 王 磊	电子科学与工程学院
	智能电网终端通信接入网关键技术及产业化应用	江苏省科学技术奖	二(合作)	韦 磊 郭经红 黄永明 高昇宇 郭少勇 刘 锐 朱 红 姚继明 李 维 张 源 李文璟	信息科学与工程学院
	基于雾霾监测预报的大范围电网防污闪关键技术及应用	江苏省科学技术奖	二(合作)	周志成 章炎麟 高 嵩 王黎明 王铭民 赵天良 方 江 毕晓甜 黄亚继 张 星 刘 闯	能源与环境学院
	高性能工业机器人交流伺服系统关键技术研发	江苏省科学技术奖	二(合作)	吴 波 李世华 杨 俊 齐丹丹 姚 琪 杨凯峰	自动化学院
	高性能智能微电网系统集成关键技术及计测控装备研发与应用	江苏省科学技术奖	三	郑建勇 闫书芳 梅 飞 陈文藻 张宸宇 史明明 梅 军	电气工程学院
	光通信网智能保护与连接装备	江苏省科学技术奖	三(合作)	王立军 任献忠 石新根 朱 敏 樊鹤红 王静嫒 吴锦辉 石俊伟 王乃峰 陆文艳 王绪章	信息科学与工程学院 电子科学与工程学院
	货运集配电子商务系统关键技术研究及集成应用	江苏省科学技术奖	三(合作)	施文进 宋余庆 刘 哲 郁培昌 朱 轶 刘 毅 倪巍伟 施 俊	计算机科学与工程学院
	基于标准化染色的细胞病理学智能诊断整体解决方案及其应用	江苏省科学技术奖	三(合作)	姚 斌 张智弘 印永祥 左露露 杨冠羽 王 征	计算机科学与工程学院 网络空间安全学院
	万吨级聚氨酯泡沫用有机硅匀泡剂关键技术开发及产业化	江苏省科学技术奖	三(合作)	孙 宇 李丰富 唐雄峰 祁争健 陈 青 尹迎阳 俞伟民 许晓辰 李树贵 洪满心 孙添源	化学化工学院
	煤制油(气)苛刻工况成套特种阀门关键技术研发及产业化	江苏省科学技术奖	三(合作)	吴建新 张清双 王建新 余新泉 陈 林 张立宏 郁正涛	材料科学与工程学院

省部级科学技术奖(二等奖及以下) （续表）

时间	项目名称	获奖名称	等级	主要完成人	院系
2018	电站检修平台关键技术研发及应用	江苏省科学技术奖	三（合作）	郭余庆 王军 杨可 张伟刚 许飞云 许尧 王读根 施吉祥 王家文 胡建中 孙曙光	机械工程学院
	智能化高效防爆除尘装备关键技术创新与工程应用	江苏省科学技术奖	三（合作）	范兰 仲兆平 万加兵 王加东 高文超 陈立萍 王雅倩 章亚振 杜浩然	能源与环境学院
	现代城市综合体复杂钢结构设计建造关键技术研究与应用	江苏省科学技术奖	三（合作）	张谨 李国建 舒赣平 毛小勇 宫长义 谈丽华 周观根 王国佐 徐纲 杨律磊 李宗京	土木工程学院
	无创产前筛查和诊断技术体系的研发及应用	江苏省科学技术奖	三（合作）	黄欢 邹秉杰 张国英 肖鹏峰 周国华 卢守莲 叶卉 姜海风	生物科学与医学工程学院
	全装配式RC楼盖平面内受力性能与结构抗震设计方法	河南省科学技术进步奖	二（合作）	庞瑞 梁书亭 许清风 朱筱俊 倪红梅 陈桂香 王丽霖 武川川 程健 刘瑞	土木工程学院
	重载作用下沥青路面结构损伤精确诊断与耐久保持关键技术	山东省科技进步奖	二（合作）	黄晓明 韦金城 徐全亮 孟书涛 余四新 马涛 马士杰 韩文扬 孙强	交通学院
	高性能水泥基功能材料修复桥梁关键技术及工程示范应用	辽宁省科技进步奖	三（合作）	陈宇新 胡伟 王文炜 范颖芳 杨奇	交通学院
2019	突触粘附分子调控学习记忆和睡眠等脑的高级活动的机制研究	高等学校科学研究优秀成果奖（科学技术）自然科学奖	二	谢维 韩俊海 孙明宽 夏昆 田垚 刘安 周子凯 李涛 胡正茂 甘光明 吕卉卉 李毅	生命科学与技术学院
	低压非隔离逆变器及其并网应用关键技术	高等学校科学研究优秀成果奖（科学技术）技术发明奖	二	肖华锋 黄敏 过亮 朱卫平 王政 王伟	电气工程学院
	工程结构增强用高性能连续纤维复合材料制备及应用关键技术	高等学校科学研究优秀成果奖（科学技术）技术发明奖	二	吴智深 汪昕 咸贵军 冯鹏 沈锋 程正珲	土木工程学院

省部级科学技术奖(二等奖及以下)　　　　　　　　(续表)

时间	项目名称	获奖名称	等级	主要完成人	院系
2019	电动汽车无线充电关键技术及示范应用	高等学校科学研究优秀成果奖(科学技术)技术发明奖	二	黄学良　谭林林　刘　瀚　陈　中　王　维　闻　枫	电气工程学院
	高延性水泥基复合材料优化设计及工程结构性能提升关键技术与应用	高等学校科学研究优秀成果奖(科学技术)科技进步奖	二	潘金龙　郭丽萍　张永兴　梁坚凝　姜国庆　陈　波　邓忠华　尹万云　潘　勇　鲁　聪　庞超明	土木工程学院　材料科学与工程学院
	耦合网络的动态特性分析与控制	江苏省科学技术奖	二	梁金玲　聂小兵　胡建强	数学学院
	高精度捷联惯性测量关键技术及应用	江苏省科学技术奖	二	陈熙源　徐晓苏　周祥东　张　涛　祝雪芬　李　瑶　吴　峻　汤新华　姚逸卿	仪器科学与工程学院
	高效低污染污泥自持焚烧技术及应用	江苏省科学技术奖	二	葛仕福　陈晓平　杨叙军　朱士圣　王昕晔　杨林军　徐天平　刘道银	能源与环境学院
	沥青路面高品质养护关键技术研发与工程应用	江苏省科学技术奖	二	马　涛　陈李峰　黄晓明　关永胜　张久鹏　陆海珠　姚　宇　刘　强　金光来	交通学院
	移动互联环境下城市道路交通智能主动管控关键技术及应用	江苏省科学技术奖	二	夏井新　陆振波　王　晨　刘志远　魏　运　张韦华　潘成华　安成川　吕伟韬	交通学院
	代谢性疾病影像新技术和新方法的研发与应用	江苏省科学技术奖	二	居胜红　滕皋军　王远成　常　婗　柏盈盈　彭新桂　柳东芳　崔　莹　汤天宇	中大医院
	恶性肿瘤等重大疾病跨尺度精准成像和高灵敏快速筛查新技术	江苏省科学技术奖	三	王雪梅　尹立红　姜　晖　张海军　刘重阳	生物科学与医学工程学院
	高性能组合结构桥梁设计理论与应用关键技术研究	江苏省科学技术奖	三	万　水　黄　侨　王文炜　彭元诚　杨　明　任　远　宋晓东	交通学院
	随机交通系统的条件异方差性理论与方法	江苏省科学技术奖	三	郭建华　史国刚　黄　卫	交通学院
	抑郁症的发病机制及疗效预测标记研究	江苏省科学技术奖	三	袁勇贵　张志珺　徐　治　李晓莉　王　赞　吴　迪　岳莹莹	中大医院
	大功率直驱永磁系列海上风电机组关键技术研究及应用	江苏省科学技术奖	二(合作)	翟恩地　秦世耀　张新刚　宁巧珍　李会勋　李少林　林鹤云　王　允　王东亚	电气工程学院

省部级科学技术奖（二等奖及以下） （续表）

时间	项目名称	获奖名称	等级	主要完成人	院系
2019	智能配电网终端自组网与协同控制关键技术及规模化应用	江苏省科学技术奖	二（合作）	沈培锋 蔡月明 王勇 翁嘉明 嵇文路 梅军 张明 高媛 朱红	电气工程学院
	自主可控的民航自动相关监视装备及系统关键技术及应用	江苏省科学技术奖	二（合作）	严勇杰 汤新民 王寿峰 周禄华 陆建 杨恺 毛亿 田文 席玉华	交通学院
	危重症个体化营养支持治疗的基础研究与临床应用	江苏省科学技术奖	二（合作）	王新颖 章黎 高学金 黄迎春 陆军 武超 张峰 潘莉雅 黎介寿	中大医院
	高可靠性电子式互感器关键技术与应用	江苏省科学技术奖	二（合作）	卢树峰 徐敏锐 李志新 嵇建飞 聂琪 陈刚 袁亮 周赣 卜强生	电气工程学院
	复杂水下环境勘查集群仿生机器人关键技术及应用	江苏省科学技术奖	二（合作）	陈巍 刘锡祥 熊明磊 李佩娟 郭铁铮 吴梦陵 李宁 夏细明 温秀平	仪器科学与工程学院
	新一代自旋电子材料微结构调控及信息器件应用基础	江苏省科学技术奖	三（合作）	徐永兵 王学锋 王枫秋 刘文卿 何亮 翟亚 杜军	物理学院
	基于多相流仿真及仿生技术的吸入给药平台的开发与应用	江苏省科学技术奖	三（合作）	李昌辉 佟振博 余艾冰 王善春 张喜全 顾红梅 董平	能源与环境学院
	火电行业节能环保智慧监管体系关键技术及应用	江苏省科学技术奖	三（合作）	孙栓柱 周春蕾 李益国 张红光 孙和泰 黄治军 赵彤	能源与环境学院
	输变电工程杆塔与接地系统的防腐关键技术与应用	江苏省科学技术奖	三（合作）	王庭华 汪昕 吴智深 孙建龙 王球 张澄 张东	土木工程学院
	高品质抗湿硫化氢腐蚀管线钢厚板关键技术创新与产业化	江苏省科学技术奖	三（合作）	孙宪进 苗丕峰 蒋昌林 刘清友 涂益友 林涛 李经涛	材料科学与工程学院
	高性能环境友好型聚氨酯功能材料的研制及产业化	江苏省科学技术奖	三（合作）	江平 吕华波 周钰明 卜小海 戴淄岳 王质伟 陈小卫	化学化工学院
	高质量复杂铝合金构件精密压铸关键技术与应用	江苏省科学技术奖	三（合作）	王俊 潘冶 赵海东 高军民 陆韬 李史华	材料科学与工程学院

省部级科学技术奖（二等奖及以下） （续表）

时间	项目名称	获奖名称	等级	主要完成人	院系
2019	海洋工程用大尺寸超级双相不锈钢无缝管研发及产业化	江苏省科学技术奖	三（合作）	朱秋华 周雪峰 周志斌 陈泽民 陈 亮 程 健 钱 超	材料科学与工程学院
	面向智能终端产品的线性驱动系统关键技术研发及产业化	江苏省科学技术奖	三（合作）	姚步堂 余海涛 周伟强 庄文许 朱更兴 陈垚为 虞文武	电气工程学院
	全地形重载铰接式自卸车关键技术研究及产业化	江苏省科学技术奖	三（合作）	张 宏 张建润 张杰山 秦红义 卢 熹 谢和平 乔奎普	机械工程学院
	玻璃窑烟气多污染物深度治理及余热利用耦合技术及应用	江苏省科学技术奖	三（合作）	张志刚 宋 敏 王 彬 何义斌 李金虎 苍利民 郑美玲	能源与环境学院
	城市轨道交通网络化运营安全风险防控与应急成套技术及应用	江苏省科学技术奖	三（合作）	张建平 任 刚 赵振江 袁春强 张 宁 谷寒青 薛 辉	交通学院
	面向关键需求的智能化食品安全快速检测平台的研发与应用	江苏省科学技术奖	三（合作）	张 驰 薛 峰 吕海芹 周骏贵 肖有玉 周 帆	医学院
	大跨径波形钢腹板预应力混凝土部分斜拉桥成套技术	河南省科技进步奖	二（合作）	田俊良 万 水 刘文娟 李遂生 惠 涛 常灿华 陈 萍 张 瑞 张建勋 胡 锋 鲍 茜 董学清 郭英杰 郭理学 苗战涛	交通学院
	适用于电动汽车的电机驱动系统设计与振动控制策略	河南省科技进步奖	二（合作）	黄全振 黄明明 张 洋 阳 辉 方建印 王 柳 王 超 王 斌 刘 凯	电气工程学院
2020	微网群分布式变拓扑协同控制理论与方法	高等学校科学研究优秀成果奖（科学技术）自然科学奖	二	顾 伟 楼冠男 温广辉 柳 伟	电气工程学院
	二维光电材料的等离子体表面改性	高等学校科学研究优秀成果奖（科学技术）自然科学奖	二	倪振华 肖少庆 金传洪 南海燕 吴章婷 王文辉 顾晓峰	物理学院
	几类非线性抛物型方程(组)的定性研究	高等学校科学研究优秀成果奖（科学技术）自然科学奖	二	李玉祥 刘其林	数学学院

省部级科学技术奖（二等奖及以下） （续表）

时间	项目名称	获奖名称	等级	主要完成人	院系
2020	心身疾病的规范化诊治和发病机制研究	高等学校科学研究优秀成果奖（科学技术）科技进步奖	一	袁勇贵 岳莹莹 张钰群 李玲 王桥 刘瑞 赵福英 梁金凤 支朦朦 李磊	中大医院
	道路基础设施沥青铺装抗滑保持与行车安全提升关键技术及装备	高等学校科学研究优秀成果奖（科学技术）技术发明奖	一	马涛 周兴林 黄晓明 张志祥 岳学军 曹民	交通学院
	微织构刀具的设计制备及其切削性能研究	高等学校科学研究优秀成果奖（科学技术）自然科学奖	二（合作）	吴泽(2) 邢佑强(4)	机械工程学院
	高维情感特征的鲁棒子空间表示理论与方法	江苏省科学技术奖	二	郑文明 王海贤 周晓彦 金赟 黄程韦 赵力	生物科学与医学工程学院
	生物材料与细胞和蛋白质相互作用分子机制的多层次生物组学研究	江苏省科学技术奖	二	吕晓迎 黄炎 杨达云 马靖武 奚廷斐	生物科学与医学工程学院
	能源变革下的多元城市电网自动巡航与超前控制关键技术及工程应用	江苏省科学技术奖	二	黄学良 张志昌 陈中 戴则梅 庄卫金 闪鑫 赵奇 高山 丁宏恩	电气工程学院
	复杂曲面大跨空间结构形态构建与节点设计关键技术研究与工程应用	江苏省科学技术奖	二	冯若强 李庆祥 靳慧 叶继红 闫桂荣 刘曙	土木工程学院
	农村生活污水生物生态组合工艺、关键单元技术及其应用	江苏省科学技术奖	二	吕锡武 李先宁 朱光灿 吴磊 宋海亮 吴义锋 杨子萱 王国芳 余冉	能源与环境学院
	糖尿病自我管理教育/支持体系的建立、应用和推广	江苏省科学技术奖	二	孙子林 郭晓蕙 邱山虎 谢波 刘莉莉 鞠昌萍 高玲玲 金晖 韩晶	中大医院
	过饱和流量"云-端-控"智慧高速关键技术与应用	江苏省科学技术奖	二（合作）	顾德军 冉斌 张志祥 孙悉斌 谭华春 卢恩 刘强 丁璠 杨阳	交通学院
	高效环保智能化双层就地热再生装备的关键技术研发与工程应用	江苏省科学技术奖	二（合作）	吴骏 徐剑 罗天洪 张垚 李明亮 袁勇 卢宁 吴哲 廖公云	交通学院

省部级科学技术奖(二等奖及以下) （续表）

时间	项目名称	获奖名称	等级	主要完成人	院系
2020	支撑大电网高效运行的开放式自动需求响应关键技术及工程应用	江苏省科学技术奖	二（合作）	高赐威 黄奇峰 杨斌 杨世海 易永仙 郑海雁 陈霄 陈宋宋 崔高颖	电气工程学院
	基于脑磁源性影像的抑郁症评估分析技术及其应用	江苏省科学技术奖	二（合作）	姚志剑 卢青 史家波 秦姣龙 阎锐 刘海燕 汤浩 毕昆 张思启	生物科学与医学工程学院
	多重社会网络情境中的多智能体任务分配与协作模型	江苏省科学技术奖	三	蒋嶷川 蒋玖川 周一峰 王万元 卜湛	计算机科学与工程学院
	海工船舶/车辆再电气化高效能量转换、功率管理及其工业互联	江苏省科学技术奖	三	赵剑锋 王建华 潘小刚 季振东 姚更生 夏建中 赵志宏	电气工程学院
	公路沥青路面服役性能高效提升关键技术与工程应用	江苏省科学技术奖	三	赵永利 高英 曹荣吉 徐衍亮 刘云波 符适 石颖	交通学院
	炎症性单核细胞对心肌梗死后心肌重塑的影响及机制	江苏省科学技术奖	三	陆文彬 马根山 盛祖龙 李拥军 陈立娟 姚玉宇	中大医院
	高效多模式新能源汽车动力传动系统关键技术及应用	江苏省科学技术奖	三（合作）	王良模 庄伟超 夏汉关 邹小俊 陈友飞 王陶 宋伟	机械工程学院
	含多元微负荷的城市配电网柔性调控关键技术及其应用	江苏省科学技术奖	三（合作）	杨胜春 张明 王蓓蓓 吴宝财 朱庆 孙国强 嵇文路	电气工程学院
	可再生能源高渗透率电网无功资源优化及高效应用技术	江苏省科学技术奖	三（合作）	李虎成 黄强 陈俊 袁宇波 卜强生 徐青山 徐晓春	电气工程学院
	乘用车智能化柔性涂装生产线	江苏省科学技术奖	三（合作）	季松林 戚晨皓 赵德安 蒋小平 陈伟 李发忠 吴长龙	信息科学与工程学院
	高性能耐高温烟气过滤材料热压贴合关键技术与装备研发	江苏省科学技术奖	三（合作）	陆顺杰 费树岷 周海 陈立云 徐晓明 陆顺勇 王忠	自动化学院
	基于智能参数整定的自主可控运动控制系统关键技术及产业应用	江苏省科学技术奖	三（合作）	韩彬 李世华 奚志林 孙振兴 徐磊 石洪 邱静	自动化学院

省部级科学技术奖（二等奖及以下） （续表）

时间	项目名称	获奖名称	等级	主要完成人	院系
2020	高速公路交通行为空地协同智能监控关键技术及产业化	江苏省科学技术奖	三（合作）	姜良维 路小波 周迪 吴仁良 王敏 张森 卢利强	自动化学院
	京杭运河智能协同高效通航关键技术研究及应用	江苏省科学技术奖	三（合作）	周进 金坚良 刘轰 王迅 廖鹏 刘军 陈先桥	交通学院
	低剂量高性能口腔颌面锥形束CT成像关键技术及应用	江苏省科学技术奖	三（合作）	严斌 胡轶宁 张光东 谢理哲 吴大明 李劲生 孙志达	网络空间安全学院
	多模态心理评估技术及生物学标记在儿童行为评价中的应用	江苏省科学技术奖	三（合作）	柯晓燕 邓慧华 李赟 肖湘 储康康 吴建盛 张明浩	生物科学与医学工程学院
	感音神经性耳聋的基础与临床研究	江苏省科学技术奖	三（合作）	高下 柴人杰 钱晓云 陆玲 陈杰 朱光洁 杨烨	生命科学与技术学院
		江苏省国际科学技术合作奖		彼得·路德(Peter D Lund)	能源与环境学院
	城市商业建筑虚拟电厂系统关键技术及示范引用	上海市科技进步奖	二（合作）	高赐威 杨建林 乔卫东 陈宋宋 孙国强 郭明星 张皓 蒋传文 宋杰 余涛	电气工程学院
	复杂环境下非线性脉冲系统的稳定性与控制	山东省自然科学奖	二（合作）	李晓迪 宋士吉 曹进德 丁艳辉	数学学院
	新型钢混组合结构桥梁建造关键技术与产业化应用	河北省科技进步奖	二（合作）	何勇海 万水 朱冀军 闫涛 马骍 赵文忠 李志聪	交通学院
	多智能体系统高精度协调控制理论及其应用	安徽省科学技术奖	二（合作）	都海波 温广辉	数学学院
	复杂环境-荷载作用下滨海软土地基灾害防控技术及应用	浙江省科技进步奖	二（合作）	邓永锋(4) 李仁民(7)	交通学院
	变电设备物联数字化赋能关键技术及工程实践	浙江省科技进步奖	三（合作）	黄杰(7)	网络空间安全学院

省部级科学技术奖(二等奖及以下) (续表)

时间	项目名称	获奖名称	等级	主要完成人	院系
2021	复杂信道环境下工业互联网资源优化与安全	江苏省科学技术奖	二	曹向辉 张恒 陈积明 徐伟强 傅凌焜	自动化学院
	长距离大容量光电混合集成智能光纤传输技术及其应用	江苏省科学技术奖	二	迟荣华 孙小菡 李现勤 桂桑 蒋卫锋 胡涛平 王雷 李略 陈金龙	电子科学与工程学院
	多孔介质相变传热传质耦合机理及其强化技术	江苏省科学技术奖	二	陈振乾 施娟 昊东彦 许波 马强	能源与环境学院
	道路运输车辆主动安全预警与位置服务关键技术及应用	江苏省科学技术奖	二	李旭 周炜 徐启敏 宋翔 黄金 董轩 李文亮 胡佳妮 郭阶添	仪器科学与工程学院
	汽车发动机用高可靠大功率电源模块关键技术及应用	江苏省科学技术奖	二(合作)	付红玲 钱钦松 梁超 白楠 黄永 田茂会 程腾飞 张明明 张杰	电子科学与工程学院
	先进智能功率全集成工艺关键技术与应用	江苏省科学技术奖	二(合作)	林峰 李春旭 吴汪然 陈淑娴 魏家行 金宏峰 金华俊 刘新新 马春霞	电子科学与工程学院
	区域分布式能源柔性互联运行控制关键技术及应用	江苏省科学技术奖	二(合作)	陶以彬 赫卫国 张亮 梅军 余豪杰 栗峰 冯鑫振 秦昊 刘芳	电气工程学院
	轨道交通车辆走行系统核心零部件关键铸造技术研发及产业化	江苏省科学技术奖	二(合作)	杨志刚 肖恭林 穆彦青 董寅生 邓晗 潘连明 董鹏 骆敏 顾翔杰	材料科学与工程学院
	船舶动力装备全系化工艺设计关键技术及应用	江苏省科学技术奖	二(合作)	景旭文 周宏根 刘晓军 刘金锋 张胜文 沈建华 曹利平 田桂中 李国超	机械工程学院
	面向精密钣金加工的绿色智能化成套装备关键技术研发及产业化	江苏省科学技术奖	二(合作)	冷志斌 倪中华 王金荣 徐晓彬 幸研 龚俊杰 黎兴宝 仇晓黎 朱鹏程	机械工程学院
	北斗智能终端关键技术开发与应用	江苏省科学技术奖	三	曹振新 陈鹏 王宗新 全鑫 张春华 夏继钢 汤湘伟	信息科学与工程学院
	基于特征编码的优质断层成像及其在国产医疗影像设备中的应用	江苏省科学技术奖	三	陈阳 张意 刘且根 叶宏伟 罗立民 陈虎 李璟	计算机科学与工程学院

省部级科学技术奖（二等奖及以下） （续表）

时间	项目名称	获奖名称	等级	主要完成人	院系
2021	动力电池用铝板带箔材的关键技术研发与产业化	江苏省科学技术奖	三	涂益友 蒋建清 张 平 张全成 袁 婷 张敏达 章建华	材料科学与工程学院
	基于MAX相新型无Cd电触头材料的关键制备技术及应用	江苏省科学技术奖	三	孙正明 章 炜 丁健翔 田无边 顾振国 盘志雄 周凤春	材料科学与工程学院
	数据驱动的高速公路智能养护平台建设及绿色长效养护技术研发	江苏省科学技术奖	三	倪富健 顾兴宇 于 斌 周 岚 董 侨 吴赞平 吴春颖	交通学院
	城市轨道交通车地宽带通信系统研究及产业化	江苏省科学技术奖	三（合作）	顾晓峻 裴顺鑫 赵新胜 王 健 徐远清 杨 勇 耿 雷	信息科学与工程学院
	工控网络纵深安全防护平台关键技术及应用	江苏省科学技术奖	三（合作）	傅 涛 杨 洁 桂 冠 牛 丹 穆秀峰 许雄雄 刘伯成	自动化学院
	集成电路用高纯电子级多晶硅大规模产业化技术	江苏省科学技术奖	三（合作）	田 新 蒋文武 吴 锋 任天令 王付刚 李 炜 杨 轶	自动化学院
	重大疾病相关核酸信息获取新技术及其应用	江苏省科学技术奖	三（合作）	李智洋 何农跃 翁国武 黄蓉蓉 邓 燕 习志江 卞非卡	生物科学与医学工程学院
	生活垃圾高效清洁焚烧发电关键技术研究及应用	江苏省科学技术奖	三（合作）	丁 虹 郭镇宁 蒋旭光 杨仕桥 岳东北 吕国钧 唐 侠	能源与环境学院
	能源装备用高性能系列不锈钢无缝管关键技术开发及应用	江苏省科学技术奖	三（合作）	高 虹 宋志刚 丰 涵 张旭海 宋建新 朱玉亮 沈卫强	材料科学与工程学院
	自动变速器复合传动新材料的开发及应用	江苏省科学技术奖	三（合作）	刘 健 张培根 范今华 袁国华 何 炜 潘 龙	材料科学与工程学院
	基于拉曼光谱的多重信息存储和识别器件基础研究	江苏省科学技术奖	三（合作）	吴兴龙 邱 腾 刘力哲 程迎春 梅永丰 范吉阳 黄高山	物理学院
	基于力控制的复杂工件表面精整机器人关键技术及应用	江苏省科学技术奖	三（合作）	张培军 张达鑫 叶松军 张秋白 徐 桢 宋爱国 汤建军	仪器科学与工程学院

省部级科学技术奖(二等奖及以下) (续表)

时间	项目名称	获奖名称	等级	主要完成人	院系
2021	新能源汽车充电桩规模化应用关键技术及装备研制	江苏省科学技术奖	三(合作)	纪峰 陆子刚 李旭玲 鲍进 周超 陈金猛 刘国华	数学学院
	原电池高速精准制造智能成套装备研发及产业化	江苏省科学技术奖	三(合作)	吴国平 许桢英 樊薇 张志胜 耿雪方 韦杰 殷苏民	机械工程学院
	燃煤电厂有色烟羽成因与控制关键技术研发及应用	江苏省科学技术奖	三(合作)	李军状 朱法华 金保昇 段玖祥 杨林军 杨柳 赵喆	能源与环境学院
	边缘计算下多源交通大数据融合感知协同分析关键技术与系统	江苏省科学技术奖	三(合作)	刘晓华 罗剑锋 李志斌 张环宇 周桂良 周竹萍 魏松	交通学院
	工程固废高效再生利用创新技术研发与工程应用	江苏省科学技术奖	三(合作)	吴瑾 赵文政 朱志铎 王捷 杨桂新 林梅 张苏龙	交通学院
	5G毫米波高集成度平面化宽带天线理论与技术	河南省自然科学奖	二(合作)	龚克 张彦 江梅 杨天杨 胡雪惠 玄晓波	信息科学与工程学院
		江苏省青年科技杰出贡献奖		孙伟锋	电子科学与工程学院
		江苏省青年科技杰出贡献奖		吴刚	土木工程学院
		江苏省国际科学技术合作奖		让·路易斯·柯阿特里奥	计算机科学与工程学院
	多模态响应的柔性功能复合薄膜跨尺度设计与制造及产业化	浙江省科学技术进步奖	二(合作)	杨晓明 刘平 卜小海 夏厚君 周钰明 李耀邦 黄英 毕立林 胡文惠	化学化工学院
	公路超薄沥青罩面性能提升技术创新及工程应用	湖南省科技进步奖	二(合作)	李雪连 胡靖 张平 王随原 宋小金 陈际江 罗桑 吕新潮 樊亮	交通学院
	大型发电设备信息化智能化预警诊断技术	广东省科技进步奖	二(合作)	尤坚 杨建刚 陈华辉 杨凯 李高 邵昌盛 李明飞 郑国 刘涛 张明勇	能源与环境学院
	提升清洁能源承载能力的源网荷主动支撑关键技术及应用	湖北省科学技术进步奖	二(合作)	徐友平 汤奕 党杰 唐晓骏 李文锋 王莹 马世俊 汪旸 倪园 王朝	电气工程学院

省部级科学技术奖（二等奖及以下） （续表）

时间	项目名称	获奖名称	等级	主要完成人	院系
2021	不确定因素下非线性系统的有限时间理论及控制方法	重庆市科学技术奖（自然科学奖）	二（合作）	杨鑫松　李晓迪　张万里　曹进德	数学学院
	复杂结构序列数据学习理论及方法	浙江省自然科学奖	三（合作）	楼俊钢　刘洋　卢剑权	数学学院
2022	溶液与湿空气热质传递动力学机制及除湿循环基础理论	高等学校科学研究优秀成果奖（科学技术）自然科学奖	二	殷勇高　张小松　张伦　彭冬根　李秀伟	能源与环境学院
	高精度全方位移动重载机器人关键技术及应用	高等学校科学研究优秀成果奖（科学技术）技术发明奖	二	王兴松　魏鹏　周思远　李林　徐海亭　贾方	机械工程学院
	装配式单层空间网格结构及围护体系关键技术研究	高等学校科学研究优秀成果奖（科学技术）科技进步奖	二	冯若强　郭小农　叶继红　李庆祥　孙晓阳　赵才其　陈广川　刘洋　史同庆	土木工程学院
	面向需求响应的海量柔性负荷聚合运行关键技术及应用	高等学校科学研究优秀成果奖（科学技术）科技进步奖	二	高赐威　宋梦　陈宋宋　郭明星　汪冰冰　张皓　宋杰　易永仙	电气工程学院
	复杂环境下载运车辆智能安全辅助与绿色驾驶多尺度保障技术及应用	高等学校科学研究优秀成果奖（科学技术）科技进步奖	二	李旭　周炜　宋翔　任春晓　胡家彬　董轩　徐启敏　张怡　张耀华　祝雪芬　殷俊　胡悦　李文亮　武文翀　邓星	仪器科学与工程学院
	糖脂代谢稳态失衡的分子机制与诊疗策略研究	高等学校科学研究优秀成果奖（科学技术）科技进步奖	二	李玲　姜虎林　傅湘辉　金亮　刘得辰　李国庆　魏琼　邢磊　张方方　祁靓　吕颖奇	中大医院
	低剂量CT智能成像理论与方法研究	高等学校科学研究优秀成果奖（科学技术）自然科学奖	二（合作）	张意　陈虎　陈阳　杨红雨　廖培希　杜文超	计算机科学工程学院
	基于建筑—结构融通的现代木结构综合性能提升技术及应用	高等学校科学研究优秀成果奖（科学技术）科技进步奖	二（合作）	陆伟东　王建国　王璐　岳孔　杨会峰　熊海贝　倪照鹏　程小武　张晋　高颖　葛明　孙小鸾　宋海军　倪竣　刘杏杏　汤丽娟　徐静　刘佰龙	建筑学院

省部级科学技术奖（二等奖及以下） （续表）

时间	项目名称	获奖名称	等级	主要完成人	院系
2022	高性能软磁非晶纳米晶新材料开发与产业化	江苏省科学技术奖	二	沈宝龙 刘天成 姚可夫 江向荣 王倩倩 范星都 邵 洋 李立军 满其奎	材料科学与工程学院
	拟声子晶体高分子混凝土材料减振特性与应用	江苏省科学技术奖	二	缪林昌 佘才高 王 霆 雷利剑 万 水 张 静 厉 超 龚洪祥 石文博 梁书亭 陈 浩	交通学院
	基于多粒度信息融合的机器人感知与控制	江苏省科学技术奖	二	李新德 李智军 邓 勇 康 宇 彭 刚 熊朝华	自动化学院
	跨制造单元调度与配送快速精准优化关键技术及应用	江苏省科学技术奖	二	李小平 曾 岳 王 茜 陈 龙 朱 洁 朱 夏 何杏兴 钱海忠 应仲文 徐海燕	计算机科学与工程学院
	复杂有机污染场地土壤地下水风险识别与原位协同修复耦合技术及应用	江苏省科学技术奖	二	宋 敏 王 水 刘 爽 刘泽权 张胜田 曲常胜 刘志阳 于 磊 魏 丽 万金忠 柏立森	能源与环境学院
	工业烟气超低排放在线监测关键技术及工程应用	江苏省科学技术奖	二	许传龙 汤光华 刘建民 周 宾 李 舒 范人杰 苗 丰 姚鸿熙 李 健 陈国庆 王式民	能源与环境学院
	城市道路交通流动态溯源与路径级管控关键技术及应用	江苏省科学技术奖	二	任 刚 李大韦 高尚兵 晁晓宁 张 军 董振宁 张继锋 华雪东 曹 奇 陈俊德 卢长春	交通学院
	道路交通安全风险防控关键技术创新及应用	江苏省科学技术奖	二	王 晨 陈 峻 金 凌 蔡 岗 夏井新 龚维强 张韦华 刘志远 马永锋 陆振波 张曙东	交通学院
	室内呼吸道传染病传播机理与建筑环境防控方法	江苏省科学技术奖	二	钱 华 刘 荔 李玉国 林波荣 王 登 曹国庆 郑晓红 曹 伟 丁 震 陈永强 龚德建	能源与环境学院
	非编码 RNA 的表观遗传调控在前列腺癌中的作用机制	江苏省科学技术奖	二	陈 明 许 斌 陈恕求 吴剑平 朱伟东 尤宗昊 刘春辉	中大医院

省部级科学技术奖（二等奖及以下） （续表）

时间	项目名称	获奖名称	等级	主要完成人	院系
2022	面向亿级规模配电网运行状态演化的全息数字诊断关键技术及应用	江苏省科学技术奖	二（合作）	陈锦铭　周爱华　陈烨　焦昊　曾飞　郭雅娟　程力涵　高昆仑　蒋玮　董树锋　张可新	电气工程学院
	分布式新能源交直流柔性互联关键技术、装备及应用	江苏省科学技术奖	二（合作）	王伟　武迪　裴玮　马钊　刘国峰　肖华锋　蒋学军　吕晓飞　杨冬梅　张颖媛　陈鹏伟	电气工程学院
	高比例新能源电力系统新型振荡风险防控关键技术及工程应用	江苏省科学技术奖	二（合作）	赵静波　吴熙　范彩云　何柳　解兵　唐一铭　李林　李保宏　任必兴　冯双　朱鑫要	电气工程学院
	面向可再生能源消纳的高温热泵与电热协同关键技术及成套装备	江苏省科学技术奖	二（合作）	孙立　王如竹　阮文骏　胡斌　袁俊球　臧海祥　郑鑫　吴迪　庄重　张俊礼　马光柏	电气工程学院
	特高压换流变有载分接开关故障预警及安全防护关键技术	江苏省科学技术奖	二（合作）	杨景刚　王同磊　马勇　张凡　王树刚　许建刚　吴鹏　王进　李建生　陆云才　郝治国	未查到相关信息
	特高压直流输电全数字化超大容量换流阀冷却系统关键技术及应用	江苏省科学技术奖	二（合作）	赵盛国　陈宇曦　张广泰　陈武　张潆月　严伟　吴继平　黄鹏　刘海彬　江楠　张辉亮	机械工程学院
	高等级公路高质量快速铺筑关键技术研究及产业化	江苏省科学技术奖	二（合作）	高亮　张建润　胡传正　侯志强　孙志刚　李灿　夏磐夫　徐艳翠　郭英训　储鹍　廖昊	机械工程学院
	国家直流高电压计量标准装置和成套装备关键技术及工程应用	江苏省科学技术奖	二（合作）	徐敏锐　周峰　卢树峰　雷民　李登云　陈刚　袁亮　岳长喜　欧阳曾恺　赵双双　须雷	未查到相关信息
	基于SiP封装的设施农牧业高可靠性生境传感系统创制及应用	江苏省科学技术奖	二（合作）	杨宁　张晓东　潘孝青　林耀剑　孙立博　张敏　朱旭华　吴刚山　严康　张荣标　李宗怿	仪器科学与工程学院

省部级科学技术奖(二等奖及以下)　　　　　(续表)

时间	项目名称	获奖名称	等级	主要完成人	院系
2022	基于物理特征的无线安全传输理论与技术	江苏省科学技术奖	三	胡爱群 彭林宁 李古月 俞佳宝 姜禹 刘博谦 王栋 丁艳军 王旭阳	信息科学与工程学院
	空天地海一体化通信终端技术的研发与产业化	江苏省科学技术奖	三	张华 高建贞 肖跃 庄东曙 胡静 许威 秦艳召 王鑫 方中海 陈寿齐 张勇	信息科学与工程学院
	重载稻麦收获机多维感知与智能化控制关键技术及应用	江苏省科学技术奖	三	王立辉 金诚谦 秦文虎 魏学礼 汤新华 王烁 夏利利 肖跃进 尹彦鑫 祝文星 许宁徽	仪器科学与工程学院
	高掺大宗固废制备绿色建材关键技术与应用	江苏省科学技术奖	三	王增梅 朱建平 潘钢华 王文龙 王建伟 仲黎明 赵其军 杨凤鸣 张玖福 庞方杰	材料科学与工程学院
	深基础冲刷灾害控制及性能提升新技术	江苏省科学技术奖	三	戴国亮 梁发云 魏凯 王阳 朱文波 邱旭 林毅峰 万志辉 张永涛 龚维明 欧阳浩然	土木工程学院
	恶性肿瘤的多手段诊治新策略及其临床应用	江苏省科学技术奖	三	陈宝安 王雪梅 姜晖 张海军 刘晓辉 马晓燕 叶静	中大医院
	城市轨道交通智慧出行票务系统技术创新及应用	江苏省科学技术奖	三(合作)	陆斌 王健 张宁 焦科杰 吴娟 何铁军 张鹏 高申 吴杰 顾伟 胡天澍	交通学院
	大规模高新视频云平台关键技术研究与应用	江苏省科学技术奖	三(合作)	谢旸 姚莉 沈平 刘群 杨林 高丽华 王雷 尤秋敏 陶国军 葛明 尹芹	计算机科学与工程学院
	钢铁流程固废高效资源化利用技术研究及近零排放实践	江苏省科学技术奖	三(合作)	毛瑞 王飞 王广伟 苏航 郑传波 邹长东 董侨 居殿春 孙浩 钱王平 刘飞	交通学院
	省地域协同的分散灵活资源聚合调控关键技术及应用	江苏省科学技术奖	三(合作)	王勇 陈胜 汪春 龙寰 周挺 许晓慧 邓星 王丙文 仇晨光 钱康 荆江平	电气工程学院

省部级科学技术奖(二等奖及以下) (续表)

时间	项目名称	获奖名称	等级	主要完成人	院系
2022	超深油井用光电一体化传感测井电缆的研发及产业化	江苏省科学技术奖	三(合作)	方 峰 夏文伟 张德库 吴开明 杨恒勇 周雪峰 吴 键 李曙生 何旭峰 冯路路 张旭海	材料科学与工程学院
	大型危化品球罐智能无损检测机器人关键技术及应用	江苏省科学技术奖	三(合作)	梁国安 涂春磊 王兴松 邓贵德 李 杰 张 诚 宋 伟 吉 方 郭振祥 徐慎忠 张延兵	机械工程学院
	高可靠超低延迟工业质检互联网关键技术开发及应用	江苏省科学技术奖	三(合作)	王贝伦 马元巍 潘正颐 王 萌 侯大为 李传佑 王 闯 陈竟宇 陈冬生 郭江蕾 柴 正	计算机科学与工程学院
	工程机械可靠性增长体系建设与应用	江苏省科学技术奖	三(合作)	宋之克 徐玉兵 王 莹 宋士超 李 凯 董玉忠 肖云博 汤中连 姜 毅 王 飞 刘刚强	土木工程学院
	乡镇园区多能供给关键技术、成套装备及应用	江苏省科学技术奖	三(合作)	周苏洋 刘 忠 季 宇 刘江东 李霞林 葛 超 于 翔 寇凌峰 陆圣芝 张 颖 乔 峰	电气工程学院
	高热值有机固废高效清洁稳定焚烧技术装备研发及应用	江苏省科学技术奖	三(合作)	严圣军 黄 云 仲兆平 黄亚继 沈伯雄 曹 卫 曹德标 陈 竹 李 军 何志刚 韩飞飞	能源与环境学院
	生活垃圾填埋场减污降碳关键技术集成及应用	江苏省科学技术奖	三(合作)	刘 军 苏良湖 张龙江 周 涛 谈超群 柴晓利 戴 昕 袁道迎 赵由才 宫建瑞 郭 燕	交通学院
	缺陷型精神分裂症神经认知与神经影像特征研究	江苏省科学技术奖	三(合作)	张向荣 张付全 周 超 唐小伟 于 淼 张晓斌 高 炬 易宏伟 刘军军 陈 玖	中大医院
		中国青年科技奖		柴人杰	中大医院
	车路云融合的智能驾驶系统关键技术及应用	天津市科技进步奖	二(合作)	郭 蓬 庄伟超 张志国 殷国栋 龚进峰 朱向雷 戎 辉 李 敏	机械工程学院
	宽温区高效蓄能热泵系统关键技术及应用	河南省科技进步奖	二(合作)	郑慧凡 殷勇高 田国记 杨中宣 樊越胜 赵兴旺 杨晨伟 张海绪 吴剑光 曹露函	能源与环境学院

省部级科学技术奖(二等奖及以下) (续表)

时间	项目名称	获奖名称	等级	主要完成人	院系
2022	低维相干介质光传输特性及其量子调控	湖北省自然科学奖	二(合作)	杨文星 陈世华 水 涛 张华峰 李 玲	物理学院
	脓毒症早期预警和精准化诊疗体系构建及推广应用	中华医学科技奖	二	杨 毅 谢剑锋 刘松桥 刘 玲 郭凤梅 黄英姿 刘澄玉 徐静媛 薛 明 常 炜 彭 菲 邱海波	中大医院
	通过程序化人工耳蜗手术及毛细胞再生治疗感音神经性耳聋的研究	中华医学科技奖	二	柴人杰 高 下 靳 津 钟桂生 李文妍 舒易来 齐洁玉 何水金 唐明亮 张莎莎 李异媛 程 诚 陆 玲 陈 鑫 贺祖宏	中大医院

五、南京铁道医学院获省部级及以上科技成果奖项

原南京铁道医学院位于原国立中央大学医学院旧址。1949年8月,中央大学医学院更名为国立南京大学医学院。1951年编入中国人民解放军第三军医学院,1953年更名为第五军医大学。1954年,第五军医大学迁往西安,留下部分师资设备与另外两所军医中学合并,在原校址上建立第六军医学校。1958年,移交铁道部,改为南京铁道医学院。2000年4月14日,经教育部和江苏省人民政府批准,东南大学、南京铁道医学院合并。

南京铁道医学院获省部级及以上科技成果奖项

时间	项目名称	授奖单位及等级	完成部门	第一责任者
1978	以面积为基础的烧伤补液计算法	全国科学大会奖 铁道部科学大会奖	外科	黄懋魁
	T_{I-III}型钴^{60}治疗机	铁道部科学大会奖(合作)	放射科	朱 丹等
	前列腺素E_2-中期妊娠引产新药	全国科学大会奖(合作)	妇产科	未查到相关信息
	前列腺手术方法的改进	江苏省科技重大发明奖四等奖	泌尿科	周性明 李俊悦
	家兔染色体组型的标准化	江苏省科技重大发明奖四等奖	生物教研室	王世浚 蒋 清
	皮下带蒂皮瓣修补尿道治疗球部或膜部狭窄	江苏省科技重大发明奖三等奖	泌尿科	周性明 李俊悦
	纤维十二指肠镜下逆行胰胆管造影	江苏省科技重大发明四等奖	消化科	孙月美 彭长清 马清珍
	颅外-颅内动脉吻合术治疗闭塞性脑血管病	江苏省科技重大发明奖三等奖(合作)	脑外科	董意如

南京铁道医学院获省部级及以上科技成果奖项 (续表)

时间	项目名称	授奖单位及等级	完成部门	第一责任者
1978	颈后三角区副神经损伤的预防和治疗	江苏省科技重大发明四等奖	脑外科	董意如
	人羊水细胞培养及染色体的研究	江苏省科技重大发明四等奖	生物教研室妇产科	王世浚 蒋青 陈锡玲
	治疗冠心病心绞痛新药——心电安	江苏省科技成果四等奖（合作）	内科	陈雪月
	天牙片——中期妊娠引产新药	江苏省科学大会奖（合作）	妇产科	未查到相关信息
	喘立平气雾剂	江苏省科学大会奖（合作）	内科呼吸组	未查到相关信息
	气管炎冲剂（片剂）	江苏省科学大会奖（合作）	内科呼吸组	未查到相关信息
	防治慢性气管炎中西医结合诊断分型	江苏省科学大会奖（合作）	内科呼吸组	未查到相关信息
1979	酸性非特异性酯酶标记鉴别T.B淋巴细胞	江苏省科技成果四等奖	组织胚胎教研室	许嘉娣等
	耳廓成形术中软骨支架雕塑的改进	江苏省科技成果四等奖	整形外科	冷永成 史焕瑶
	漂浮导管左心功能监护	江苏省科技成果四等奖	心脏内科	陈达光 陈日新 陈雪月
	抗心律不齐新药磷酸双异丙吡胺—达舒平	江苏省科技成果四等奖（合作）	内科	未查到相关信息
	喘敌素	江苏省科技成果四等奖（合作）	内科	未查到相关信息
	癫痫灵	江苏省科技成果四等奖（合作）	皮肤科	未查到相关信息
1980	石蜡切片酸性非特异性酯酶标记T细胞	江苏省科技成果四等奖	组织胚胎教研室	邢剑敏 许家弟 战秀英等
	咖啡酸、咖啡酸胺的研制与临床验证	江苏省科技成果三等奖（合作）	外科	未查到相关信息
1981	流速容量曲线方法学与正常值的研究	江苏省科技进步四等奖	内科、卫生统计教研室	陈剑虹 陈启光等
	牛尾独活治疗白癜风及牛皮癣	江苏省科技进步四等奖（合作）	皮肤科	未查到相关信息
1982	血流血流动力学	青海省科技成果三等奖	科研所	吴再彬
1984	A-SPA微量血诊断流行性脑膜炎快速法	铁道部科技成果三等奖 江苏省科技进步三等奖	微生物教研室	刘功云 张雪萍 王思一等

南京铁道医学院获省部级及以上科技成果奖项 （续表）

时间	项目名称	授奖单位及等级	完成部门	第一责任者
1984	细胞杂交的研究及其在医学上的应用	铁道部科技成果四等奖 江苏省科技进步三等奖	生物教研室	王世浚 高翼之 叶银英等
	植物生长调节剂 NE-109 的合成无根豆芽菜的研究和安全性评价	商业部科技进步二等奖（合作）	食品卫生科研室	唐文理等
1985	交流示波极谱滴定在药物分析中的应用	江苏省科技进步四等奖	卫生分析化学教研室	潘定华 乔正道 黄铁华
	80 次脑立体定向术临床分析	江苏省科技进步四等奖	神经外科	董意如
	低钠盐	江苏省科技进步四等奖（合作）	食品卫生教研室	唐文理等
1986	HOAP 方案治疗急性非淋巴细胞白血病的临床研究	江苏省科技进步二等奖（合作）	内科（血液）	戴传德等
	尿气测定及其应用（附《实用血气酸碱分析》）	江苏省科技进步三等奖	内科（呼吸）	陈南明
	苏云金杆菌以色列变种杀灭蚊幼的研究	江苏省科技进步四等奖	流行病学教研室	周达生 赵季文 黎明达等
	防治感觉神经性耳聋药物的机理研究：（1）葛根（2）地塞米松和 ACTH	铁道部科技进步三等奖	生理学教研室	董维嘉 陈继生
	同时测定乳酸脱氢酶和溶菌酶对癌性胸膜渗出诊断的研究	铁道部科技进步四等奖	内科（呼吸）	李基业 张祖贻
	男性尿道逆行造影灌注射固定器	铁道部科技进步五等奖	放射科	朱丹
1987	纠正肩胛骨移位治疗肩关节周围炎	铁道部科技进步二等奖	中医外科基础部	张朝纯 杨文芸 邱平久等
	胆肠一层外翻缝合实验研究及临床应用	铁道部科技进步三等奖	外科学教研室	黄懋魁 伍福乐等
	微型计算机在大鼠血流动力学测定中的应用	铁道部科技进步三等奖	药理教研室 物理教研室	苏茂林 陈灼慈 濮家伉等
	科技情报学	铁道部科技进步三等奖	科研所	郑守瑾 禹可夫等
	利凡诺中期妊娠引产药	江苏省科技进步三等奖（合作）	妇产科	谢行美
	无创伤性、床边心肺功能的监测及微机处理研究	江苏省科技进步四等奖	内科（呼吸）	陈剑虹 陈真如 朱兆斌等

南京铁道医学院获省部级及以上科技成果奖项　　　　　　（续表）

时间	项目名称	授奖单位及等级	完成部门	第一责任者
1987	微机药品库存管理系统和临床药物咨询系统	卫生部科技进步三等奖（合作）	药剂科	文传明等
	麻风病社会医学研究	卫生部科技进步三等奖 江苏省科技进步三等奖（合作）	社会医学教研室	周达生等
	6-3004电子仪器矫正用X射线源及其测量装置	科学技术委员会科技进步三等奖（合作）	统计学教研室	恽振先
	微机药品库存管理系统和临床药物咨询系统	卫生部科技进步三等奖	药剂科	文传明
	冠状动脉与周围动脉α受体亚型	卫生部科技进步三等奖 江苏省科技进步二等奖	内科（心血管）	陈达光　尹华清
1988	全国营养调查	国家科技进步二等奖（合作） 卫生部科技进步一等奖	卫生系	吴良清
	KDE-1型体外震波碎石机研制及临床应用	铁道部科技进步二等奖 江苏省科技进步三等奖	外科（泌尿）	张忠林　吴　弘 朱　丹等
	胸腺哺育细胞的分离、定位与形态学研究	铁道部科技进步三等奖	组织胚胎学教研室	缪继武　邢剑敏 宋继志等
	铁路系统军团病血清流行病学研究——抗体监测方法及流行特征的探讨	铁道部科技进步三等奖	流行病学教研室	赵季文　徐萃瑜 汪　宁等
	液固两相双组份放免分析法	江苏省科技进步四等奖	同位素科	刘　浦　刘　璐 徐　红等
	DZY-A型多功能脑立体定向仪	江苏省科技进步四等奖	外科（神外）	董意如　朱　丹等
1989	应用6种癌基因探针进行肝癌、胃癌和脑瘤转化基因的RFLPs和扩增及重排的研究	铁道部科技进步二等奖 卫生部科技进步三等奖 江苏省科技进步四等奖	生物学教研室	王世浚　单祥年 张丽珊等
	难辨梭菌引起腹泻的快速诊断的研究	铁道部科技进步三等奖 江苏省科技进步四等奖	微生物学教研室	刘功云　史俊华 王思一等
1990	NE-Ⅱ型体外震波胆碎石机的研制与实验研究及临床应用	铁道部科技进步二等奖	冲击波室	王尔慧　樊　嘉 刘胜利等
	以外周T细胞淋巴瘤为主的淋巴瘤病理研究	江苏省科技进步三等奖（合作）	病理解剖教研室	贾　云

南京铁道医学院获省部级及以上科技成果奖项 （续表）

时间	项目名称	授奖单位及等级	完成部门	第一责任者
1990	补体对免疫复合物溶解作用的基础和临床研究	江苏省科技进步四等奖	免疫室	倪传源　齐　名　夏家珍
	干湿两用体外震波碎石机的研究与应用	江苏省科技进步四等奖	设备科	吴　巍　周性明　林友俊
	SPA技术应用于快速诊断	全国医药卫生科技成果展览会优秀奖	未查到相关信息	未查到相关信息
1991	速成单层法半微量病毒空斑技术研究	铁道部科技进步二等奖　江苏省科技进步三等奖	微生物学教研室	孟继鸿　张建峰　朱圣禾等
	RY-Ⅱ型多功能麻醉剂研制和临床应用	铁道部科技进步三等奖	麻醉科	周本瑜　侯重庆　孙岩军等
	硝苯吡啶血液浓度测定及其对心力衰竭病人血液动力学效应和作用机制的研究	铁道部科技进步四等奖	心血管内科	陈达光　陈日新　冯清平等
	肝癌高危人群致病因素的生物统计方法及其在预防中价值的研究	江苏省科技进步四等奖	卫生统计教研室	陈启光　恽振先　沈其君等
1992	高温作业允许持续接触热时间限值	国家技术监督局科技进步三等奖（合作）	劳卫教研室	符文琛
	抗三碘钾腺原氨酸(T_3)和甲状腺素(T_4)单克隆抗体的研制及T_3、T_4放射免疫分析的研究	江苏省科技进步二等奖　卫生部科技进步三等奖	同位素科	刘　璐　吴复平　朱建衡等
	人-鼠杂交瘤制备人单克隆抗体的研究	江苏省科技进步四等奖	科研所	叶银英　刘立华　姜　凯等
	性连锁隐性遗传病（血友病A、DMD、BMD肌营养不良）基因诊断和产前诊断的研究	卫生部科技进步三等奖　江苏省科技进步四等奖	生物教研室	张丽珊　高翼之　李明发等
	淋巴树状突细胞的实验研究	江苏省科技进步三等奖	组织胚胎学教研室	许嘉娣　张锦坤　许化溪等
	耳廓修复的临床研究	江苏省科技进步三等奖　铁道部科技进步二等奖	整形外科	冷永成　张志升　荣国华等
	放射性物质安全运输规定	国家技术监督局科技进步二等奖（合作）	放射卫生教研室	刘学成　韩开春

南京铁道医学院获省部级及以上科技成果奖项　　　　　　　　（续表）

时间	项目名称	授奖单位及等级	完成部门	第一责任者
	淋巴树状突细胞的实验研究	铁道部科技进步二等奖	组织胚胎学教研室	许嘉娣　张锦坤　许化溪等
	提上睑肌缩短加调整缝线矫治上睑下垂	铁道部科技进步四等奖	眼科	敖景托
	铁路运输放射性物质卫生防护规定、铁路运输放射性污染监测规定	铁道部科技进步三等奖	放射卫生教研室	刘学成　韩开春　胡宝泉
	冠状动脉再灌注心肌损伤的防治实验研究	铁道部科技进步四等奖	科研所	吴再彬　刘岐山　张运生等
	耳廓修复的临床研究	铁道部科技进步二等奖	整形外科	冷永成　张志升　荣国华等
	线粒体DNA突变与Leber氏遗传性视神经病	卫生部科技进步三等奖　江苏省科技进步三等奖	生物教研室	张丽珊　黄鹰　朱斌等
	胸腺哺育细胞及其白血病致病关系的实验研究	江苏省科技进步三等奖	组织胚胎学教研室	邢剑敏　缪继武　徐淑芬等
1993	利用甲螨作为土壤环境污染生物监测指标的研究	江苏省科技进步四等奖	寄生虫教研室	陈国定　朱文　黎明达等
	食用油烟雾与肺癌关系的研究	铁道部科技进步三等奖	环卫教研室	汪国雄　厉曙光　浦跃朴等
	大鼠膀胱癌实验治疗研究	铁道部科技进步三等奖	病解教研室	武文森　张荣久　尹克铮等
	高效液相色谱电化学法测定去甲肾上腺素（NE）及其在心血管病的研究和临床应用	铁道部科技进步四等奖	心血管内科	陈日新　陈光达　冯清平等
	应用SPA和RIHA快速检测肉类污染小肠结肠耶氏菌的实验方法研究	国家商检局科技进步三等奖（合作）	微生物教研室	范子文　张雪萍
	环境污染物安全性评价配套"生物测试系统"的组建及应用	国家教委科技进步二等奖（合作）	环卫教研室	浦跃朴等
1994	艰难梭菌荚膜的发现与探究	江苏省科技进步四等奖　铁道部科技进步二等奖	微生物教研室	范子文　张雪萍　王思一等
	SPA单克隆抗体的制备及在流行性出血热诊断中的应用	铁道部科技进步二等奖	微生物教研室	邱沙洛　刘功云　赵宇等

南京铁道医学院获省部级及以上科技成果奖项　　　　　　　（续表）

时间	项目名称	授奖单位及等级	完成部门	第一责任者
1995	化学性胆囊切除术的动物实验与临床研究	铁道部科技进步二等奖	普外科	嵇振岭　陈怀仁　李　华等
	村镇规划卫生的研究	全国爱卫会卫生部科技进步二等奖（合作）	环卫教研室	浦跃朴　汪国雄　张徐军等
	用银染 Amp-FLP 和多重 PCP 进行 DMD 和性连锁鱼鳞病的快速基因诊断	卫生部科技进步三等奖	科研所	高翼之　黄晓明　李明发等
	硒对被动性 Heymann 氏肾炎治疗效果及其机理研究	铁道部科技进步四等奖	免疫室	倪传源　许　桦　张建民等
	压力瓣成形术对防止胆肠 Y 型吻合术后肠胆返流的研究	铁道部科技进步四等奖	普外科	高乃荣　陈怀仁　骆明德等
	轮状病毒细胞培养的若干研究	江苏省科技进步四等奖	微生物教研室	孟继鸿　张建琼　林　陵
	八氯二丙醚增效剂在蚊香中的毒性及应用	卫生部科技进步三等奖	劳卫、毒理、环卫教研室	高锦伍　唐　萌　林大榕等
	维拉帕米防治动脉粥样硬化与高血压的生化和临床药理研究	铁道部科技进步四等奖	心血管内科	刘乃丰　周明生　吴立群等
	生殖泌尿道支原体感染症流行病学研究	卫生部科技进步三等奖　江苏省科技进步三等奖	流行病教研室	赵季文　汪　宁　徐萃瑜等
	应用分子生物学技术多层次检测人群中巨细胞病毒和乳头瘤病毒的感染率	铁道部科技进步二等奖	生物教研室	单祥年　陈金东　李明发等
	铁路运输管理系统医疗卫生服务与基层保健模式的调查	铁道部科技进步二等奖	社会医学教研室	周达生　李政伦　陈　骏等
	Y 染色体性别决定基因及其相关综合症	铁道部科技进步三等奖	生物教研室	陈金东　单祥年　严　明等
	高血压交感神经活性异常增高的机制	铁道部科技进步四等奖	心血管内科	徐　标　陈日新　陈达光等
	性激素对大鼠大肠癌发生发展的影响	铁道部科技进步四等奖	病理解剖教研室	黄培林　张瑞英　刘东风等
	机车乘务员生理心理素质考评及标准制定	铁道部科技进步四等奖（合作）	社会医学教研室	周达生　张国山

南京铁道医学院获省部级及以上科技成果奖项　　　　　　　　　　（续表）

时间	项目名称	授奖单位及等级	完成部门	第一责任者
1996	NTY-300型多功能超声手术装置	铁道部科技进步一等奖	美达康医疗设备厂	吴　巍　章庆国　史志刚等
	二核苷酸重复多态性在基因诊断中的应用	铁道部科技进步三等奖	科研所	黄晓明　高翼之　胡向阳等
	支气管肺泡灌洗液CEA、β_2-MG测定对肺癌诊断的临床应用	铁道部科技进步四等奖	呼吸内科	张祖贻　刘　璐　朱晓莉等
	医用胶应用于眼外肌手术的实验研究和临床应用	铁道部科技进步四等奖	眼科	罗崇德　赵平远　管前进等
	科技信息知识系列丛书	国家科委科技信息系统优秀成果三等奖	科研所	郑守瑾　禹可夫
	糖尿病慢性并发症与血栓B_2、6-酮-前列腺素$F_{1\alpha}$过氧化脂质关系的研究	江苏省科技进步四等奖	内分泌科	唐　尧　岳晓玉　王　尧
	原位膀胱肿瘤动物模型的建立及应用	江苏省科技进步四等奖	泌尿外科	蒋　峰　杨建军　周性明等
	蛇毒抗栓酶治疗重症急性胰腺炎的实验研究和临床应用	江苏省科技进步四等奖	普外科	杨德同　汤文浩　史留斌等
	南京地区中暑的临床与流行病学研究	江苏省科技进步三等奖（合作）	科研所	张季平　汪国雄　陶淑英
	列车员劳动卫生学调查	铁道部科技进步三等奖	预防医学系	龚建新
	ZPRT前列腺射频治疗仪	中国科学院科技进步三等奖（合作）	泌尿外科	陈甸英
1997	SOS/Umu遗传毒性原位监测技术的建立与应用	铁道部科技进步二等奖	环境卫生学教研室	浦跃朴　尹立红　张徐军等
	线粒体DNA异常所致多种疾病的基因诊断	铁道部科技进步三等奖	生物学教研室、心血管内科	张丽珊　黄　鹰　张丽容等
	中国铁路卫生人力资源的现状与预测	铁道部科技进步三等奖	社会医学教研室	周达生　朱正娥　郑雪清等
	铁路运输食物常见化学污染的快速检测	铁道部科技进步四等奖	卫化教研室	童正本　张建新　贡小清等
	催产素对听觉功能的作用及其机理	铁道部科技进步四等奖	生理学教研室	董维嘉　陈继生　王　坚等
	肺心病自由基代谢与TX-A_2/PGI_2平衡及药物对其的作用	铁道部科技进步四等奖	呼吸内科	陈真如　杨山钟　张葡萄等

南京铁道医学院获省部级及以上科技成果奖项 （续表）

时间	项目名称	授奖单位及等级	完成部门	第一责任者
1997	人乳头瘤病毒相关女生殖道病变的诊断和治疗的分子生物学研究	江苏省科技进步二等奖（合作）	病理学教研室	张建民 单祥年
	医院伦理学	江苏省哲学社会科学优秀成果三等奖	人文与社科系	孙慕义 黄世民 林 辉等
	自身免疫性内耳疾病模型建立及其诊治研究	江苏省科技进步四等奖	耳鼻喉科	谭长强 钟启明 曹银成等
1998	NTY-300型超声手术装置	国家科技进步三等奖	美达康医疗设备厂	吴 巍 章庆国 史志刚等
	强化牛磺酸和锌鲜牛奶的研制及功能学评价	铁道部科技进步三等奖（合作）	预防医学系等	黄 杰 孙桂菊 周自新等
	超灵敏促甲状腺素免疫放射分析的研究	江苏省科技进步三等奖	核医学科	吴复平 刘 璐 沈明霞等
	肝肿瘤动脉三级栓塞化疗治疗原发性肝癌	江苏省科技进步三等奖	普外科 放射科	范 健 翁帼英 滕皋军等
	青少年妊娠流行特征与生殖健康危险因素的研究	江苏省科技进步三等奖	儿少、社会教研室	戴梅竞 周达生 咸中雪等
	临床超声鉴别诊断学著作	卫生部科技进步三等奖（合作）	超声波室	俞玉祥
1999	MDK-260型电热手术刀	铁道部科技进步二等奖	美达康医疗设备厂 高新技术研究开发中心	吴 巍 章庆国等
	大肠菌群膜荧光法现场快速定量检测系统	铁道部科技进步三等奖	预防医学系	林大榕等
	全路水电段饮水水质的现状与安全供水的对策	铁道部科技进步三等奖	预防医学系	汪国雄 项龙生等
	暴发型流脑心功能不全的临床与实验研究	江苏省科技进步三等奖（合作）	科研所	刘岐山等
	经皮内镜微波热凝胆囊息肉切除术	江苏省科技进步三等奖	普外科	嵇振岭等

六、南京交通高等专科学校获省部级及以上科技成果奖项

原南京交通高等专科学校前身为交通部干部学校南京分校,成立于1951年,隶属于交通部,1958年改为南京交通专科学校,1978年改为南京航务工程专科学校,1992年改为南京交通高等专科学校。2000年4月14日,经教育部和江苏省人民政府批准,东南大

学、南京交通高等专科学校合并。

南京交通高等专科学校获省部级及以上科技成果奖项

时间	项目名称	授奖单位及等级	主要完成人
1989	计算机绘图在演变分析中的应用	交通部科技进步三等奖	黄春生　朱金付
1994	钢筋混凝土组合梁桥非线性分析与承载能力的研究	交通部科技进步三等奖（合作）	丁汉山

七、南京地质学校获省部级及以上科技成果奖项

原南京地质学校前身是中国人民解放军华东军区测绘学校，创建于1950年10月。1952年10月更名为南京地质学校，是新中国最早建立的地质、测绘类专业学校。建校后，为社会输送了2万多名应用型建设人才。2000年2月14日，经教育部和江苏省人民政府批准，南京地质学校并入东南大学。

南京地质学校获省部级及以上科技成果奖项

时间	项目名称	授奖单位及等级	主要完成人
1978	三氯化钛鉴定沸石新方法	江苏省科学大会奖	徐邦梁
1978	丘陵地区地形地质影象图	江苏省科技成果四等奖	未查到完成人信息
1980	地形-地质一次成图	江苏省科技二等奖	杨敬宇
1984	南京古河道地质调查报告	地质矿产部三等奖	蒋斯善　昂朝海 杨惠成　费锡铨
1984	马坑铁矿及其外围卤族元素的分布特征	地质矿产部四等奖	朱家珍　朱履熹 薛金有　徐泉清 刘家驯
1984	一种新的找金矿方法——地电化学法取样测金	地质矿产部四等奖	徐邦梁　费锡铨 王和平
1987	1∶5万巢县幅区调报告	地矿部成果奖励评委会、安徽科技进步奖评委会三等奖、江苏省荣誉奖	周光新
1988	电提取离子法找矿	新疆自治区国家305项目三等奖	费锡铨等
1988	HD-DM独立模型区域网平差程序	国家测绘总局科技成果三等奖	张宗文等
1990	江苏东海县矿产资源开发利用规划	江苏省科技进步四等奖	夏美林等
1995	1/5万盱眙地区（两幅）区调报告	地矿部科技成果四等奖	周光新

第二节 人文社会科学获奖

一、高等学校科学研究优秀成果奖（人文社会科学）

1995年，教育部设立中国高校人文社会科学研究优秀成果奖，2008年更名为高等学校科学研究优秀成果奖（人文社会科学），是中国人文社会科学领域最具公信力和影响力的奖项，代表了中国人文社会科学成果的最高水平。

高等学校科学研究优秀成果奖（人文社会科学）

时间	成果名称	奖项级别	成果类型	获奖人	完成单位
第二届（1998）	科学认识史论	三	著作	萧焜焘	文学院
第三届（2003）	中国伦理精神的现代建构	三	著作	樊和平	人文学院
第四届（2006）	艺术辩证法	二	著作	姜耕玉	艺术学院
	当代西方建筑美学	三	著作	万书元	艺术学院
	文明与繁荣——中外城市经济发展环境比较研究	三	著作	徐康宁等	经济管理学院
第五届（2009）	道德形而上学体系的精神哲学基础	二	著作奖	樊和平	人文学院
	裁量基准的正当性问题研究	二	论文奖	周佑勇	法学院
	中国艺术史纲（上、下）	二	著作奖	张燕	艺术学院
	自然资源丰裕程度与经济发展水平关系的研究	三	论文奖	徐康宁 王剑	经济管理学院
	冲突与协调——科学合理性新论	三	著作奖	马雷	人文学院
第六届（2013）	实质刑法观	一	著作奖	刘艳红	法学院
	经济审美化研究	二	著作奖	凌继尧 张晓刚	艺术学院
	中国伦理道德报告	三	著作奖	樊和平等	人文学院
	中西比较美术学	三	著作奖	李倍雷 郝云	艺术学院
	人的精神生活质量研究——小康社会进程中人的发展图景	三	著作奖	廖小琴	马克思主义学院

高等学校科学研究优秀成果奖（人文社会科学） （续表）

时间	成果名称	奖项级别	成果类型	获奖人	完成单位
第七届 (2015)	金融市场中传染风险建模与分析	二	著作奖	何建敏 李宏伟 周　伟	经济管理学院
	中国艺术批评史	二	著作奖	凌继尧 张爱红 张晓刚 黄桂娥	艺术学院
	行政处罚上的空白要件及其补充规则	二	论文奖	熊樟林	法学院
	中国生命伦理学的"问题域"还原	三	论文奖	田海平	人文学院
	民俗艺术学	三	著作奖	陶思炎	艺术学院
	明杂剧通论	三	著作奖	徐子方	艺术学院
	欧盟单一市场政策调整对我国商品出口的影响及对策研究	三	著作奖	陈淑梅	经济管理学院
	Models for Effective Deployment and Redistribution of Bicycles within Public Bicycle-Sharing Systems	三	论文奖	舒嘉等	经济管理学院
	论社会权的经济发展价值	三	论文奖	龚向和	法学院
	犯罪构成体系的价值评价：从存在论走向规范论	三	论文奖	欧阳本祺	法学院
	刑法之适应性：刑事法治的实践逻辑	三	著作奖	周少华	法学院
第八届 (2020)	伦理道德的精神哲学形态	一	著作奖	樊和平	人文学院
	行政裁量基准研究	一	著作奖	周佑勇	法学院
	空间叙事研究	二	著作奖	龙迪勇	艺术学院
	世界艺术史纲	二	著作奖	徐子方	艺术学院
	髹饰录与东亚漆艺——传统髹饰工艺体系研究	二	著作奖	张　燕	艺术学院
	政府会计概念框架论	二	著作奖	陈志斌	经济管理学院
	中国经济增长的真实性：基于全球夜间灯光数据的检验	三	论文奖	徐康宁	经济管理学院
	流动性与金融系统稳定——传导机制及其监控研究	三	著作奖	刘晓星	经济管理学院
	组态视角与定性比较分析（QCA）：管理学研究的一条新道路	青年 成果奖	论文奖	杜运周	经济管理学院

二、江苏省哲学社会科学优秀成果奖

为鼓励江苏省社会科学工作者积极探索、勇于创新，以优秀的研究成果促进哲学社会科学学科建设、理论发展、人才培养以及决策科学化，推动哲学社会科学事业繁荣发展和哲学社会科学强省建设，加快构建中国特色哲学社会科学，1984年，江苏省人民政府设立省哲学社会科学优秀成果奖。

江苏省哲学社会科学优秀成果奖

时间	成果名称	成果类型	获奖等级	获奖人	完成单位
第一届（1984）	名城千秋	论文	三	潘谷西	建筑系
	《资本论》中的系统思想及其对我们的启示	论文	三	鲁品越	社会科学系
	科学技术在提高经济效果中的作用与途径	论文	三	冯沪生	社会科学系
第二届（1987）	信息概念与物质世界相互联系的图景	论文	三	鲁品越	社会科学系
	伦理学	编著	三	王育殊	哲学与科学系
第三届（1991）	科学伦理学	编著	三	王育殊	文学院
	国际经济学导论	专著	三	仇向洋　叶学千	管理学院
	科技统计分析与评价——理论.分析.案例	编著	三	陈克龙（副主编）	数学力学系
	企业技术创新的理论与方法	编著	三	李廉水等	文学院
	马克思主义原理	编著	三	杨方顺（副主编）	文学院
	中国鱼文化	专著	三	陶思炎	东方文化研究所
	南京市城市人口容量与经济发展适度规模研究	咨询报告	三	城市科学研究所	城市科学研究所
第四届（1994）	中国伦理精神的历史建构	著作	二	樊和平	文学院
	科学文化与中国现代化	著作	二	吕乃基　樊和平	文学院
	西方科学历程及其理论透视	著作	三	鲁品越	文学院
	科技经济融合生长论	著作	三	李廉水	产学研究所
	宏观科技政策研究——中国R&D投资国际比较分析	著作	三	徐士钰　仇向洋	经济管理学院
	挑战与变革——对高校人才培养适应市场经济体制的思考	论文	三	胡凌云　陈光	党委宣传部
	幽默与讽刺艺术	著作	三	万书元	中国文化系
	祈禳·求福·除殃	著作	三	陶思炎	中国文化系

江苏省哲学社会科学优秀成果奖　　　　　　（续表）

时间	成果名称	成果类型	获奖等级	获奖人	完成单位
第五届 （1997）	道德与自我	著作	一	樊和平	文学院
	科学认识史论	著作	一	萧焜焘	文学院
	马克思的现代社会发展理论	著作	二	江德兴	文学院
	社会变革中的伦理秩序——当代中国伦理剖析	著作	二	高兆明	文学院
	《资本论》与中国社会主义市场经济研究	著作（合作）	二	尹莲英(2)	文学院
	科学与文化的足迹	著作	三	吕乃基	文学院
	人性与伦理	著作	三	张之沧等	中西文化研究中心
	唐君毅思想研究	著作	三	张祥浩	文学院
	现代科学伦理精神的生长	著作	三	陈爱华	文学院
	跨国公司与中国企业跨国经营	著作	三	徐康宁等	经济管理学院
	关汉卿研究	著作	三	徐子方	文学院
	扬州漆器史	著作	三	张　燕	文学院
	台湾公营企业运行机制研究	著作	三	赵建中	经济管理学院
	医院伦理学	著作	三	孙慕义等	南京铁道医学院
第六届 （2000）	中国伦理精神的现代建构	著作	一	樊和平	文学院
	中国镇物	著作	一	陶思炎	文学院
	文化视野中的政治系统——政治文化研究引论著作	著作	三	王卓君	党委办公室
	有效还是非有效——非参数的最佳效率前沿面估计	著作	三	胡汉辉	经济管理学院
	国际资本逃避理论及对我国的实证分析	论文	三	李心丹	经济管理学院
	知识经济究竟是什么	著作	三	李廉水	经济管理学院
	世纪之交全球企业并购的原因	论文	三	徐康宁	经济管理学院
	祖师禅	著作	三	董　群	文学院
	创造学与创造力开发训练	著作	三	李嘉曾	经济管理学院
	西方伦理精神——从古希腊到康德时代	著作	三	田海平	文学院

江苏省哲学社会科学优秀成果奖 (续表)

时间	成果名称	成果类型	获奖等级	获奖人	完成单位
第六届（2000）	美术鉴赏	著作	三	张道一	文学院
	信息检索（修订版）	著作	三	张厚生	图书馆
	美容医学心理学	著作	三	何伦等	南京铁道医学院
第七届（2001）	教育伦理	著作	二	樊和平　田海平	文学院
	哲学的追问——从"爱智慧"到"弃绝智慧"	著作	三	田海平	文学院
	论"新儒学理性"与"新儒学情结"	系列论文	三	樊和平	文学院
	知识时代的企业合作经营	著作	三	肖渡等	经济管理学院
	论大公司的多角化经营战略——兼评上市公司多角化经营的利益与风险	论文	三	徐康宁	经济管理学院
	国有资本经营与资产管理	著作	三	余珊萍等	经济管理学院
	通货膨胀的国际传导与对策	著作	三	余珊萍等	经济管理学院
	行政违法论纲	著作	三	杨解君	文学院
	创造的魅力	著作	三	李嘉曾	经济管理学院
	艺术设计学	著作	三	凌继尧等	文学院
	中国建筑艺术全集（18）私家园林	著作	三	陈薇	建筑系
	试论明代文人剧的内容特点和表现手法	系列论文	三	徐子方	文学院
	江苏科教兴省战略实施研究报告	咨询报告	三	李廉水	经济管理学院
第八届（2004）	文明与繁荣——中外城市经济发展环境比较研究	著作	一	徐康宁	经济管理学院
	战略信息系统——信息系统技术对企业竞争力的影响分析	著作	二	仲伟俊　罗定提	经济管理学院
	不确定性与企业集团问题	著作	二	胡汉辉等	经济管理学院
	伦理精神的价值生态	著作	三	樊和平	人文学院
	这样的卡特尔为什么难以维持	论文	三	周勤	经济管理学院
	当代西方建筑美学	著作	三	万书元	人文学院
	中国东西部科技合作的模式与途径研究	内部成果	三	李廉水	经济管理学院

江苏省哲学社会科学优秀成果奖 （续表）

时间	成果名称	成果类型	获奖等级	获奖人	完成单位
第九届（2006）	中国传统人才思想（上、下册）	著作	一	张祥浩	人文学院
	科技革命与中国社会转型	著作	二	吕乃基	人文学院
	西方美学史	著作	二	凌继尧	艺术学院
	企业纵向关系论——纵向关系的产业组织分析	著作	二	周勤	经济管理学院
	南京城市重大危险源应急管理决策	决策咨询报告	二	赵林度等	经济管理学院
	"江苏发展道路和发展特色"的发展伦理学思考	决策咨询报告	二	樊和平 肖媛等	人文学院
	老书院	著作	三	万书元等	人文学院
	经理信息系统	著作	三	仲伟俊 梅姝娥等	经济管理学院
	中国富农论——政策选择与制度创新	著作	三	杨明华等	经济管理学院
第十届（2007）	道德形而上学体系的精神哲学基础	著作	一	樊和平	人文学院
	产业聚集形成的源泉	著作	二	徐康宁	经济管理学院
	艺术辩证法——中国艺术智慧形式	著作	二	姜耕玉	艺术学院
	民营科技企业的技术创新战略和政策选择	著作	二	仲伟俊等	经济管理学院
	冲突与协调——科学合理性新论	著作	三	马雷	人文学院
	西方美学史（第一卷）	著作	三	凌继尧等	艺术学院
	基于泛会计概念下成本计量研究	著作	三	陈良华	经济管理学院
	大学生心理素质训练	著作（合作）	三	邓旭阳(2)	心理咨询中心
第十一届（2011）	政府伦理研究	著作	二	高晓红	人文学院
	组织伦理：现代性文明的道德哲学悖论及其转向	著作	二	王珏	人文学院
	中国三论宗通史	著作	二	董群	人文学院
	行政裁量的治理	论文	二	周佑勇	法学院
	合作型企业间电子商务	著作	二	仲伟俊 梅姝娥	经济管理学院
	自我效能理论及其应用	著作（合作）	二	姜飞月(2)	继续教育学院
	艺术形态学	著作	三	凌继尧等	艺术学院

江苏省哲学社会科学优秀成果奖 （续表）

时间	成果名称	成果类型	获奖等级	获奖人	完成单位
第十一届（2011）	寂静之音——汉语诗歌的音乐形式及其历史变迁	著作	三	沈亚丹	艺术学院
	敦煌变相与变文研究	著作	三	于向东	艺术学院
	走向实质解释的刑法学——刑法方法论的发端、发展与发达	论文	三	刘艳红	法学院
	医疗事故赔偿法——来自日本法的启示	著作	三	夏芸	法学院
	儒家教育伦理研究：以西方教育伦理为参照	著作	三	耿有权	发展规划处
	FDI技术溢出渠道与中国制造业全要素生产率增长研究	著作	三	邱斌	经济管理学院
	中国信息制造业全要素生产率变动、区域差异与影响因素研究	论文	三	徐盈之 赵豫	经济管理学院
	产业集群中的知识型企业社会网络：结构演化与复杂性分析	著作	三	王文平	经济管理学院
	城际重大危险源应急网络协同机制研究报告（以苏锡常都市圈为例）	决策咨询报告	三	赵林度等	经济管理学院
	解放和发展高校科研院所科技生产力研究	决策咨询报告	三	王永顺等（解放和发展高校科研院所科技生产力研究）课题组	经济管理学院
第十二届（2012）	中国伦理道德报告	著作	一	樊和平等	人文学院
	论正犯理论的客观实质化	论文	一	刘艳红	法学院
	第一资源——科学人才观简明读本	著作（合作）	一	沈炯	能源与环境学院
	中国艺术批评史	著作	二	凌继尧 张爱红 黄桂娥等	艺术学院
	犯罪构成体系的价值评价：从存在论走向规范论	论文	二	欧阳本祺	法学院
	中国制造业出口是否存在本土市场效应	论文	二	邱斌 尹威	经济管理学院
	会计范式革命	著作	二	陈良华 李东等	经济管理学院
	流动性过剩对期货市场的影响与风险管理防范研究	决策咨询报告	二	何建敏 胡小平等	经济管理学院

江苏省哲学社会科学优秀成果奖 (续表)

时间	成果名称	成果类型	获奖等级	获奖人	完成单位
第十二届（2012）	中国英语学习者心理词库联想模式对比研究	论文	三	张萍	外国语学院
	马基雅维利全集：佛罗伦萨史	译著	三	王永忠	人文学院
	中国书画鉴定学	著作	三	倪进	艺术学院
	中国出口贸易联系持续期及影响因素分析——出口贸易稳定发展的新视角	论文	三	邵军	经济管理学院
	中国速度——ECE样本	著作（合作）	三	李东(2)	经济管理学院
	金融危机背景下企业现金流运行中的政策影响研究	论文	三	陈志斌等	经济管理学院
	提高科技创新能力培育战略性新兴产业	决策咨询报告	三	王永顺 黄超	经济管理学院
第十三届（2014）	社会主义核心价值体系的中国灵根：中华民族精神新论	著作	一	袁久红等	马克思主义学院
	汉墓壁画的宗教信仰与图像表现	著作	一	汪小洋	艺术学院
	裁量基准司法审查研究	论文	一	周佑勇	法学院
	金融市场中传染风险建模与分析	著作	一	何建敏 李守伟 周伟	经济管理学院
	民俗艺术学	著作	二	陶思炎等	艺术学院
	注意规范保护目的与交通过失犯的成立	论文	二	刘艳红	法学院
	父母元情绪理念、情绪表达与儿童社会能力的关系	论文	二	梁宗保 张光珍等	学习科学研究中心
	欧盟单一市场政策调整对我国商品出口的影响及对策研究	著作	二	陈淑梅	经济管理学院
	出口学习抑或自选择：基于中国制造业微观企业的倍差匹配检验	论文	二	邱斌 刘修岩 赵伟	经济管理学院
	出口专业化、出口多样化与地区经济增长——来自中国省级面板数据的实证研究	论文	二	刘修岩等	经济管理学院
	加快江苏网络经济发展	研究报告	二	徐盈之 赵永平 岳书敬 陈健 张昕等	经济管理学院
	当前我国伦理道德与意识形态互动规律的研究	研究报告	二	樊和平	人文学院

江苏省哲学社会科学优秀成果奖 (续表)

时间	成果名称	成果类型	获奖等级	获奖人	完成单位
第十三届 (2014)	集体主义价值观的当代阐释	著作	三	刘波	马克思主义学院
	意义批判的逻辑——马克思辩证法的存在论阐释	著作	三	高广旭	人文学院
	论联合演算	著作	三	马雷	人文学院
	基于PCA—DEA的英语有效学习过程评价模型研究	论文	三	陈美华	外国语学院
	艺术策划学	著作	三	倪进	艺术学院
	论社会权的经济发展价值	论文	三	龚向和	法学院
	法律洞的司法跨越——关系密切群体法律治理的社会网络分析	论文	三	张洪涛	法学院
	社会失信行为的法律规制——基于外部性内在化的法经济学分析	论文	三	胡朝阳	法学院
	中外高等工程教育课程研究	著作	三	崔军	教务处
	国家竞争论——富国的遏制与穷国的赶超	著作(合作)	三	周勤(2)	教务处
	论中国政府会计概念框架的选择	论文	三	陈志斌	经济管理学院
	声旁位置对形声字命名规则性效应的影响	论文(合作)	三	齐星亮(2)	学习科学研究中心
	基础设施特许经营PPP项目的绩效管理与评估	著作	三	袁竞峰 李启明 邓小鹏	土木工程学院
	企业创新能力研究——基于江苏省工业企业创新调查结果分析	著作	三	袁健红等	马克思主义学院
	双边激励、融资方式与风险企业控制权配置：理论与实证研究	著作	三	吴斌	经济管理学院
	转型背景下的中国企业组织复杂性：动因、成长与应对	著作	三	吕鸿江	经济管理学院
第十四届 (2016)	空间叙事研究	著作	一	龙迪勇	艺术学院
	比较艺术学	著作	一	李倍雷	艺术学院
	中国经济增长的真实性：基于全球夜间灯光数据的检验	论文	一	徐康宁 陈丰龙 刘修岩	经济管理学院
	自主培育发展新兴产业的路径与政策	著作	一	仲伟俊	经济管理学院

江苏省哲学社会科学优秀成果奖　　　　　（续表）

时间	成果名称	成果类型	获奖等级	获奖人	完成单位
第十四届（2016）	全面从严治党	著作	二	郭广银	校务委员会
	曲学与中国戏剧学论稿	著作	二	徐子方	艺术学院
	反面的构成事实错误之辨伪	论文	二	梁云宝	法学院
	早期气质对焦虑退缩行为的影响：社会适应性的背景性作用	论文	二	张光珍	学习科学研究中心
	要素禀赋、制度红利与新型出口比较优势	论文	二	邱斌	国际经济研究所
	医药之痛：药品安全和医药分开	著作	二	赵林度	经济管理学院
	基于网络理论的银行业系统性风险研究	著作	二	李守伟	经济管理学院
	科学发展观的价值维度	著作	三	许苏明	马克思主义学院
	承认哲学的历史逻辑：黑格尔、马克思与当代左翼政治思潮	著作	三	陈良斌	马克思主义学院
	中国墓室壁画研究系列论文	论文	三	汪小洋	艺术学院
	《髹饰录》与东亚漆艺——传统髹饰工艺体系研究	著作	三	张燕	艺术学院
	艺术品金融	著作	三	倪进	艺术学院
	苏南傩面具研究	著作	三	陶思炎	艺术学院
	艺术学理论的使命与地位	论文	三	王廷信	艺术学院
	中国特色协商民主的宪制研究	著作	三	汪进元	法学院
	低碳经济背景下嵌入全面预算体系的企业碳预算构想	论文	三	涂建明	经济管理学院
	税制改革、工资跨期转移与公司价值	论文	三	王亮亮	经济管理学院
	中国转型经济背景下的商业模式适应性：权变路径与演进机理	著作	三	吕鸿江	经济管理学院
	高校哲学社会科学科研经费有效配置与科学管理研究	研究报告	三	陈志斌	经济管理学院
第十五届（2018）	网络时代言论自由的刑法边界	论文	一	刘艳红	法学院
	政府会计概念框架论	著作	一	陈志斌	经济管理学院
	从历史进程看中国道路的独特性	论文	二	袁久红　郭广银　陈硕	马克思主义学院

江苏省哲学社会科学优秀成果奖　　　　　（续表）

时间	成果名称	成果类型	获奖等级	获奖人	完成单位
第十五届（2018）	洛文塔尔文学传播理论研究	著作	二	甘锋	艺术学院
	中国艺术海外传播的国家战略与理论研究	论文	二	王廷信	艺术学院
	中国艺术史学理论与研究方法	著作	二	李倍雷　赫云	艺术学院
	艺术的自我整合——从艺术跨界作品表现形式论艺术创意的建构逻辑	论文	二	徐子涵	艺术学院
	具体的打击错误：从故意认定到故意归责	论文	二	欧阳本祺	法学院
	重大行政决策概念证伪及其补正	论文	二	熊樟林	法学院
	异质性出口固定成本、生产率与企业出口决策	论文	二	邱斌等	经济管理学院
	远与近：远程医疗服务模式创新	著作	二	赵林度	经济管理学院
	流动性与金融系统稳定：传导机制及其监控研究	著作	二	刘晓星	经济管理学院
	尼采与现代道德哲学	著作	三	范志均	人文学院
	段玉裁年谱长编	著作	三	王华宝	人文学院
	明清小说戏曲插图研究	著作	三	乔光辉	人文学院
	数据素养研究：源起：现状与展望	论文	三	孟祥保　常娥等	图书馆
	当代中国社会心态与道德生活状况研究报告	著作	三	马向真	人文学院
	房价、迁移摩擦与中国城市的规模分布——理论模型与结构式估计	论文	三	刘修岩　李松林	经济管理学院
	家族企业治理模式的分类比较与演进规律	论文	三（合作）	吴亮等	经济管理学院
	Hybrid Strategies, Dysfunctional Competition, and New Venture Performance in Transition Economies（转型经济下混合战略、不良竞争与新企业绩效关系研究）	论文	三	杜运周等	经济管理学院

江苏省哲学社会科学优秀成果奖　　　　　　　　　　（续表）

时间	成果名称	成果类型	获奖等级	获奖人	完成单位
第十五届（2018）	科技创新驱动江苏省经济增长研究	研究报告	三（合作）	岳书敬(3) 郭　进(4) 王书斌(5) 赵永平(6) 杨英超(8)	经济管理学院
	中国丝绸之路上的墓室壁画（7卷本）	普及成果	三（合作）	王诗晓(4) 邓新航(6) 张骋杰(8) 史亦真(9) 段少华(11)	艺术学院
第十六届（2020）	西方艺术研究方法论	著作	一	郁火星	艺术学院
	土地征收决定不是终裁行为——以行政复议法第30条第2款为中心	论文	一	熊樟林	法学院
	自然地理约束、土地利用规制与中国住房供给弹性	论文	一	刘修岩　杜　聪等	经济管理学院
	中华图像文化史	著作	一（合作）	于向东(20)	艺术学院
	行政事业单位财务共享论	著作	一（合作）	陈志斌(2)	经济管理学院
	中华经典悦读丛书	著作	一（合作）	李冬梅(15)	纪委办公室（监察处）
	网络欺凌现象与青少年网络欺凌的法律预防	论文	二	陈美华　陈祥雨	外国语学院
	中国墓室壁画史论	著作	二	汪小洋	艺术学院
	中国重大建设项目的问题与出路——基于美学的视角	论文	二	季　欣	艺术学院
	中国艺术史料学	著作	二	尹　文	艺术学院
	责任清单编制规则的法治逻辑	论文	二	刘启川	法学院
	互联网经济时代的中国产业升级问题研究	著作	二	高彦彦等	经济管理学院
	信息系统应用能力与企业竞争力	著作	二	仲伟俊等	经济管理学院
	公平与效率：医疗服务资源均等化	著作	二	赵林度	经济管理学院
	中国伦理道德发展数据库	研究报告	二	樊和平等	人文学院
	江苏全要素生产率研究	研究报告	二	徐盈之	经济管理学院
	江苏产学研协同创新的路径优化及机制研究	研究报告	二	浦正宁	经济管理学院

江苏省哲学社会科学优秀成果奖　　　　（续表）

时间	成果名称	成果类型	获奖等级	获奖人	完成单位
第十六届（2020）	激情与社会——马克思情感社会学初探	论文	二	李林艳(2)	人文学院
	机会平等、制度绩效与统筹城乡医保	著作	二（合作）	马　超(2)	经济管理学院
	中国服务业增长的区域失衡研究——知识产权保护实际强度与最适强度偏离度的视角	论文	二（合作）	邱　斌(2)	经济管理学院
	策略性媒体披露与财富转移：来自公司高管减持期间的证据	论文	二（合作）	潘子成(2)	经济管理学院
	中央农村土地制度改革"武进模式"的探索与思考	研究报告	二（合作）	徐进亮(17)	建筑学院
	社会技术转型与中国自主创新	著作	三	夏保华	人文学院
	财产权批判与正义——马克思对黑格尔正义观的批判与超越	论文	三	高广旭	人文学院
	是欣赏艺术，还是欣赏语境？——当代艺术的语境化倾向及反思	论文	三	卢文超	艺术学院
	基于大数据的中国画家中西方知名度比较研究	论文	三	甘　锋　王廷信等	艺术学院
	圣物制造与中古中国佛教舍利供养	著作	三	于　薇	艺术学院
	论网络时代刑法解释的限度	论文	三	欧阳本祺	法学院
	民生保障的国家义务研究	著作	三	龚向和	法学院
	行政契约履行争议适用《行政诉讼法》第97条之探讨	论文	三	于立深	法学院
	日本大学办学个性化研究	著作	三	李　昕	马克思主义学院
	Contracts and Coordination: Supply Chains with Uncertain Demand and Supply（契约与协调：供需不确定下的供应链）	论文	三	何　勇等	经济管理学院
	Managing Retail Shelf and Backroom Inventories when Demand Depends on the Shelf-Stock Level（需求与货架库存相关时货架库存与仓库库存的管理研究）	论文	三	薛巍立等	经济管理学院

江苏省哲学社会科学优秀成果奖　　　　　　　　　　（续表）

时间	成果名称	成果类型	获奖等级	获奖人	完成单位
第十六届（2020）	复杂金融网络与系统性风险研究	著作	三	李守伟　何建敏	经济管理学院
	研究生培养研究丛书（共六册）	著作	三（合作）	沈　炯(12)　冯建明(13)	能源与环境学院　党委统战部
	体育锻炼对老年人全面健康影响的理论与实践研究	著作	三（合作）	李晓智(2)	体育系
	交通基础设施改善与生产率增长：来自铁路大提速的证据	论文	三（合作）	邵　军(2)　浦正宁(3)	经济管理学院
	城市地铁工程安全风险实时预警方法及应用	著作	三（合作）	李启明(2)	土木工程学院
	基于ACC支付模式的供应链金融模型研究	论文	三（合作）	王海燕(3)	经济管理学院
	房产全寿命周期管理与BIM技术应用	著作	三（合作）	袁竞峰(2)　徐　照(3)	土木工程学院
第十七届（2023）	现代伦理学理论形态	著作	一	樊和平	人文学院
	独立型责任清单的构造与实践基于31个省级政府部门责任清单实践的观察	论文	一	刘启川	法学院
	中国宏观经济韧性测度——基于系统性风险的视角	论文	一	刘晓星　李守伟等	经济管理学院
	The macro effects of GPR and EPU indexes over the global oil market：Are the two types of uncertainty shock alike?（GPR指数和EPU指数对全球石油市场的影响——基于这两种不确定性冲击的比较）	论文	一	顾　欣　俞敏梨等	经济管理学院
	什么样的营商环境生态产生城市高创业活跃度？——基于制度组态的分析	论文	一	杜运周　刘秋辰等	经济管理学院
	资产与权利：健康数据银行	著作	一	赵林度	经济管理学院
	关于开展江苏视觉形象建设工程的建议	研究报告	一	甘　锋　程万里等	艺术学院
	公司高管减持同伴效应与股价崩盘风险研究	论文	一（合作）	潘子成(3)	经济管理学院
	论道德偶然性	论文	二	庞俊来	人文学院

江苏省哲学社会科学优秀成果奖 （续表）

时间	成果名称	成果类型	获奖等级	获奖人	完成单位
第十七届（2023）	Investigating the correlation among Chinese EFL teachers' self-efficacy, work engagement, and reflection（中国EFL教师的自我效能感、工作投入和反思之间的相关性研究）	论文	二	韩亚文等	外国语学院
	论中华学术经典外译的精度与深度——从《中国艺术批评史》的英译说起	论文	二	季　欣	艺术学院
	晚清民国时期江南地区设计艺术研究	著作	二	李轶南等	艺术学院
	艺术研究与跨学科视角——兼谈艺术学理论学科的潜能	论文	二	卢文超	艺术学院
	中国传统艺术母题、主题与叙事理论关系研究	论文	二	赫　云	艺术学院
	行政行为程序瑕疵的指正	论文	二	杨登峰	法学院
	论法律大数据"领域理论"的构建	论文	二	王禄生	法学院
	自然资源之上权利的层次性	论文	二	单平基	法学院
	早期健康与阶层再生产	论文	二	洪岩璧等	人文学院
	俞樾全集（共三十二册）	著作	二	王华宝　张晓青　乔玉钰　白朝晖等	人文学院
	制度因素、对外贸易与中国新型比较优势构建	著作	二	邱　斌等	经济管理学院
	The impact of high-speed rail on innovation: An empirical test of the companion innovation hypothesis of transportation improvement with China's manufacturing firms（高铁对创新的影响：基于中国制造业企业实证检验交通改善的伴随创新假说）	论文	二	高彦彦等	经济管理学院
	考虑参与方行为的跨期定价研究	著作	二	张玉林等	经济管理学院
	企业正式与非正式互动影响组织适应性研究	著作	二	吕鸿江	经济管理学院
	篮球运动员动态视觉注意特征与运动表现的相关性研究	论文	二	金　鹏等	体育系

江苏省哲学社会科学优秀成果奖 （续表）

时间	成果名称	成果类型	获奖等级	获奖人	完成单位
第十七届（2023）	中国留学教育能否减少生源国人口贫困——基于"一带一路"沿线国家的实证研究	论文	二（合作）	邱斌(2)	经济管理学院
	"3060"双碳目标背景下江苏省秸秆综合利用的现状、问题及对策建议	研究报告	二（合作）	肖睿(3)	能源与环境学院
	亚里士多德《论动物的部分》中的多重原因论——重思亚里士多德生物学中的本质主义	论文	三	葛天勤	人文学院
	译学刍论	著作	三	高圣兵	外国语学院
	时间与媒介——文学叙事与图像叙事差异论析	论文	三	龙迪勇	艺术学院
	我国犯罪论体系的阶层化改造	著作	三	梁云宝	法学院
	The centre of city: Urban central structure(城市中心区：城市中心体系)	著作	三	史北祥 杨俊宴 郑屹	建筑学院
	研究生教育学导论	著作	三	耿有权	学习科学研究中心
	高校学生对研讨课认知与满意度的实证研究——基于江苏高校13356份问卷调查	论文	三	邱文教 赵光 郑家茂 邓蕾 陈峻	教务处
	三网融合时代的电视竞争与规制	著作	三	胡汉辉等	经济管理学院
	企业信息系统安全技术配置和投资策略	著作	三	梅姝娥 仲伟俊 高星等	经济管理学院
	Cost allocation for less-than-truck-load collaboration via shipper consortium(基于托运人联盟的零担货运协作成本分配机制)	论文	三	赖明辉等	经济管理学院
	关于推进中阿产能合作示范园进一步发展的建议	研究报告	三	王兴平	建筑学院
	企业社会责任披露与投资者响应——基于多层次资本市场的研究	论文	三（合作）	陈志斌(3)	经济管理学院
	Demand pooling in omnichannel operations(全渠道运营管理中的需求混同效应分析)	论文	三（合作）	薛巍立(3)	经济管理学院

三、江苏省高校哲学社会科学研究优秀成果奖

为进一步发挥高校哲学社会科学在传承文明、理论创新、咨政育人、服务社会中的重要作用，表彰在高校哲学社会科学研究中作出突出贡献的研究人员，促进江苏省高校哲学社会科学事业的繁荣发展，促进社会主义物质文明、政治文明、精神文明建设，2006年，江苏省人民政府设立江苏省高校哲学社会科学研究优秀成果奖。

江苏省高校哲学社会科学研究优秀成果奖

时间	奖项级别	成果名称	成果类型	获奖人	完成单位
2006	二	基于供应链理论下财务信息重组研究	著作	陈良华	经济管理学院
	二	魏晋玄学伦理思想研究	著作	许建良	人文学院
	二	科技与人文的契合——科学伦理精神历史生成	著作	陈爱华	人文学院
	二	政治社会与政治运动	著作	许苏明 盛凌振	马克思主义学院
	二	CALIS: acquiring electronic resources	论文	李爱国	图书馆
	二	中国祥物	著作	陶思炎	艺术学院
	三	关于目前"一条龙"英语课程改革研究的思考	论文	杨军 李霄翔	外国语学院
	三	中国艺术考古初探	论文	孙长初	艺术学院
2008	一	应急管理与应急系统——选址、调度与算法	著作	何建敏 刘建春 曹杰	经济管理学院
	一	国家突发公共事件应急管理中的重要科学问题	论文	曹杰 杨晓光 汪寿阳	经济管理学院
	二	学术数字资源引进与管理	著作	李爱国	图书馆
	二	明代剪灯系列小说研究	著作	乔光辉	人文学院
	三	论知识产权制度的社会适应性	论文	胡朝阳	法学院
	三	学科资金负效应及其规避	论文	王兵 归柯庭 黄红富	人文学院
	三	技术进步对能源消费回报效应的估算	论文	周勇 林源源	经济管理学院
	三	石之于中国园林意境的意义及其美学分析	论文	何平	人文学院
	三	人才国际化战略：机理与设计	论文	叶明	学习科学研究中心
2010	一	产业集群中的知识型企业社会网络：结构演化与复杂性分析	专著	王文平	经济管理学院

江苏省高校哲学社会科学研究优秀成果奖 （续表）

时间	奖项级别	成果名称	成果类型	获奖人	完成单位
2010	一	组织伦理——现代性文明的道德哲学悖论及其转向	专著	王珏	人文学院
	三	跨国公司研发全球化：动因、地域分布及其影响因素分析	论文	陈健	经济管理学院
	三	数字化时代互动设计的应用研究咨询报告	研究报告	李轶南	艺术学院
	三	儒家教育伦理研究	专著	耿有权	发展规划处
2012	一	产业集聚的行业特性研究——基于中国行业的实证分析	著作	臧新	经济管理学院
	二	转型时期经济波动对我国生产率增长的影响研究	论文	邵军 徐康宁	经济管理学院
	二	政府设计各概念框架结构研究	论文	陈志斌	经济管理学院
	二	瞿佑全集校注	著作	乔光辉	人文学院
	二	汉墓绘画宗教思想研究	著作	汪小洋	艺术学院
	二	中西比较美术学	著作	李倍雷 郝云	艺术学院
	二	法学方法论原理	著作	李可	法学院
	三	基于投入产出分析的江苏省制造业低碳发展现状与对策研究	研究报告	徐盈之	经济管理学院
	三	转型背景下组织复杂性与组织效能的关系研究	论文	吕鸿江 刘洪	经济管理学院
	三	量子理论的桥梁作用——在经典科学与系统科学之间	论文	刘敏	人文学院
	三	理学影响下的宋代绘画观念	著作	徐习文	艺术学院
	三	史通评注	著作	刘占召	人文学院
	三	刑罚目的理论的反思与重构	著作	李川	法学院
	三	从"以礼入法"看中国古代习惯法的制度命运	论文	张洪涛	法学院
	三	我国大城市流动人口居住空间解析——面向农民工的实证研究	著作	吴晓 王兴平 王承慧	建筑学院
	三	美国工程领导力教育的理念与实践	论文	崔军 汪霞 顾露雯	教务处
2014	一	企业创新能力研究——基于江苏省工业企业创新调查结果分析	著作	袁健红 孙建祥	马克思主义学院
	一	先秦法家的道德世界	著作	许建良	人文学院

江苏省高校哲学社会科学研究优秀成果奖　　　　　（续表）

时间	奖项级别	成果名称	成果类型	获奖人	完成单位
2014	二	我国公立医院医疗服务收益管理体系构建——理论与对策	著作	江其玟	经济管理学院
	二	意义批判的逻辑——马克思辩证法的存在论阐释	著作	高广旭	人文学院
	二	中国英语学习者口语产出语言及心理过程特征	著作	马冬梅	外国语学院
	二	中国古代造物艺术思想在现代艺术设计中的应用研究咨询报告	研究报告	李轶南　何灿群　姜　斌	艺术学院
	二	新时期服务业集聚研究——机理、影响及发展规划	著作	管驰明　孙超龄	经济管理学院
	二	出口专业化、出口多样化与地区经济增长——来自中国省级面板数据的实证研究	论文	刘修岩　吴　燕	经济管理学院
	二	中外高等工程教育课程研究	著作	崔　军	教务处
	三	现代服务业区域协调发展研究	著作	陈伟达	经济管理学院
	三	企业战略并购财务风险管理研究	著作	韩　静	经济管理学院
	三	社会主义核心价值体系的中国灵根——中华民族精神新论	著作	袁久红　甘文华	马克思主义学院
	三	人类基因干预技术伦理研究	著作	程国斌	人文学院
	三	财富分配正义——当代社会财富分配伦理研究	著作	孙迎联	马克思主义学院
	三	论抽象的人性理论如何以可能和为何必要	论文	孙志海	马克思主义学院
	三	可持续发展：制度、政策与管理	著作	毛传新	经济管理学院
	三	论中国政府会计概念框架的选择	论文	陈志斌	经济管理学院
	三	与江苏两个率先相适应的江苏金融发展的政策建议报告	研究报告	刘晓星　张颢瀚	经济管理学院
	三	环境管制标准在侵权法上的效力解释	论文	宋亚辉	法学院
	三	行政处罚上的空白要件及其补充规则	论文	熊樟林	法学院
	三	华人族群及与德国社会的整合	著作	何志宁	人文学院
2016	一	当代中国社会心态与道德生活状况研究报告	著作	马向真	人文学院

江苏省高校哲学社会科学研究优秀成果奖 （续表）

时间	奖项级别	成果名称	成果类型	获奖人	完成单位
2016	一	中国转型经济背景下的商业模式适应性：权变路径与演进机理	著作	吕鸿江	经济管理学院
	一	重大行政决策概念证伪及其补正	论文	熊樟林	法学院
	二	考虑质量成本的再制造系统批量计划综合优化	论文	陈伟达 刘碧玉	经济管理学院
	二	中国文化产品出口贸易发展机理及政策研究	著作	邵军	经济管理学院
	二	尼采与现代道德哲学	著作	范志军	人文学院
	二	基于网络理论的银行业系统性风险研究	著作	李守伟 何建敏 隋新 尹群耀	经济管理学院
	二	政府善治目标的实现与政府会计治理效应	论文	陈志斌 李敬涛	经济管理学院
	三	异质性出口固定陈本、生产率与企业出口决策	论文	邱斌 闫志俊	经济管理学院
	三	新产业革命和江苏经济结构转型研究	调研报告	陈良华 陈洪涛 李东 涂建明 张晓玲	经济管理学院
	三	论我国水资源的所有权客体属性及其实践功能	论文	单平基	法学院
	三	税制改革与利润跨期转移——基于"账税差异"的检验	论文	王亮亮	经济管理学院
	三	基于本土市场效应的产业创新	著作	冯伟	经济管理学院
	三	动态系统思想：理论和语言研究	著作	王涛	外国语学院
	三	从资本到惯习：中国城市家庭教育模式的阶层分化	论文	洪岩璧 赵延东	人文学院
	三	开放经济条件下中国碳减排责任动态研究	著作	徐盈之	经济管理学院
	三	西方马克思主义政治正义论	著作	朱菊生	马克思主义学院
	三	纸质阅读与数字阅读理解效果实验研究	论文	袁曦临 王骏 刘禄	图书馆
	三	重构价值哲学：从价值判断出发	论文	孙志海	马克思主义学院
	三	绿之魅：作为政治哲学的生态学	著作	叶海涛	马克思主义学院
2018	二	公路资产核算与报告规则研究	著作	陈志斌 周曙光 朱迪 汪艳 韩静	经济管理学院

江苏省高校哲学社会科学研究优秀成果奖　　　　（续表）

时间	奖项级别	成果名称	成果类型	获奖人	完成单位
2018	二	所有权性质、盈余管理与企业财务困境	著作	吴 芃	经济管理学院
	二	学科的迷思	著作	袁曦临	图书馆
	二	道教医世思想溯源	著作	杨 洋	马克思主义学院
	三	我国水权取得之优先位序规则的立法建构	论文	单平基	法学院
	三	渐显的光芒：中国融资租赁发展理论基础与实践创新	论文	张 颖	经济管理学院
	三	美国文学中的清教伦理思想	著作	胡永辉	外国语学院
2021	一	中国产能过剩的政治经济学分析	著作	冯 伟	经济管理学院
	一	关于做好疫情期间社会心态疏导与塑造的对策建议	研究报告	马向真	人文学院
	二	江苏省建立权责发生制政府综合财务报告制度研究	研究报告	陈志斌	经济管理学院
	二	法益自决权与侵犯公民个人信息罪的司法边界	论文	冀 洋	法学院
	二	从图像到文学——西方古代的"艺格敷词"及其跨媒介叙事	论文	龙迪勇	艺术学院
	二	领导被下属"逆向指导"的权变机制——信息深加工和信任地位的作用	论文	吕鸿江	经济管理学院
	三	智能会计前沿理论研究	著作	丁胜红	经济管理学院
	三	早期健康与阶层再生产	论文	洪岩璧	人文学院
	三	An Ascending Auction for Freight Forwarder Collaboration in Capacity Sharing	论文	赖明辉	经济管理学院
	三	江南地区设计文化精神及当代应用研究	研究报告	李轶南	艺术学院
	三	城市空间结构与劳动者工资收入	论文	刘修岩	经济管理学院
	三	将审美带回艺术社会学——新艺术社会学理论范式探析	论文	卢文超	艺术学院
	三	长期护理保险、医疗费用控制与价值医疗	论文	马 超	经济管理学院
	三	论法律大数据"领域理论"的构建	论文	王禄生	法学院
	三	现代家庭的伦理承载力——基于2017年全国道德调查的实证分析	论文	张晶晶	人文学院

第三章　主要科研基地

学校非常重视科研基地的建设,积极发挥科研基地在开展高水平科学研究、提高自主创新能力、聚集和培养优秀科学家、开展学术交流、加快科技成果转化等方面的引领作用。上世纪五六十年代,学校科研处于起步阶段,主要科研基地为各系所属实验室,八九十年代,学校建设了一批院(校)属科研机构。2000年以后,根据科研基地批准设立的主体及所属单位性质不同,主要分为国家级重点实验室、省部级科研基地等。

第一节　南京工学院时期

1957年南京工学院实验室情况

系名称	实验室
动力工程系	高压实验室、电网实验室、继电保护实验室、发电实习厂电力拖动实验室、电工学实验室、电力机械实验室、生产机械电力设备实验室、蒸汽机实验室、汽轮机实验室、仪表自动装置调节实验室、热工实验室、热力学与传热学实验室、制冷实验室
无线电工程系	电工基础实验室、电工量计实验室、无线电量计实验室、无线电接收设备实验室、无线电发送设备实验室、无线电实验室、电工材料实验室、电气真空仪器制造技术实验室、电子管实验室、离子管实验室、超高频电子管实验室、雷达实验室、电话电报及广播理论实验室及发射机陈列室
土木工程系	施工实验室、土工实验室、材料实验室、木工实习场、水力学实验室及测量仪器室
机械工程系	金相热处理实验室、实习工厂、机床刀具实验室、技术量法实验室、铸工实验室、农业机械实验室
食品工业系	食品生产过程机械实验室、专业分析实验系、制粉碾米实验室、油脂制造工艺实验室、粮食加工生物化学实验室、粮食学与作物栽培实验室及粮食加工贮藏室
化学工程系	普通化学实验室、物理化学实验室、普通工业化学实验室、分析化学实验室、硅酸盐物理化学实验室、水泥水泵及水泥机械实验室、窑炉干燥实验室、普通硅酸盐实验室、水泥工学实验室、化工生产过程装备实验室
建筑工程系	美术室、模型室
基础课教研组	普通物理实验室、力学实验室、材料力学实验室

1980 年南京工学院院属科研机构

科研机构名称	负责人
建筑研究所	杨廷宝(兼)
无线电电子学研究所	陆钟祚
自动化研究所	钱钟韩(兼)
磁流体发电研究室	徐益谦
计算中心	委托自动控制系领导
建筑设计研究院	刘树勋(兼)

1988 年南京工学院院属研究所及研究室设置

研究所名称	负责人	研究室名称
建筑研究所	齐 康	建筑历史与理论、建筑设计、建筑结构、结构力学
热能工程研究所	钱瑞年	燃烧技术、能量转换、测试技术、热工研究试验
自动化研究所	徐南荣	系统理论与控制、系统工程、动态系统仿真中心、自动化仪表及装置
无线电研究所	谢嘉奎	无线电、数字信号与处理、电磁场与微波技术、图形智能学、水声电子技术、电子应用系统
电子学研究所	刘炳坤	半导体电子学、微波电子学、电子束技术、激光技术、物理电子与光纤技术、真空与表面物理技术
生物医学工程研究所	韦 钰	电磁波成像、微机应用、超声成像、图像处理
高等教育研究所	章 未	
哲学与科学研究所	萧焜焘	自然辩证法
南京市城市科学研究所	徐南荣	
运输工程研究所	邓学钧	道路、桥梁、交通工程

第二节 东南大学时期

1993 年东南大学十大科研基地

基地名称	负责人
毫米波国家重点实验室	孙忠良
移动与多点无线通信网技术国家重点实验室	程时昕 林福华
计算机辅助建筑设计国家专业实验室	齐 康 赵 辰

1993年东南大学十大科研基地 （续表）

基地名称	负责人
分子与生物分子电子学教育部重点实验室	韦　钰　陆祖宏
863/CIMS计算机网络及数据库工程实验室	顾冠群
洁净煤发电及燃烧技术教育部开放研究实验室	徐益谦　章名耀
振动工程研究中心	高　霄
改良型高分辨率显示器件实验室	童林夙
超大规模集成(VLSI)系统工程技术中心	孙大有
光电源研究中心	李广安

2000—2022年成立的省、部级及以上科研基地（部分）

批准时间	机构名称	负责人	挂靠单位	批准部门
2000	混凝土及预应力混凝土结构教育部重点实验室	李爱群	土木工程学院	教育部
	微电子机械系统教育部重点实验室（筹）	黄庆安	电子科学与工程学院	教育部
	江苏省显示技术工程研究中心	王保平	电子科学与工程学院	江苏省科技厅
	江苏省数码技术工程研究中心	吴乐南	信息科学与工程学院	江苏省科技厅
	江苏省信息显示工程技术研究中心	王保平	电子科学与工程学院	江苏省科技厅
2001	智能交通运输系统(ITS)教育部工程研究中心	黄　卫	交通学院	教育部
2002	微电子机械系统教育部重点实验室	黄庆安	电子科学与工程学院	教育部
	江苏省光通信器件与技术工程研究中心	崔一平	电子科学与工程学院	江苏省科技厅
	江苏省交通规划与管理重点实验室	王　炜	交通学院	江苏省教育厅
2003	发育与疾病相关基因教育部重点实验室	谢　维	基础医学院	教育部
	江苏省网络与信息安全重点实验室	罗军舟	计算机科学与工程学院	江苏省科技厅
2004	生物材料高技术研究重点实验室	顾　宁	生物科学与医学工程系	江苏省科技厅
2005	生物电子学国家重点实验室	顾忠泽　吕晓迎　肖忠党	生物科学与医学工程系	科技部
	儿童发展与学习科学教育部重点实验室	陆祖宏	学习科学研究中心	教育部

2000—2022年成立的省、部级及以上科研基地(部分)　　　(续表)

批准时间	机构名称	负责人	挂靠单位	批准部门
2006	射频集成电路与系统教育部工程研究中心	王志功	信息科学与工程学院	教育部
	新型光源技术及装备教育部工程研究中心	易　红	机械工程学院	教育部
2007	复杂工程系统测量与控制教育部重点实验室	戴先中	自动化学院	教育部
	伺服控制技术教育部工程研究中心	胡敏强	电气工程学院	教育部
	江苏省分子影像与功能影像重点实验室	滕皋军	中大医院	江苏省教育厅
	江苏省远程测控技术重点实验室	宋爱国	仪器科学与工程学院	江苏省教育厅
	江苏省先进金属材料重点实验室	蒋建清	材料科学与工程学院	江苏省科技厅
2008	城市与建筑遗产保护教育部重点实验室	王建国　董　卫	建筑学院	教育部
	江苏省微纳生物医疗器械设计与制造重点实验室	易　红　陈云飞　倪中华	机械工程学院	江苏省科技厅
	江苏省区域经济发展研究基地	徐康宁	经济管理学院	江苏省哲学社会科学规划领导小组
2009	环境医学工程教育部重点实验室	浦跃朴	公共卫生学院	教育部
	低碳型建筑环境设备与系统节能教育部工程研究中心	吴智深　张小松	土木工程学院　能源与环境学院	教育部
	江苏省玄武岩纤维工程研究中心	吴智深	土木工程学院	江苏省发改委
	江苏省光传感与光通信网络技术工程研究中心	孙小菡	电子科学与工程学院	江苏省发改委
	江苏省预应力工程技术研究中心	吕志涛	土木工程学院	江苏省科技厅
	江苏省污染控制及资源化工程技术研究中心	孙克勤	能源与环境学院	江苏省科技厅
	江苏省生物药物高技术研究重点实验室	苟少华	化学化工学院	江苏省科技厅
2010	江苏省智能电网技术与装备重点实验室	黄学良	电气工程学院	江苏省科技厅
	江苏省工程力学分析重点实验室	李兆霞	土木工程学院	江苏省教育厅
	江苏省南京"无线谷"电磁兼容公共技术服务平台	周忠元	机械工程学院	江苏省科技厅

2000—2022年成立的省、部级及以上科研基地(部分) (续表)

批准时间	机构名称	负责人	挂靠单位	批准部门
2011	国家预应力工程技术研究中心	吕志涛 冯健	土木工程学院 建筑设计院	科技部
	玄武岩纤维生产及应用技术国家地方联合工程研究中心	吴智深	土木工程学院 城市工程科学研究院	国家发改委
	能源热转换及其过程测控教育部重点实验室	肖睿	能源与环境学院	教育部
	江苏省光电功能材料工程实验室	周钰明	化学化工学院	江苏省发改委
2012	光传感/通信综合网络国家地方联合工程研究中心	孙小菡	电子科学与工程学院 生物科学与医学工程学院	国家发改委
	国家专用集成电路系统工程技术研究中心香港分中心	时龙兴	电子科学与工程学院	科技部
	江苏省现代混凝土耐久性评估与提升工程技术研究中心	孙伟	材料科学与工程学院	江苏省科技厅
	江苏省土木工程材料重点实验室提升项目	吴智深	江苏省土木工程材料重点实验室（材料科学与工程学院） 土木工程学院	江苏省科技厅
2013	江苏省城市智能交通重点实验室	王炜	交通学院	江苏省科技厅
	江苏省道路养护工程技术研究中心	倪富健	交通学院	江苏省科技厅
2014	传统木构建筑营造技艺传承与创新国家文物局中的科研基地	陈薇	建筑学院	国家文物局
	江苏省太阳能技术重点实验室	陈振乾	能源与环境学院	江苏省教育厅
	江苏省城市地下工程与环境安全重点实验室	刘松玉	交通学院	江苏省教育厅
2016	江苏省城乡与景观数字技术工程研究中心	成玉宁	建筑学院	江苏省发改委
	江苏省富碳材料与器件工程实验室	刘松琴	化学化工学院	江苏省发改委
	江苏省工业化建筑与桥梁工程实验室	吴刚	土木工程学院	江苏省发改委
	江苏省分子铁电科学与应用重点实验室	熊仁根	化学化工学院	江苏省教育厅
	江苏省道路基础设施长效服役与绿色安全重点实验室	黄晓明	交通学院	江苏省教育厅
2017	江苏省网络群体智能重点实验室	曹进德	数学学院	江苏省科技厅

2000—2022年成立的省、部级及以上科研基地(部分)　　　（续表）

批准时间	机构名称	负责人	挂靠单位	批准部门
2017	江苏省农业物联网感知及系统控制工程实验室	陈俊杰	仪器科学与工程学院	江苏省发改委
2018	网络空间国际治理研究基地	程　光	网络空间安全学院	国家互联网信息办公室与教育部
2018	智慧建造与运维国家地方联合工程研究中心	吴　刚	土木工程、电气工程等8个学院	国家发改委
2018	江苏省污泥安全处置与资源化工程研究中心	肖　睿	能源与环境学院	江苏省发改委
2019	爆炸安全防护教育部工程研究中心	宗周红	土木工程学院	教育部
2019	江苏省空天机械装备工程研究中心	费庆国	机械工程学院	江苏省发改委
2019	江苏省物流枢纽工程研究中心	毛海军	交通学院	江苏省发改委
2020	江苏省重症医学重点实验室	邱海波	中大医院	江苏省科技厅
2021	大型发电装备安全运行与智能测控国家工程研究中心	邓艾东	能源与环境学院	国家发改委
2021	交通强国建设试点	陈　峻	交通学院	交通运输部
2021	中国—巴基斯坦重大基础设施智慧防灾"一带一路"联合实验室	徐赵东	土木工程学院	科技部
2021	江苏省医学信息处理国际合作联合实验室	舒华忠	计算机科学与工程学院	江苏省教育厅
2021	江苏省智能电动运载装备工程研究中心	殷国栋	机械工程学院	江苏省发改委
2022	毫米波全国重点实验室(重组)	崔铁军	信息科学与工程学院	科技部
2022	移动通信全国重点实验室(重组)	尤肖虎	信息科学与工程学院	科技部
2022	数字感知芯片技术全国重点实验室(共建)	孙伟锋	集成电路学院	科技部
2022	国家集成电路设计自动化技术创新中心	杨　军	电子科学与工程学院集成电路学院	科技部
2022	"介入医学工程"国家医学攻关产教融合创新平台	滕皋军	中大医院	教育部
2022	空间发展与城市设计技术创新中心	段　进	建筑学院	自然资源部
2022	江苏省城市基础设施灾害防治工程研究中心	郭　彤	土木学院	江苏省发改委

截至 2023 年 12 月,学校有国家级科研平台 18 个,包含全国重点实验室 3 个,依托共建全国重点实验室 3 个,国家工程研究中心 1 个,国家技术创新中心 1 个,依托共建国家技术创新中心 1 个,国家工程技术研究中心 2 个,国家地方联合工程研究中心 3 个等;省部级科研平台 92 个,包含医药基础研究创新中心 1 个,教育部重点实验室 14 个(B 类 3 个),教育部工程研究中心 7 个,江苏省重点实验室 10 个,江苏省高校重点实验室 9 个,江苏省工程研究中心 14 个等。①

国家级平台(部分)②

平台类型	平台名称	负责人	批建部门
国家工程研究中心	大型发电装备安全运行与智能测控国家工程研究中心 (原:火电机组振动国家工程研究中心)	邓艾东	国家发改委
国家技术创新中心	国家集成电路设计自动化技术创新中心	黄 如	科技部
国家技术创新中心(共建)	国家建筑绿色低碳技术创新中心	张 彤 (校内负责人)	科技部
国家工程技术研究中心	国家专用集成电路系统工程技术研究中心	杨 军	科技部
	国家预应力工程技术研究中心	吴 京	科技部
国家地方联合工程研究中心	玄武岩纤维生产及应用技术国家地方联合工程研究中心	吴智深	国家发改委
	光传感/通信综合网络国家地方联合工程研究中心	孙小菡	
	智慧建造与运维国家地方联合工程研究中心	吴 刚	
国家应用数学中心	江苏国家应用数学中心	曹进德	科技部
国家产教融合平台	"介入医学工程"国家医学攻关产教融合创新平台	滕皋军	教育部
前沿科学中心	移动信息通信与安全前沿科学中心	张在琛	教育部
2011 国家协同创新中心	无线通信技术协同创新中心	王承祥	教育部

---

① 数据来源:东南大学科研院科研基地与协同创新办公室。
② 同上。

省部级平台(部分)①

平台类型	平台名称	负责人	批建部门
医药基础研究创新中心	影像介入医药基础研究创新中心	滕皋军	教育部
教育部重点实验室	计算机网络和信息集成教育部重点实验室	程 光	教育部
	混凝土及预应力混凝土结构教育部重点实验室	吴智深	
	微电子机械系统(MEMS)教育部重点实验室	孙立涛	
	发育与疾病相关基因教育部重点实验室	谢 维	
	儿童发展与学习科学教育部重点实验室	郑文明	
	复杂工程系统测量与控制教育部重点实验室	忻 欣	
	城市与建筑遗产保护教育部重点实验室	韩冬青	
	环境医学工程教育部重点实验室	尹立红	
	能源热转换及其过程测控教育部重点实验室	肖 睿	
	新一代人工智能技术与交叉应用	耿 新	
	量子材料与信息器件	王金兰	
教育部工程研究中心	智能交通运输系统教育部工程研究中心	钱振东	教育部
	新型光源技术及装备教育部工程研究中心	倪中华	
	射频集成电路与系统教育部工程研究中心	李智群	
	低碳型建筑环境设备与系统节能教育部工程研究中心	张小松	
	传感器网络技术教育部工程研究中心	陆生礼	
	爆炸安全防护教育部工程研究中心	宗周红	
	区块链应用监管教育部工程研究中心	金 石	
教育部国际合作联合实验室	信息显示与可视化教育部国际合作联合实验室	王保平	教育部
	零碳能源教育部国际合作联合实验室	肖 睿	
科技部"一带一路"联合实验室	中国-巴基斯坦重大基础设施智慧防灾"一带一路"联合实验室	徐赵东	科技部
自然资源部重点实验室	自然资源部土地实地调查监测技术重点实验室	王 庆	自然资源部
自然资源部工程技术创新中心	空间发展与城市设计自然资源部工程技术创新中心	段 进	自然资源部
交通运输行业重点实验室	交通基础设施安全风险管理交通运输行业重点实验室	钱振东	交通运输部

① 数据来源：东南大学科研院科研基地与协同创新办公室，东南大学国际合作处(港澳台办公室)。

省部级平台(部分) (续表)

平台类型	平台名称	负责人	批建部门
国家文物局重点科研基地	传统木构建筑营造技艺研究国家文物局重点科研基地	陈 薇	国家文物局
网络空间国际治理研究基地	网络空间国际治理研究基地	程 光	教育部、国家互联网信息办公室
江苏省重点实验室	江苏省网络与信息安全重点实验室	罗军舟	江苏省科技厅
	江苏省土木工程材料重点实验室	缪昌文	
	江苏省生物材料与器件重点实验室	孙剑飞	
	江苏省先进金属材料高技术研究重点实验室	沈宝龙	
	江苏省微纳生物医疗器械设计与制造重点实验室	易 红	
	江苏省生物药物高技术研究重点实验室	苟少华	
	江苏省智能电网技术与装备重点实验室	黄学良	
	江苏省城市智能交通重点实验室	王 炜	
	江苏省网络群体智能重点实验室	曹进德	
	江苏省重症医学重点实验室	邱海波	
江苏高校重点实验室	江苏省交通规划与管理重点实验室	王 炜	江苏省教育厅
	江苏省分子影像与功能影像重点实验室	滕皋军	
	江苏省远程测控技术重点实验室	宋爱国	
	江苏省传感网技术重点实验室	刘 昊	
	江苏省工程力学分析重点实验室	张 建	
	江苏省城市地下工程与环境安全重点实验室	刘松玉	
	江苏省太阳能技术重点实验室	陈振乾	
	江苏省分子铁电科学与应用重点实验室	熊仁根	
	江苏省道路基础设施长效服役与安全重点实验室	马 涛	
江苏省工程研究中心	江苏省显示技术工程研究中心	张宇宁	江苏省发改委
	江苏省多媒体通信与感知技术工程研究中心 (原：江苏省数码技术工程研究中心)	戚晨皓	
	江苏省光通信与光感知芯片技术工程研究中心 (原：江苏省光通信器件与技术工程研究中心)	恽斌峰	
	江苏省先进电机与电能变换工程研究中心 (原：江苏省伺服工程研究中心)	赵剑锋	
	江苏省射频与光电集成电路工程研究中心	李智群	
	江苏省玄武岩纤维工程中心	吴智深	

省部级平台(部分) (续表)

平台类型	平台名称	负责人	批建部门
江苏省工程研究中心	江苏省光传感与光通信网络技术工程中心	孙小菡	江苏省发改委
	江苏省城乡与景观数字技术工程研究中心（原江苏省城乡与景观数字技术工程中心）	成玉宁	
	江苏省污泥安全处置与资源化工程研究中心	肖 睿	
	江苏省空天机械装备工程研究中心	费庆国	
	江苏省物流枢纽工程研究中心	毛海军	
	江苏省泛在网络安全工程研究中心	程 光	
	江苏省智能电动运载装备工程研究中心	殷国栋	
	江苏省城市基础设施灾害综合防治工程研究中心	郭 彤	
	江苏省光电功能材料工程研究中心（江苏省光电功能材料工程实验室）	周钰明	
	江苏省富碳材料与器件工程研究中心（江苏省富碳材料与器件工程实验室）	刘松琴	
	江苏省工业化建筑与桥梁工程实验室	吴 刚	
	江苏省农业物联网感知及系统控制工程研究中心（江苏省农业物联网感知及系统控制工程实验室）	秦文虎	
	江苏省城市建成环境热污协同调控工程研究中心	曹世杰	
江苏省工程技术研究中心	江苏省信息显示工程技术研究中心	张宇宁	江苏省科技厅
	江苏省预应力工程技术研究中心	吴 京	
	江苏省污染控制及资源化工程技术研究中心	仲兆平	
	江苏省现代混凝土耐久性评估与提升工程技术研究中心	刘加平	
	江苏省道路养护工程技术研究中心	倪富健	
江苏省应用数学中心	江苏省信息数学应用中心	曹进德	江苏省科技厅
江苏省科技公共服务平台	江苏省南京"无线谷"电磁兼容公共技术服务中心	周忠元	江苏省科技厅
	东南大学 AMS 研究中心	罗军舟	
江苏高校协同创新中心	现代城市交通技术协同创新中心	王 炜	江苏省教育厅
	先进土木工程材料协同创新中心	缪昌文	
	新型建筑工业化协同创新中心	吴智深 吴 刚	
	公民道德与社会风尚协同创新中心	樊和平	
江苏高校国际合作联合实验室（国际合作处）	医学信息处理国际合作联合实验室	舒华忠	江苏省教育厅
	低碳电力国际合作联合实验室	赵剑锋	
	能源转换及存储国际合作联合实验室	王 军	

省部级平台(部分) (续表)

平台类型	平台名称	负责人	批建部门
高校学科创新引智基地(国际合作处)	新型人工电磁材料创新引智基地	崔铁军	教育部、国家外专局
	当代城乡环境整合技术创新引智基地	王建国	
	器官芯片学科创新引智基地	顾忠泽	
	现代城市智能交通技术学科创新引智基地	刘攀	
	智慧基础设施学科创新引智基地	吴智深	
	显示科学与技术创新引智基地2.0	王保平	
	学习科学和工程创新引智基地2.0	陆祖宏 郑文明	
	重大疾病智慧诊疗创新引智基地	滕皋军	
	零碳能源科学与工程学科创新引智基地	肖睿	

人文社科省、部级及以上研究平台情况表(截至2023年12月)①

基地智库	负责人	批准部门	依托单位	机构性质	批准时间
公民道德与社会风尚协同创新中心	樊和平	江苏省政府办公厅	人文学院	江苏省2011协同创新中心	2014
中国特色社会主义发展研究院(简称"中特发展智库")	左惟	江苏省委宣传部	马克思主义学院等	首批江苏省重点高端智库	2015
江苏省中国特色社会主义理论体系研究基地	郭广银	江苏省委宣传部	马克思主义学院等	江苏省中国特色社会主义理论体系研究基地	2015
道德发展智库	樊和平	江苏省委宣传部	人文学院	首批江苏省重点高端智库	2015
人民法院司法大数据研究基地	刘艳红	最高人民法院	法学院	最高人民法院批准成立的重点智库	2016
中华优秀传统文化传承基地——古琴	王廷信	教育部	艺术学院	第一批中华优秀文化传承基地	2018
东南大学金融安全大数据实验室	刘晓星	A部和东南大学	经济管理学院	合作共建智库	2019
东南大学民事检察研究中心	单平基	最高人民检察院	法学院	最高人民检察院批准成立的研究基地	2019

---

① 数据来源:东南大学社会科学处。

人文社科省、部级及以上研究平台情况表(截至2023年12月) （续表）

基地智库	负责人	批准部门	依托单位	机构性质	批准时间
东南大学人权研究院	左惟	中宣部、教育部	法学院	国家级文科智库，东南大学新型科研机构	2020
东南大学中华民族视觉形象研究基地	王建国	统战部 中宣部 教育部 国家民委	二级实体	国家级文科智库	2020
东南大学国家智能社会治理实验基地（教育）	王禄生	中央网信办等八部委	生物科学与医学工程院 人文学院 法学院 经济管理学院	国家智能社会治理实验基地	2021
东南大学中国艺术发展评价研究院	甘锋	文化和旅游部	艺术学院	文化和旅游行业智库建设试点单位	2021
江苏省地方立法研究基地	孟鸿志	江苏省人大常委会	法学院	江苏省地方立法研究基地	2022
碳中和发展研究院	朱晓明	江苏省委宣传部	能源与环境学院	江苏省重点高端培育智库	2023

附 表

高校科研数据的统计对于总结科技工作、制定科技发展计划都有着重要的指导意义,同时也是学校科研实力的体现。

因部分科研数据不完整(如三大论文收录数量、授权专利总数、"973"计划项目、"863"项目等),根据所查信息及数据完整性,我们统计了学校科研到账经费总额、国家自然科学基金(1986年设立)获资助项目数、国家重点研发计划项目数、国家社科基金项目数。

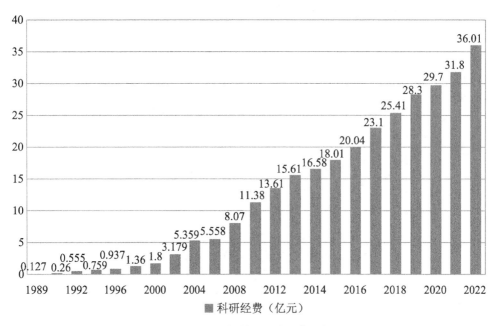

1989—2022年科研到账经费总额

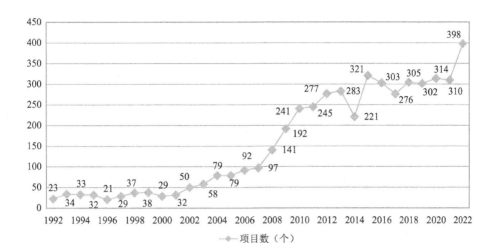

1992—2022 年国家自然科学基金获资助项目数

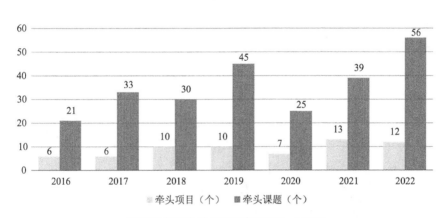

国家重点研发计划项目数（2016—2022）

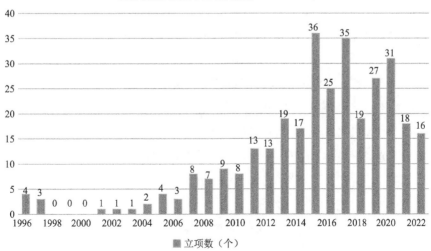

国家社科基金项目数（1996—2022）

参考资料

一、东南大学档案馆馆藏档案

1. 自然科学类(括号内为文书档案盒号)

南京工学院会刊(1954—03)

南工汇编(1954—15)

南京工学院概况(1954—22)

南京工学院会刊(1955—11)

南工公报(1955—12)

南京工学院 1958—1959 完成的重大科研成果(1958—042)

出席全国群英会南京工学院发言(1960—003)

南京工学院向省群英汇献礼的项目登记(1960—059)

南京工学院重大科技成果登记表(1962—050)

1962 科研成果专辑(1962—050)

1952—1962 建院十年大事追记(1963—006)

1954—1964 南京工学院概况(1964—051)

1978—1985 南京工学院发展规划纲要(1978—026)

1980 南京工学院沿革现状及 1980 年大事记(1979—123)

1981 成立计算机系和计算中心(1981—044)

1984 发江苏省科技成果奖项目奖金的通知(1984—110)

1984 南京工学院研究生情况简介(1984—204)

1963—1982 大事记(1985—020)

颁发优秀科技成果荣誉证书的决定(1985—081)

1985 直属高校获国家级科技进步奖项目名单(1985—086)

联合成立南京工学院南京市城市科学研究所(1987—125)

1988 动力工程系、热能研究所所长、主任任免决定(1988—022)

1989 关于热能研究所建制单列的决定(1989—200)

八五期间工作要点(1991—091)

科研工作总结(1993—223)

国家教委科技进步奖(1993—231)

科研成果简介及 1993 获奖科技成果(1994—239)

1987 东南大学改革和发展规划(1995—112)

国家火电机组振动中心简介(1995—114)

关于公布 1995 年度机械工业部科技进步奖奖励项目的通知(1995—272)

八五科技攻关重大成果及光荣册(1996—304)

1998 教育部科技进步奖(1998—245)

1998 教育部科技进步奖(1998—245)

洁净煤发电机燃烧技术教育部开发研究实验室(1999—204)

1977—1984 南铁医科研获奖(NTY1984Y57)

1978 年铁医科技成果登记表(NTY1978Y61)

1978 全国科学大会奖励铁道部优秀科技成果(NTY1978Y63)

1985 南铁医科研工作简报(NTY1985C53)

1987 铁道部科技进步奖(NTY1987C36)

发送 1986 年交通优秀科技成果奖奖金(1987—230)

1988 铁道部科技进步奖(NTY1988Y40)

1989 江苏省科技进步(NTY1989D19)

1991 南铁医年鉴、1993 南京铁道医学院获奖部省级(NTY1993D09)

1997 铁道部科技奖励光荣册(NTY2000—DQ11—41)

1989 交通部科技进步奖获奖项目(NJZ1989Y13)

1988 江苏省科技进步(NTY1989D19)

1982 年铁医统计历年科研授奖项目(NTY1982D133)

南交专科研情况统计(NJZ1990Y27)

交专历年科研成果统计(NJZ1999—XZ12—18)

1992 地质学校办学水平统计汇总表(ndx1992C13)

2. 人文社会科学类(括号内为文书档案盒号)

1988 年江苏省第二次哲学社会科学优秀成果评奖简报(1988—222)

1994—226 东南大学科技信息合订(1994—226)

1998 年东南大学科技信息第一期(1998—240)

2001—174 东南大学科技快讯汇编(2001—174)

1994 年科技信息第九期(1994—226)

2000 年省政府关于授予《梁启超和中国古代学术的终结》等 347 个项目江苏省第六次哲学社科优秀成果奖的决定(2000—210)

2004 江苏第八次哲学社会科学成果奖(2004—035)

2006 年省政府关于江苏省第九届哲学社会科学优秀成果的决定(2006—124)

2007 年省政府关于江苏省第十届哲学社会科学优秀成果的决定(2007—114)

2011 年省政府关于江苏省第十一届哲学社会科学优秀成果的决定(2011—206)

2012 年省政府关于江苏省第十二届哲学社会科学优秀成果的决定(2012—214)

2014 年省政府关于公布江苏省第十三届哲学社会科学优秀成果奖的决定(2014WS263)

2016 江苏第十四届哲学社会科学成果奖(2016WS012)

二、图书

1. 时巨涛.东南大学史 第三卷(1992—2012).南京：东南大学出版社,2022 年.
2. 东南大学校长办公室.东南大学年鉴(1995 年至 2019 年度,每年一册,但 2017 年度资料未出版).南京：东南大学出版社,陆续出版于 1997 年至 2021 年.
3. 江苏科技年鉴编辑部.江苏科技年鉴(1989 年度至 2012 年度,每年一册,但 1995、1996、2006、2009 年度资料未出版).北京：科学技术文献出版社,陆续出版于 1989 年至 2013 年.
4. 中共江苏省委党史工作办公室.江苏省科学技术厅.建设美好江苏丛书 科技创新在江苏.北京：中共党史出版社,2009 年.
5. 国家科学技术奖励工作办公室.国家最新实用科技成果推广指南.北京：机械工业出版社,2000 年.
6. 朱斐.东南大学史 第二卷(1949—1992).南京：东南大学出版社,1997 年.
7. 朱一章,郑姚铭.东南大学校史研究 第 3 辑.南京：东南大学出版社,1998 年.
8. 中共江苏省委党史工作办公室,江苏省科学技术厅.科技创新在江苏.北京：中共党史出版社,2009 年.
9. 国家教委科技发展中心.国家教委科技进步奖(1985—1995).天津：天津大学出版社,1996 年.
10. 中国建筑业年鉴编委会.1994 中国建筑业年鉴.北京：中国建筑工业出版社,1995 年.
11. 东南大学建筑学院学科发展史料编写组.东南大学建筑学院学科发展史料汇编 1927—2017.南京:中国建筑工业出版社,2017 年.

12. 顾宁.追梦：东南大学生物科学与医学工程学院 30 华诞纪念 1984—2014.南京：东南大学出版社,2014 年.
13. 黄学良,冯建明.电缘：东南大学电气工程学院办学 90 周年纪念文集 1923—2013.南京：东南大学出版社,2013 年.
14. 闵卓.东南大学文科百年纪行.南京：东南大学出版社,2003 年.

三、报纸期刊

1. 人民南工报(1952—1960、1979).
2. 南京工学院报(1980—1987).
3. 东南大学报(1992—2023).

四、内部资料

1. 东南大学校史研究室.《东南大学党委工作总结和工作纲要》(1991—2015).2019 年.
2. 东南大学校史研究室.《东南大学工作总结和工作纲要》(1991—2012).2019 年.
3. 东南大学校史研究室.《东南大学科技信息》(1991—2008).2019 年.
4. 南京铁道医学院科技处.《优秀科技成果汇编》(1978—1998).1998 年.
5. 东南大学档案馆.《东南大学获奖科研成果目录汇编》(1978—1992).1993 年.
6. 东南大学科研院(科技处).《东南大学科技工作进展年度报告》(2004—2019).
7. 东南大学社会科学处.《2016 东大社科发展报告》.2017 年.
8. 东南大学土木工程学院.《东南土木——东南大学土木工程学科创建暨土木工程系(学院)成立九十周年 1923—2013》.2013 年.
9. 东南大学物理系.《东南大学物理系校庆壹百壹拾周年纪念册》.2022 年.
10. 东南大学能源与环境学院.《东南大学能源与环境学院成立六十周年 1954—2014》.2014 年.
11. 东南大学仪器科学与工程学院.《仪器科学与工程学院 2014 年度报告》.2014 年.
12. 东南大学艺术学院.《东南大学艺术学院》.
13. 东南大学交通学院.《东南大学交通学院》.
14. 东南大学化学化工学院.《东南大学化学化工学院》.
15. 东南大学信息科学与工程学院.《东南大学信息科学与工程学院》.
16. 东南大学电子科学与工程学院.《东南大学电子科学与工程学院院庆 50 周年纪念册》.2011 年.
17. 《南京航务工程专科学校校史》1950—1990.1990 年.
18. 《南京地质学校校史》1950—1990.1991 年.

19.《南京铁道医学院校史》1954—1985.1988年.

20.《南京铁道医学院校史资料选辑》第一辑.1988年.

五、网站

1. 中华人民共和国科技部官网
2. 国家科学技术奖励办公室官网
3. 国家社科基金项目数据库网
4. 中华人民共和国教育部官网
5. 人民网
6. 江苏省人民政府官网
7. 江苏省科技厅官网
8. 江苏省哲学社会科学界联合会官网
9. 东南大学科研院官网
10. 东南大学社会科学处官网

后　记

《以科学名世——东南大学科研史料选编(1952—2023)》的资料来源主要有：东南大学档案馆馆藏档案、《东南大学年鉴》、东南大学科研院(科技处)的科技信息及科技奖项汇总、东南大学社会科学处社科获奖统计、《东南大学(南京工学院)报》、国家各相关部委网站的获奖信息、江苏科技年鉴的获奖信息、江苏省哲学社会科学界联合会的获奖统计、东南大学各院(系)院庆纪念册等。

本书尽可能搜集、梳理学校建设发展过程中的一些重要科研成果与数据,由于受到档案资料及篇幅的限制,只收录了以下内容：一是1978年至2023年学校获得省、部级以上奖项的科研成果(国防军工、公安部、中国船舶重工集团等奖项未列入其中)。编者对每一项获奖成果都通过查阅档案、原始文件、获奖证书等一一核实,查漏补缺,力求准确、完善,因时间跨度较大、档案不全、早期科研资料统计有误及我们的能力所限,可能仍无法做到完全精准。另,因获奖年度、授奖年份和召开颁奖大会的时间存在差异,国家科学技术奖和省、部级奖项(1996年之前)尽量以获奖年度为准,其他能查到证书的奖项,授奖时间等信息以获奖证书为准。二是各时期主要科研基地、国家自然科学基金获资助项目数、国家重点研发计划项目数、国家社会科学基金项目数等主要数据。

本书由刘云虹统筹策划、修改审定文稿,徐源负责全书编写、数据校对工作,纪晓群负责档案文献查询和资料的整理。感谢黄大卫副校长给予本书的关心与支持！在编写过程中,我们得到了东南大学档案馆、科研院、社会科学处及各相关院(系)等相关部门的支持,以及科研院黄子珍老师、李媛老师、王尧老师,社会科学处李建梅老师、许晓雨老师,国际合作处袁超老师,东南大学出版社刘庆楚老师的帮助,在此表示衷心的感谢！限于资料及编者的学识水平,书中不足和疏漏之处在所难免,恳请广大读者批评指正,使之更加完善。

编　者

2023年11月